甘肃省职业教育教学改革研究项目
“职业院校中华优秀传统文化教材创新研究”
（项目编号：2023gszyjy-061）

甘肃省教育科学“十四五”规划2023年度课题
“《中华优秀传统文化》课程建设及创新发展路径研究”
（课题编号：GS[2023]CHB1478）

新形态一体化教材

新编21世纪高等职业教育精品教材·通识课系列

中华优秀传统文化十六讲

主审 张正林 刘国军 景兰 徐少军
主编 杨德峰 金立芸 任向红
白彩霞 甘春枝 宋玲霞
副主编 李晓燕 汤永霞 王美龄 王文静
夏向军 康思凝 赵继东 张茂武
朱慧玲 于小秦 郭嘉 赵延红
刘颖

中国人民大学出版社
·北京·

图书在版编目（CIP）数据

中华优秀传统文化十六讲 / 白彩霞，甘春枝，宋玲霞主编. -- 北京：中国人民大学出版社，2022.9
新编21世纪高等职业教育精品教材. 通识课系列
ISBN 978-7-300-31003-9

Ⅰ.①中… Ⅱ.①白… ②甘… ③宋… Ⅲ.①中华文化－高等职业教育－教材 Ⅳ.①K203

中国版本图书馆CIP数据核字（2022）第168460号

甘肃省职业教育教学改革研究项目“职业院校中华优秀传统文化教材创新研究”（项目编号：2023gszyjy-061）
甘肃省教育科学“十四五”规划2023年度课题“《中华优秀传统文化》课程建设及创新发展路径研究”（课题编号：GS［2023］CHB1478）

新编21世纪高等职业教育精品教材·通识课系列
新形态一体化教材

中华优秀传统文化十六讲

主　审　张正林　刘国军　景　兰　徐少军　杨德峰
　　　　金立芸　任向红
主　编　白彩霞　甘春枝　宋玲霞
副主编　李晓燕　汤永霞　王美龄　王文静　夏向军
　　　　康思凝　赵继东　张茂武　朱慧玲　于小秦
　　　　郭　嘉　赵延红　刘　颖

Zhonghua Youxiu Chuantong Wenhua Shiliujiang

出版发行　中国人民大学出版社
社　　址　北京中关村大街31号　　**邮政编码**　100080
电　　话　010－62511242（总编室）　010－62511770（质管部）
　　　　　010－82501766（邮购部）　010－62514148（门市部）
　　　　　010－62515195（发行公司）　010－62515275（盗版举报）
网　　址　http://www.crup.com.cn
经　　销　新华书店
印　　刷　北京七色印务有限公司
开　　本　787 mm×1092 mm　1/16　　**版　　次**　2022年9月第1版
印　　张　16.25　　**印　　次**　2024年8月第4次印刷
字　　数　368 000　　**定　　价**　52.00元

序一

品传统神韵，悟文化精髓

张正林

“纵横八万里，上下五千年。”在茫茫宇宙这个得天独厚的地球村里，曾经上演过灿若星辰、波澜壮阔的大剧，同时创造了光彩夺目、绚丽灿烂的人间瑰宝！而在世界各民族共同谱写的人类文明发展的雄浑壮美的交响乐里，中国传统文化以其独特的风采与神奇的魅力，演奏出了无与伦比的精彩乐章。

习近平总书记指出：“中华文明源远流长，蕴育了中华民族的宝贵精神品格，培育了中国人民的崇高价值追求。自强不息、厚德载物的思想，支撑着中华民族生生不息、薪火相传。”步入实现中华民族伟大复兴的新时代，传承与弘扬中华优秀传统文化的认同感愈加凸显，中国优秀传统文化中的思想内涵、核心理念，在大学生思想政治教育中也将更具生命力，是高等教育实现“立德树人”目标，培育具有大国工匠精神、德智体美劳全面发展的技术技能型人才的重要支撑。

在全面进入“把我国建设成为社会主义现代化强国，实现中华民族伟大复兴”的第二个百年这一新的历史背景下，将中华优秀传统文化的深刻内涵与核心理念创造性转化、创新性发展，让传统文化的优秀基因更好地涵养师生心灵，进一步增强“文化自信”，强化中华优秀传统文化的价值共识和大学生对传统文化的认同，从而形成一种自觉的文化选择，切实提高学生的人文素养，正是编写《中华优秀传统文化十六讲》的初衷和宗旨。

中华民族有着优秀的文化传统，它对于中华民族的成长壮大，对于推动中国社会的发展，有着极为重要的作用，是实现中华民族伟大复兴的内在思想源泉。中国传统文化，兼容并蓄，灿烂辉煌，形式多样，博大精深；语言文字，独一无二；古代文学，佳作纷呈；古代史学，群星闪亮；古代哲学，大师辈出；伦理道德，美谈众多；礼仪习俗，独具风尚；书画艺术，人才济济；建筑园林，风格迥异。它具有强大的民族凝聚力。只要是华夏儿女，无论是生活在祖国的大地上，还是远离祖国生活在异国他乡，都忘不了这种传统。它像我们祖先的血液一样，流动在我们每一个中国人的血管中，只要一提到中华民族，每个中国人都会热血沸腾，情绪激扬。

1988 年，在巴黎召开的诺贝尔奖获得者国际会议上，与会代表提出 16 条以面向 21 世纪为主题的结论，其中一条就是：“人类要生存下去，必须回到 2 500 年前，去汲取孔子的智慧。”

《中华优秀传统文化十六讲》选择了中国优秀传统文化中最具代表性且对提高学生文化素养大有裨益的内容，进一步丰富和凝练公共必修课的特色与品牌。这既是提升高职院校学生中国传统文化素养的必要举措，亦是继兰州职业技术学院非物质文化遗产学院成立和全面实施“双百”工程之后，进行的又一次特色校园文化的有益实践。

《中华优秀传统文化十六讲》就是让莘莘学子通过“格物、致知、诚意、正心、修身”，达到“齐家、治国、平天下”的实践，进一步明晰中国传统文化“在明明德，在亲民，在止于至善”的智慧境界。

《中华优秀传统文化十六讲》就是让中国优秀传统文化在文化理解和审美体验层面给予学生更多的收获，让优秀传统文化根植于每个学生的心灵深处。

是为序。

序二

一滴小水珠

杨德峰

"好雨知时节，当春乃发生。"在春暖花开之际，兰州职业技术学院基础教学部传统文化教研室的老师们，用自己多年的教学和科研成果，经过不懈努力，将"中华传统文化导论"课程推送为甘肃省职业教育在线精品课程，进而经过半年的梳理，编写了精品课程配套教材《中华优秀传统文化十六讲》，洋洋洒洒30余万字付梓出版。虽然内容只是浩瀚博大的中华优秀传统文化之沧海一粟，但一滴水珠同样能折射太阳的光芒。

中华优秀传统文化是中华民族的"根"与"魂"。习近平总书记指出："优秀传统文化是一个国家、一个民族传承和发展的根本，如果丢掉了，就割断了精神命脉。"自黄帝垂拱而治，中华民族就是一个文明之邦，极其重视国家有序治理，极其重视家庭和睦经营，极其重视学校教育管理，极其重视个人综合修养。我国优秀传统文化灿若星河，仰望之，多少仁人志士呕心沥血、皓首穷经，有得其大略者，有学海蠡测者，有管中窥豹者，也有犀牛望月者，确实不可一一列举。

人们常说"道"的妙用无穷，什么是"道"？传统文化给出了无数答案，其中一个答案就是"德"，厚德载物是非常切实的。对于国家而言，厚德于生民，是先辈开疆拓土、扫六合、定八方、以民为本、休养生息，以及创造盛世；对于家庭和个人而言，厚德就是每个人德行修养的提升以及整体的升华，体现在勤劳朴实的劳作、孝敬父母的态度、教育子女的辛劳、为人处世的诚意、立志出乡关的决心、捐躯赴国难的慷慨、追求立德立言立功的不朽。

中华优秀传统文化是中华民族的精神血脉，是涵养社会主义核心价值观的重要源泉，也是我们在世界文化激荡中站稳脚跟的坚实基础。"观乎人文，以化成天下。"对于大学生而言，学习中华优秀传统文化既要拥有"横看成岭侧成峰，远近高低各不同"的视角和独特感受，又要形成"考其所陈，中于义理，天人合愿，不谋而同"的中华文化之精神。例如学习"文化探源"，要明确中华民族的"根"，道统传承千年，天地有正气，杂然赋流形；学习"中国哲学"，需了解传统文化中的天地人和谐统一，空谈误国，实干兴邦，并有所体味；学习"汉字文化"，要牢记我们使用的方块字是世界上已知生命力最久远的文字，也要感悟到汉字对于我们民族、文化的重大作用和深远意义；学习"中华礼仪"，在了解传统礼仪的基础上，需深刻认识礼仪在每个人生活和工作中的重要性，"不学礼，无以立”；学习“建筑文化”，既要看到先辈智慧的无穷、技艺的精湛，也要思考四梁八柱之稳固所指示的大中至正思想、奇石秀水所透露的灵活变通思维……

我相信，《中华优秀传统文化十六讲》会像春雨一样落入学子的心田，使他们用青春的土壤厚植“修身、齐家、治国、平天下”的态度、修养和视野，“先天下之忧而忧，后天下之乐而乐”的责任担当，“位卑未敢忘忧国”“苟利国家生死以，岂因祸福避趋之”的报国情怀，“富贵不能淫，贫贱不能移，威武不能屈”的浩然正气，“人生自古谁无死，留取丹心照汗青”“鞠躬尽瘁，死而后已”的献身精神。

期待“花重锦官城”的景象！

前言

中共中央、国务院在《关于加强和改进新形势下高校思想政治工作的意见》中指出，“要弘扬中华优秀传统文化和革命文化、社会主义先进文化，实施中华文化传承工程，推动中华优秀传统文化融入教育教学”。在《关于实施中华优秀传统文化传承发展工程的意见》中强调：中华优秀传统文化教育应贯穿国民教育始终，推动高校开设中华优秀传统文化必修课。党的二十大报告指出：“中华优秀传统文化源远流长、博大精深，是中华文明的智慧结晶，其中蕴含的天下为公、民为邦本、为政以德、革故鼎新、任人唯贤、天人合一、自强不息、厚德载物、讲信修睦、亲仁善邻等，是中国人民在长期生产生活中积累的宇宙观、天下观、社会观、道德观的重要体现，同科学社会主义价值观主张具有高度契合性。”在这样的背景下，兰州职业技术学院党委响应国家号召，专门从全院范围内挑选了一批热爱传统文化、教学能力强、师德作风硬、广受学生欢迎的“教学名师”及“教学新秀”，组建了一支传统文化专兼职师资队伍。2018 年 9 月率先在甘肃省职业院校中创办了“中华传统文化教研室”，并面向全院一年级新生开设“中华传统文化导论”公共必修课。

“摸着石头过河”的我们，就如何面对职业院校的学生上好传统文化这门课，曾做过大量的调研与探索工作。经过各位任课教师的奋力改革与锐意创新，在深刻总结每学期的教学实践经验与弊端、不断进行自我反思与集体整改，以及广泛听取各届学生的反馈意见与建议的前提下，我们把“哲学与宗教”“伦理与美德”“文学与艺术”“家风与民俗”这四大板块、八项内容作为弘扬中华优秀传统文化的基本内容与框架，然后根据各专业的需求与特点、本班学生的兴趣与爱好，将高职院校的传统文化教学内容扩展与延伸到了学生所津津乐道的“节日文化”“饮食文化”“服饰文化”“建筑文化”“科技文化”“地方文化”等方面。除了在教学内容的选取上有过多次因地制宜与因材施教的调整和替换，在授课方法上，也一改本科院校国学院或传统文化研究所的讲授或讲座方式，利用对分法以及线上线下混合式教学方式，融体验式、情景式、表演式、小组活动式、观摩式等为一体，将策划、设计独具一格且丰富多彩的传统文化课堂活动作为理论教学的补充与延伸。我们在课堂的文化资源开发上，在课外的校园文化建设、学生社团辅导上，在校外的文化宣传与培训上，都有过大量的实践与探索。

正因为上述的种种努力，2021 年 9 月，我们成功打造了一门职业院校省级在线精品课“中华传统文化导论”。运行不到一年，该省级在线精品课程的各项数据都令人鼓舞：累计页面浏览量 7 430 898，累计选课人数 10 671，累计互动次数 112 694，覆盖及服务全国各兄弟院校 38 所。在此基础上，我们顺势而为，编写了适应职业院校授课特点的教材

《中华优秀传统文化十六讲》。本教材所具有的以下五大特色，将为我国职业院校开设传统文化课程提供另一种思路、打开另一个窗口：

一、填补了教材编写空白

经调查，目前几乎没有大中专院校将“传统文化”课程作为一门公共必修课开设，即使有，也是以选修课形式，学生不过三四十人或五六十人。连课程都没有，遑论教材的编写与使用了，故而，我们依据中国优秀传统文化自身特点和职业院校学生的实际需求而编写的这本《中华优秀传统文化十六讲》，不仅能填补高职院校“传统文化”教材的空白，而且其教学改革理念已经走在了全国前列。

二、知识体系新颖丰富

本教材精心选取了中国传统文化中的优秀内容，以十六讲形式呈现。这十六讲的主题，既汲取了我国优秀传统文化长河中的精髓，像哲学、汉字、礼仪、建筑、戏曲、书法绘画、古代音乐、服饰、饮食等，又创新性地吸纳了一些同类教材中未涉及或忽略了的内容，比如“科技文化”“姓氏文化”“钱币文化”“地方文化”“婚俗文化”等。另外，像“薪火相传”“中国故事”“躬行践履”“知识链接”“拓展阅读”“经典诵读”等模块的设计，既实现了活态教材的别开生面之美，又可以拓宽学生的知识面，内容主次分明、宏观与微观相映成趣，为传统文化爱好者展开了一幅波澜壮阔的画卷。

三、课程思政育人作用凸显

七言诗化的章节命名，整饬有致，精警诗意，既提升了教材的气质，又充分发挥了汉字语言的魅力，彰显了文化自信；教材还通过“薪火相传”“中国故事”“经典诵读”等模块，深入挖掘了优秀传统文化蕴含的思想观念、人文精神、道德规范等，不但探寻了优秀传统文化的“根”，而且还体现了优秀传统文化的“魂”，以及优秀传统文化在当代的应用，实现了课程全过程育人、生态化打造的目标。

四、活动设计丰富多样

教材中精心设计的“躬行践履”模块，凸显的是职业院校传统文化教育教学的改革方向，即必须做到知行合一，把理论传承与实践体悟紧密结合，让优秀传统文化从古字堆、典籍里、神殿上走下来，走到学生的身边、眼前、心中，乃至于镌刻在学生的骨子里。因此，配合相关章节的基础知识与基本理论，我们还精心设计了大量的课堂活动，力争让优秀传统文化在学生的积极参与下“动”起来，“活”起来。

五、编撰团队强者云集

本教材共有 16 位编写人员，他（她）们或者是我院的教学名师，或者是多次荣获过省、市、院级各种教学大赛奖项的青年才俊。他（她）们不仅在教学上备受历届学生欢迎，在学术研究之路上同样令人欣喜。

本教材编写分工如下：主编白彩霞编写第二讲“三峰鼎峙佑中华——中国哲学”、甘春枝编写第三讲“一笔一画一乾坤——汉字文化”、宋玲霞编写第十四讲“青蚨飞去复飞来——钱币文化”；副主编李晓燕编写第八讲“云想衣裳花想容——服饰文化”、汤永霞编写第六讲“八音和合化万物——音乐文化”、王美龄编写第十讲“千年万载永留根——姓氏文化”、王文静编写第四讲“礼仪之邦话礼仪——中华礼仪”、夏向军编写第五讲“土木砖瓦家国情——建筑文化”、康思凝编写第十一讲“生旦净末唱古今——戏曲鉴赏”、赵继东编写第七讲“翰墨丹青耀千秋——书画艺术”、张茂武编写第十三讲“巧夺天工淬文明——科技文化”、朱慧玲编写第十二讲“一年佳节君须记——传统节日”、于小秦编写第十五讲“蝶舞纷飞爱相随——婚俗文化”、郭嘉编写第十六讲“丝绸之路话甘肃——地方文化”、赵延红编写第一讲“寻根铸魂传薪火——文化探源”、刘颖编写第九讲“一席人间烟火气——饮食文化”。

作为职业院校省级一流精品在线课程的支撑教材，《中华优秀传统文化十六讲》可以和在线课程相互配合，让学生轻松学习，最大限度地发挥其弘扬中国优秀传统文化的作用。

当然，在本教材的编写过程中，我们也同样是站在前人或同人的肩膀上——参阅了有关我国传统文化方面的专著、教材、文献及网络资源，在此，我们向前辈或同人深表仰慕与感谢之情！另外，在教材即将付梓之前，我院非物质文化遗产学院的石晶老师受邀为本教材设计了精美、古雅的封面，在此也一并表示感谢！

由于各位编者在优秀传统文化教育教学领域尚属“摸着石头过河”的一群跋涉者、践行者，故而教材中难免存在一些不足，敬请批评指正！

目录

第一讲

寻根铸魂传薪火
——文化探源

薪火相传

优秀传统文化是一个国家、一个民族传承和发展的根本。世界上有很多历史悠久的文化，比如古巴比伦文化、古埃及文化、古希腊文化等，它们虽然对于人类文明也做出了巨大的贡献，但是在长期的历史演进中，有的衰落了，有的消亡了，有的中断过，唯独中国文化绵延数千年从未中断过。

第一节 墨里寻芳——中国传统文化的千年瑰宝

在中华 5 000 年的浩瀚历史中，中国传统文化就像一颗璀璨的明珠，展现出独特的魅力，让世界为之惊叹，让国人为之骄傲。英国著名历史学家汤因比认为，在近 6 000 年的人类历史上，出现过二十多种文化形态，但只有中国的文化体系是长期延续发展而从未中断过的。可见中国传统文化的长期稳定性以及在世界的地位。

那么，什么是文化呢？中国的传统文化又包括哪些内容？要理解“中国传统文化”，首先要了解什么是“文化”。

一、寻“文化”之根

在古汉语中，“文”字最早可见于商代的甲骨文（见图 1－1），像身有花纹的袒胸而立之人，后引申为各色交错的纹理，并引申为文物典籍、礼乐制度、文德教化等。

“化”字出现稍晚，此字始见于商代甲骨文，古字形由一个头朝上的人和一个头朝下的人组成（见图 1－2），有“改易、生成、造化”诸义，初指事物动态变化的过程。《周易·贲（bì）卦·彖（tuàn）》曰：贲“亨”，柔来而文刚，故“亨”。分，刚上而文柔，故“小利有攸往”。刚柔交错，天文也；文明以止，人文也。观乎天文，以察时变；观乎人文，以化成天下。这里的“天文”指自然规律，“人文”指人伦秩序，“化”有“造化、演化、教化”等含义。

图 1-1　商代甲骨文

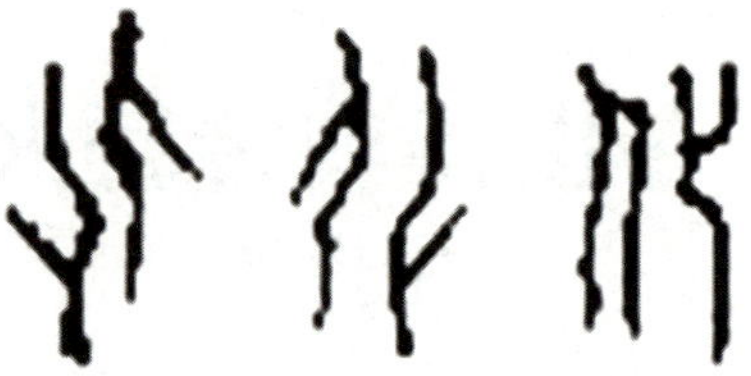

图 1-2　“化”字的演变

“文化”一词最早见于西汉刘向的《说苑》：“圣人之治天下也，先文德而后武力。凡武之兴，为不服也。文化不改，然后加诛。”这里的“文化”指的是“文治教化”。显而易见，与我们今天所说的“文化”概念是有区别的。

在西方语言中，“culture（文化）”一词来源于拉丁文的“colere”，原意是“耕作和植物培育”，引申为“教化、培养、修炼”。

1871 年，英国文化人类学家爱德华·泰勒在《原始文化》中提出：“文化或者文明就其广泛的民族学意义来说，乃是包括知识、信仰、艺术、道德、法律、习俗和任何个人作为一名社会成员而获得的能力和习惯在内的复杂整体。”

对文化的定义，归纳起来主要有四类：第一种“文化-成果论”，认为文化是人类有史以来所创造的物质成果和精神成果的总和；第二种“文化-能力论”，把文化定义为人类自身发展能力，文化史即一部人类能力史；第三种“文化-精神论”，认为文化属于精神现象，是一切精神发展的总和；第四种“文化-行为模型论”，认为只有人的行为及其构成堪称文化。

《辞海》中解释“文化”，广义指人类在社会实践过程中所获得的物质、精神的生产能力和创造的物质、精神财富的总和。狭义指精神生产能力和精神产品，包括一切社会意识形式：自然科学、技术科学、社会意识形态。有时又专指教育、科学、文学、艺术、卫生、体育等方面的知识和设施。

世界四大文化系统

对于“文化”的定义，众说纷纭。我们一般把文化理解为：人类在社会实践中所创造的物质成果和精神成果的总和，包括物质文化、制度文化和精神文化等。

二、探“传统”之源

“传统”之“传”，原指驿站所备的车马。《左传·成公五年》：“晋侯以传召伯宗。”杜预注：“传，驿也。”“传统”之“统”，本义是茧的头绪，《说文解字注》：“众丝皆得其首，是为统。”

“传统”的拉丁文意义，指从过去延传到现在的事物，也是英语中“tradition”一词的最基本含义。从这一意义上说，延传三代以上，被人类赋予价值和意义的事物都可看作传统，既包括物质产品，也包括关于各种事物的观念、思想，还有对人物、事件、习俗和体制的认识。

所谓“传统文化”，首先就是指文化的过去式，即在漫长的历史过程中逐步创造、发展起来的文化。中国传统文化是中华民族在几千年的时间里慢慢积累与发展起来的。从夏商周至春秋战国，从秦汉魏晋至宋元明清，各个历史时期的哲学、宗教、科技、教育、文学、艺术，以及中国古代的价值观念、思维方式、风俗习惯等就构成了中华民族的传统文化。其次，所谓“传统”的文化，又是指文化的现在式或正在进行式，即指从过去一直绵延到现在的文化观念。

简而言之，中国传统文化是中华 5 000 年文化的统领。中国传统文化是以华夏民族为主流的多元文化，在长期的历史发展过程中融合、形成、发展起来的，具有稳定形态的中国文化，包括思想观念、思维方式、价值取向、道德情操、生活方式、礼仪制度、风俗习惯、宗教信仰、文学艺术、教育科技等诸多层面的内容。从时间上来说，中国传统文化是指 1840 年鸦片战争前的中国文化。

具体地说，中国传统文化包括：传统哲学、汉字文学、中华伦理、礼仪规范以及包括乐曲、舞蹈、戏曲等在内的古代艺术；服饰、饮食、建筑、传统节日及各种节庆民俗活动等；传统历法在内的中国古代自然科学以及生活在中国的各地区、各少数民族的传统文化。

马克思说：“人们自己创造自己的历史，但是他们并不是随心所欲地创造，并不是在他们自己选定的条件下创造，而是在直接碰到的、既定的、从过去承继下来的条件下创造。”①

中国传统文化正是从我们直接碰到的、既定的、从过去承继下来的条件中向前发展的。今日中国文化，是昨天中国文化的延续，又是明天中国文化的母体。传统不是与我们今天分离或隔绝的对象，在传统属于我们之前，我们早已属于传统。传统文化具有深厚的历史渊源，具有历史承递性，又具有强烈的现实性和当代性。

第二节 背景透视——中国传统文化的生成土壤

一、长期稳定的大陆型文化

按照地理环境的差异，可将人类文明分为大陆文明与海洋文明。古希腊、古罗马、瑞典、英国、日本等都是典型的海洋文明国家。人们栖息于半岛或群岛之上，享有海运之便，因而商业发育较早，经济、文化交流频繁，又由于内地回旋余地不大，便促使这些国家朝海外拓展。海洋文明国家的文化心理较为外向，文化系统也处于一种比较动态和开放的状况。古埃及、古巴比伦与古希腊之间，古希腊与古罗马之间，多次发生过大规模文化交融现象。

① 马克思，恩格斯. 马克思恩格斯选集：第一卷. 北京：人民出版社，2012：669.

在中国，先民自古生活在东亚大陆之上，东濒沧海，西边横亘着漫漫戈壁，西南耸立着世界屋脊，向外交通不便，而内陆回旋余地广阔，形成了与外界隔绝或半隔绝状态。这就决定了中国文化的长期稳定性，中国文化长期保持着独特的风格与传统，没有出现其他三大文明那样的文化断层现象。

我们的祖先生活的这片神奇瑰伟的土地，山河壮美，历史悠久，文化灿烂。从冰雪覆盖的喜马拉雅山、莽莽昆仑到波澜壮阔的深海大洋，从朔风凛冽的茫茫大漠、蓝天白云的万里草原到锦绣江南的水乡雅韵、奇美幽邃的山川大泽，国土民风各具特色，共同构成了中国灿烂的地域、地理文化。

从地势来看，中国版图地势的总体特征是西高东低，自西向东层层下降，呈阶梯状分布。

地势最高的是青藏高原。历史上青藏高原地区曾居住过羌人、氐（dī）人和吐蕃（bō）人。

最南的云贵高原，是古代所谓的“西南夷”杂居的地区。云贵高原北部的四川盆地民族众多，文化相对复杂。

北越秦岭的黄土高原是黄河、泾水、渭水流经地区，沃野千里，是中华文化重要的发祥地之一。历史上许多王朝都在这里建都，养育了辉煌的中国古代文化。因为黄河、长江流域的地理优势，故而长江、黄河被誉为中华文明的两大发源地。

黄土高原北邻的蒙古高原是一个草原、沙漠、戈壁交错的地带，历来也是北方游牧民族进入中原地带的要冲，曾生活着匈奴、回纥、柔然等民族。

广阔的东北平原土地肥沃，居住着以狩猎和耕种为生的民族，如鲜卑、契丹、满族等，都起源于这个地域。

辽阔的地域形成了中原文化、辽海文化、关中文化、三晋文化、齐鲁文化、荆楚文化、吴越文化、巴蜀文化、岭南文化等，也出现了“十大地域文化”的称呼。

地理环境对中国文化产生了巨大的影响。中国地处亚欧大陆，大部分地区处于北温带，气候宜人，春夏秋冬四季更替，寒来暑去，周而复始。在这种环境中生活的中华民族也形成了温和的性格，在天人之际和人伦的关系上采取中庸态度。与大陆型文化相伴的，是中华民族性格的另一面——艰苦奋斗、自强不息的精神。

中国传统文化得以延续几千年，不能不归功于地理环境的辽阔。辽阔的地域不仅为中国传统文化的发展提供了广阔的空间，而且对其起到了一种保护的作用，从而使得中国传统文化不但源远流长，而且异彩纷呈，呈现出多样性的特征。

二、世界领先的农业型文化

中国社会早在6 000年前（甚至可能8 000年前，浙江余姚河姆渡稻种同位素年龄），就逐渐从狩猎和采集阶段进入以种植经济为基本生产方式的农业社会。《论语·宪问》中孔子说：“禹、稷躬稼而有天下。”相传中国农业的鼻祖炎帝（即“神农氏”）发明了农业耕种法。《周易·系辞下》记载：“包牺氏没，神农氏作，斫木为耜（sì），揉木为耒（lěi），耒耨（nòu）之利，以教天下。”春秋时期，铁制农具和牛耕开始出现，东汉、隋唐则已有对古代农具的记载。

纵观我国历史，每个朝代的经济发展都是以农耕经济为主导的，历代帝王更是把农业作为立国之本。当然，农耕经济同时包含了手工业、商业等多元化的经济成分。考古发现，石器和木器制造是我国最早的手工业。至春秋战国时期，冶铁、青铜制造、漆器等手工业蓬勃发展起来。五代宋元时期，冶矿业、纺织业、陶瓷业、造纸业、印刷业等也都迅速发展起来。

《淮南子·齐俗训》曰：“尧之治天下也……水处者渔，山处者木，谷处者牧，陆处者农。地宜其事，事宜其械，械宜其用，用宜其人……得以所有易所无。”这说明在尧帝时期以交换为目的的商品交易就出现了。明清时期已出现票号，例如平遥古城的日升昌记票号（见图 1-3）。

图 1-3　平遥古城日升昌记票号

中国的农业型文化主要有以下社会功能：培养了人民热爱土地、热爱祖国的民族情感；滋长了人民自给自足、不待外求、清静无为的民族心理（知足常乐，以解决吃饭问题为第一任务，以填饱肚子为最大满足）；培育了务实精神、民本思想、中庸之道等中华民族品格；有利于政治稳定。

三、家国同构的宗法制度文化

所谓宗法，是指以血缘关系为基础，标榜尊崇共同祖先、维系亲情，在宗族内部区分尊卑长幼，并规定继承秩序以及不同的权利和义务的法则。

宗法制度是由父系氏族社会的家长制演变而来的。在父系氏族社会，世系以父亲计算，父系家长对家族成员有绝对的支配权。人类社会进入父系氏族后期，部落联盟领袖在一定程度上拥有后来国王的权力。这一职位在开始是由各部落首长协商推选的，继承的方式是“禅让”。

从夏禹起，有了子承父位的家天下，不仅是夏王，而且各级奴隶主贵族都是“世及以为礼”，这也标志着我国奴隶制的开始。宗法制度一直下延到平民家庭，主要代表为家长制，家长权是缩小了的皇权。

宗法制度的内容包括三个方面：嫡长子继承制（嫡庶制度从周开始，嫡为正妻之子，庶为众妾之子）、疆土分封制、宗庙祭祀制。

宗法制度的作用在于：

第一，强化了家国同构的平民意识。家国同构，忠孝同义，通过自上而下的分封，家天下逐步形成。通过长时间专制制度、严格约束和封建礼教的熏染作用，人民家国同构的观念日益强化，忠孝观念深入人心，历朝历代涌现了很多忠孝的典型人物，并为人们称颂，比如精忠报国的南宋名将岳飞。

第二，强化了君主专制。一方面，“溥天之下，莫非王土，率土之滨，莫非王臣”（《诗经·小雅·北山》）；另一方面，皇权高于神权，宗教是为政治服务的工具。

第三，增强了民族整体意识。宗法制度鼓舞人民忠于国君、忠于国家，有利于维护国家统一和民族团结。

第四，催生了中国文化中浓重的伦理思想。中华民族就此形成了重视人伦关系、重视亲情、重视家庭生活的传统，有利于维护社会的和谐稳定；塑造了重视祖先、重视传统、重视统一的民族精神，增强了凝聚力；形成了良好的道德规范，孝敬父母、尊重师长、善待朋友。

宗法制度也有消极的影响，主要表现为人为地划分远近尊卑，等级森严；盲目服从，个人的自主意识和平等权利受到约束。

躬行践履

调查：你家中或族中有无祠堂？祠堂的作用有哪些？你是否参加过祭祀活动？将祭祀过程拍摄成视频与同学分享。

第三节 守望星空——中国传统文化的基本精神

在中国文化的多元结构中，始终有一个共同的文化精神贯穿始终、贯穿于各个层面，渗透到我们的思维方式、价值观念、伦理道德、社会习俗、生活方式的各个领域。

一、关注人生、仁者爱人的人文精神

先秦时期思想家普遍认为，人和人类不是一般的生命体，换言之，人是世界上的一种特殊生命体。他们有时把人称为“宇宙精华”，有时则把人称为“天地之灵秀”。人类与自然万物相比较，人类的地位最崇高。

为了说明人类的崇高和伟大，儒家把人与天地并列，一并称为“三才”，人具有与天地一样的崇高地位，像天地一样伟大，人的存在具有世界上其他物类不可比拟和取代的普遍意义与价值。道家也认为人类在世界上具有自己的特殊地位，老子认为，“道大、天大、地大，人亦大。”墨子曾把“道义、率直”明确解释为“仁义”，而且认为这是人所独有的一种本性，他认为人正因为有此本性，所以人能爱人利人，人具有兼爱交利价值。仁义是天下最宝贵的东西。法家认为“德”即道义，是人的一种固有的本性。

孔子说“仁者，人也”（《礼记·中庸》），给“仁”下了一个明确的定义，即具备了“仁”的本性者才是人，这从更高理论层回答了“什么是人”以及“如何做人”的问题。孔子说“己欲立而立人，己欲达而达人”（《论语·雍也》），这就是说凡是自己要立和达的，也要使人得到，这是道德义务，其关系是双向和相互的，任何人都必须对他人或者社会履行自己的义务和承担相应的责任，付出和得到的机会是均等的。

二、自强不息、刚健有为的进取精神

中国传统文化中，自强不息的精神占据重要的地位。《周易》对此作了经典性表述：

“天行健，君子以自强不息”“生生之谓易”“刚健而文明，应乎天而时行”。意思是说，人格气质与生命精神应当效法健动有力、运行不止的天体，人必须发挥自我的能动性，自强不息、努力奋斗。孔子是极力提倡有为并身体力行的思想家。他一生奔波，希望以周礼匡扶乱世，虽“明知其不可为而为之”，对“饱食终日，无所用心”的人生态度投以蔑视。孟子曰：“故天将降大任于是人也，必先苦其心志，劳其筋骨，饿其体肤，空乏其身，行拂乱其所为，所以动心忍性，曾益其所不能。”孟子认为无论是在乱世还是在太平盛世，都需要自强不息。

中国传统文化中所具有的自强不息、刚健有为的精神一直是中华民族奋发向上、蓬勃发展的动力。它体现在人民生活的方方面面。几千年来，这种精神已经不知不觉地渗透到国人的血液中，深深地影响着、激励着古往今来的中华儿女不断奋发图强。

自强不息、刚健有为还有一个最重要的体现，那就是积极否定、革故鼎新的改革精神。《礼记·大学》中称赞：“苟日新，日日新，又日新。”《周易》也肯定：“天地革而四时成，汤武革命，顺乎天而应乎人。革之时大矣哉。”中国历史上每当“积弊日久”时，总会有改革或革命运动，为清除积弊而变规变法。如北宋王安石变法提出的“天变不足畏，祖宗不足法，人言不足恤”，清末的维新变法，都是这种革新精神的体现。

三、贵和尚中、和而不同的和谐精神

（一）“和”

“和”，是指不同事物之间的搭配、融合、平衡达到最为圆满程度的一种状态。对于音乐，五音的高低急缓臻于完美，称为“和”；对于饮食，五味的多寡浓淡搭配得宜，称为“和”；对于身体，阴阳之气平衡顺畅，称为“和”；对于德行，处事不刚不柔，称为“和”。

“和”是中国传统文化的核心。《论语·学而》：“有子曰：礼之用，和为贵。”意思是社会秩序的作用，贵在使社会和谐。“和”在中国文化中处处可见。例如，国家要“政通人和”；家庭要“家和万事兴”；做生意讲“和气生财”；做事业要“和衷共济”“内和外顺”；与人相处要“和以处众”；对外关系要“协和万邦”。总而言之，方方面面都要追求和谐。可见，和谐深入人心，是中国人的普遍要求。

（二）和谐

和谐是中国传统文化追求的最高境界和最终目标。传统的和谐思想主要体现了一种中正、中和、均衡、和合、协调的特征。中国传统的贵和尚中、和而不同思想，表现在中国政治文化的各个方面、各个领域。例如，重视人与自然的和谐相处，追求社会的和谐、人际关系的和谐等。

程思远把中国传统文化重视和谐与统一的特点界定为“中华和合文化”，并认为“中华民族已经形成了运用和合概念与和合文化研究自然界的生成和人的生成，研究事物发展变化的规律，研究人与自然和人与社会的关系，研究人的身心统一规律和养生之道的文化传统”。

这种主张和谐、持中贵和的思想给中国社会带来的影响自然也是双重的：其积极方面是有利于保持社会的稳定，有利于维护祖国的统一和民族的团结。但这种思想压抑了人们的竞争、进取精神，也给社会发展带来了一定的不利影响。

四、以义为上、注重伦理的道德情怀

追求“义利合一”是中国传统文化中基本的价值思想。中国传统文化在早期发展中就出现了“义利之辨”的讨论。“义”代表了仁义道德，“利”代表了社会生活中的种种物质利益。孔子主张“见利思义”“不义而富且贵，于我如浮云”，要求人们在追逐利益的时候，首先要考虑是否符合“义”，即自己取利的行为是否是道义的。正如《三字经》载：“窦燕山，有义方，教五子，名俱扬。”燕山人窦禹钧教子有方，五子登科的原因是一个“义”字。

在现代化进程中，商品经济和市场经济的发展客观上刺激了人们求利的欲望，“商品拜物教”和“金钱至上”也受到一些人的追捧。“以义为重”的义利观对由利益欲、享受欲膨胀造成的道德滑坡、人格丢失等一些丑恶、阴暗、卑鄙的社会现象无疑是一剂良方。

中国传统文化是一种伦理型文化，按照中国古代的传统说法，可以把中国传统文化称作“崇德”型文化。孟子曰：“天下之本在国，国之本在家。”这高度概括了中国传统社会的实质。由家庭而家族，再集合为宗族，组成社会，进而构成国家，这种家国同构、父是家君、君是国父、家国一体的思想渗透到了中国古代社会生活的最深层，是形成中国传统文化重伦理、倡道德的根本原因。

五、民为邦本、民贵君轻的民本思想

人本主义在中国文化中有着悠久的历史和鲜明的个性，也被看作是中国文化的基本精神之一。“以人为本”的人本主义在中国文化中有两层意思：一是在人与神的关系上体现为“天地之性人为贵”的人格肯定和“未能事人，焉能事鬼”的轻神重人的根本态度；二是在人民与统治者的关系上“民为邦本”“民贵君轻”的社会观和朴素民主观。人文主义或人本主义，向来被当作中国传统文化的一大特色。

所谓以人为本，就是将人作为考虑一切问题的出发点和归宿。肯定天地之间人为贵，人为万物之灵，在人与物之间、人与鬼神之间，以人为中心，这是中国传统文化的基调。也就是说，神本主义在中国不占统治地位，而人本主义则是中国传统文化的核心。

中国传统人本主义坚持“民为贵”的民本主义精神观念。《左传·庄公·庄公三十二年》载：“国将兴，听于民；将亡，听于神。”儒家学说更是集中突现了“民为邦本”的思想。孔子历来主张重民、富民、教民。孟子则提出了影响中国几千年的“民为贵，社稷次之，君为轻”的著名观点，成为历代开明统治者治国的座右铭。他认为得民心者得天下、失民心者失天下：“桀纣之失天下也，失其民也。失其民者，失其心也。得天下有道：得其民，斯得天下矣。”（《孟子·离娄上》）。荀子也主张民为邦本，他的“君舟民水”的著名比喻，传之久远，是历代为政者必修的一课。民本思想对制约暴君苛政、改良人民的政治处境是具有积极意义的。

中国传统文化源远流长，体大思深，其所蕴含的基本精神，滋养了中华儿女的精神世界，塑造了无数伟岸的人格，凝聚了民族共识，巩固了国家统一，维护了社会秩序，书写了泱泱中华“郁郁乎文哉”的大国气象，在文化全球化和呼吁传统文化为现代化持续发展服务的今天，越来越有着世界性的价值和意义，是值得我们去好好珍惜和继承弘扬的。

第四节 弦歌不辍——中国优秀传统文化的薪火相传

文化是一个民族的血脉，是人民的精神家园，文化的重要性不言而喻。

美国前总统克林顿曾说，北京如果想变成纽约，100 年就可以；但要把纽约变成北京，1 000 年也做不到。中华文化源远流长、博大精深，是很难被模仿和复制的。

中国优秀传统文化是中华民族的根与魂，是中华民族独特的精神标识与精神命脉，是中国人民的精神家园。中华文明既需要薪火相传、代代相守，又需要推陈出新、与时俱进。

作为新时代的大学生，我们该如何让中国优秀传统文化薪火相传？

一、做中国优秀传统文化的学习者

当代大学生要继承和弘扬中华优秀传统文化，应该多途径学习优秀传统文化，知道中国优秀传统文化有哪些，知道中国优秀传统文化的重要性，知道我们该为优秀传统文化的传播做点什么。

深厚的优秀传统文化，是中国人的根。中华优秀传统文化是中华文明的智慧结晶和精华所在，是中华民族的根和魂，是我们在世界文化激荡中站稳脚跟的根基。

2014 年 4 月 1 日，习近平主席在比利时欧洲学院谈中华文明时提到：在世界几大古代文明中，中华文明是没有中断、延续发展至今的文明，已经有 5 000 多年历史了。我们的祖先在几千年前创造的文字至今仍在使用。2 000 多年前，中国就出现了诸子百家的盛况，老子、孔子、墨子等思想家上究天文、下穷地理，广泛探讨人与人、人与社会、人与自然关系的真谛，提出了博大精深的思想体系。他们提出的很多理念，如孝悌忠信、礼义廉耻、仁者爱人、与人为善、天人合一、道法自然、自强不息等，至今仍然深深影响着中国人的生活。中国人看待世界、看待社会、看待人生，有自己独特的价值体系。中国人独特而悠久的精神世界，让中国人具有很强的民族自信心，也培育了以爱国主义为核心的民族精神。

大学生不但要如数家珍般地了解优秀传统文化，而且要明白优秀传统文化当下的处境以及弘扬优秀传统文化的必要性。当前，随着经济全球化的发展，外来文化涌入中国，冲击着传统文化。一部分人尤其是部分青少年乐于接受外来文化，并且推崇备至，反而轻视甚至否定传统文化，导致许多优秀传统文化发展陷入困境。

与此同时，由于商品经济和外来文化的冲击，在一定范围和一定程度上存在社会道德滑坡的现象。例如：是非、美丑界限混淆，拜金主义、享乐主义、极端个人主义有所滋长，见利忘义、诚信缺失、弄虚作假等。在大学，也不乏考试作弊等现象。如果不能及时解决这些问题，必然会对学生的思想造成极大影响。

传统文化为什么要进校园？正如教育部原部长陈宝生所说：传统文化进校园是“固

本工程”“铸魂工程”“打底色工程”。这样才能确保我们5 000年的传统文化不至于丢失，才能使传统文化不断代、国富民强有传承成为可能。毋庸置疑，大学生要加强传统文化学习，而学校是进行传统文化教育的重要阵地，因此，传统文化进课堂势在必行。

❖ 知识链接

中华民族具有5 000多年连绵不断的文明历史，创造了博大精深的中华文化，为人类文明进步作出了不可磨灭的贡献。

——2013年3月习近平总书记在十二届全国人大一次会议闭幕会上的讲话

中国传统文化博大精深，学习和掌握其中的各种思想精华，对树立正确的世界观、人生观、价值观很有益处。

学史可以看成败、鉴得失、知兴替；学诗可以情飞扬、志高昂、人灵秀；学伦理可以知廉耻、懂荣辱、辨是非。

——2013年3月习近平总书记在中央党校建校80周年校庆大会上的讲话

中华优秀传统文化是中华民族的精神命脉，是涵养社会主义核心价值观的重要源泉，也是我们在世界文化激荡中站稳脚跟的坚实根基。

——2014年10月15日习近平总书记在北京主持召开文艺工作座谈会上的讲话

二、做中国优秀传统文化的践行者

党的十八大以来，习近平总书记多次强调要传承和弘扬中华优秀传统文化。他指出：中华文明源远流长，蕴育了中华民族的宝贵精神品格，培育了中国人民的崇高价值追求。自强不息、厚德载物的思想，支撑着中华民族生生不息、薪火相传。中华民族之所以屹立于世界民族之林，历经磨难，一次次凤凰涅槃，成为人类发展史上的奇观，最根本的就是深深植根于民族基因的伟大精神和崇高价值追求。

近年来，以中华传统文化为主题的综艺节目越来越多，如《中国汉字听写大会》《经典咏流传》《国家宝藏》《典籍里的中国》《上新了·故宫》《衣尚中国》《登场了！敦煌》《上线吧！华彩少年》等，人们对优秀传统文化的热爱越来越深。从传统戏曲到文物保护，从非遗传承到文史典籍，从传统村落到年俗节庆，中华优秀传统文化正不断在新时代的道路上走向复兴。

还有一些被称为“国潮”的影视剧，如《红楼梦》《琅琊榜》《花腰新娘》《百鸟朝凤》《大鱼海棠》等，也尽显中华文化的光彩夺目。

此外，“双奥”更是一度成为话题的焦点，而现代奥运与中国传统文化融合则是其一大特色。2008年北京奥运会开幕式，展“画卷”、诵《论语》、太极表演、活字印刷、中国戏曲、丝绸之路、古风古乐、笔墨纸砚，中国向世界献上了一道道文化大餐。再看2022年北京冬奥会，几乎每一个元素都蕴含着中国文化，标识里的书法和篆刻（见图1-4）、奖牌和同心圆玉璧、颁奖花束与上海非遗、火炬与中华第一灯、场馆中的如意和飞天、开幕式上“天人合一”的哲思、“二十四节气”的智慧，都成为举世瞩目的焦点和亮点。

北京冬奥会会徽　北京2022年冬残奥会会徽

图 1-4　冬奥会标识上的中国传统文化元素

中国优秀传统文化不仅是无形的文化，更能带来有形的财富。例如，马艳东从“高职学生”到“大国铸造大工匠”的人生逆袭。贵州毕节苗家子弟彭艺，研究生毕业后毅然回乡创业，靠着苗绣这个民族文化资源走上了致富之路。

2022 年 1 月 15 日，《解放日报》刊登了一篇《当“零零后”遇上“骨子里的中国美”》的文章，一批年轻人因热爱优秀传统文化而汇聚上海，优秀传统文化也因年轻人而屡屡“破圈”。上戏 416 女团、自得琴社、中国装束复原团队等借助短视频增强影响力，助力“国潮”崛起，让优秀传统文化好听、好看、好玩。

践行中国优秀传统文化，就是要活学活用，让传统文化“活”起来。当代大学生应该主动获取优秀传统文化知识，并在生活中感悟、实践，做优秀传统文化的践行者，让优秀传统文化再放光芒。中国优秀传统文化不仅要“火”起来，更要“活”起来，要“传”下去，也要“创”下去。

三、做中国优秀传统文化的传承者

1988 年 1 月，在主题为“面向 21 世纪”的第一届诺贝尔奖获得者国际大会上，瑞典的阿尔文博士说：“如果人类要生存下去，必须回到 2 500 年前，去汲取孔子的智慧。”他认为，人与人之间的和谐相处，注重道德，正是孔子思想的精华。当今世界，许多国家都在学习中国优秀传统文化并深受其影响。当代大学生作为祖国未来的建设者，更应该弘扬并传播中国优秀传统文化。

在 5 000 多年文明发展中孕育的中华优秀传统文化，积淀着中华民族最深沉的精神追求，代表着中华民族独特的精神标识，塑造了中华民族的根骨血肉。清华大学教授黄裕生认为，学习中华优秀传统文化，并非出于一国一族之需要，也不应仅仅出于一国一族之需要，而是出于把人类文化带向更高普遍性的使命。作为大学生，更有责任和义务弘扬优秀传统文化。

全国人大代表蒙兰凤曾说：传承绝不是为了复古。学习优秀传统文化的目的是获得人格及精神上的涵养及升华，增强学生的文化自觉和文化自信。

作为新时代的大学生，我们应弘扬哪些思想呢？

弘扬“士不可以不弘毅，任重而道远”的忧国为民的思想情操；弘扬孟子“穷则独善其身，达则兼善天下”、屈原“长太息以掩涕兮，哀民生之多艰”、司马迁“究天人之际，通古今之变，成一家之言”、范仲淹“先天下之忧而忧，后天下之乐而乐”、孔子“朝闻道，夕死可矣”的思想；弘扬“孝、悌、忠、信、礼、义、廉、耻”八德；弘扬求同存异、和而不同的处世方法；弘扬文以载道、以文化人的教化思想；弘扬形神兼备、情景交融的美学追求；弘扬俭约自守、中和泰和的生活理念。

正如北宋理学家张载所言："为天地立心、为生民立命、为往圣继绝学、为万世开太平。"传承并传播中华优秀传统文化，是当代大学生的使命。

万物有所生，而独知守其根。中国传统文化博大精深，我们不仅要学习优秀传统文化，更要用实际行动保护和弘扬优秀传统文化，延续历史文化命脉，保留中华优秀传统文化的基因，坚定文化自信，弦歌不辍，薪火相传。

让我们铭记这八位"大国工匠"的名字

代表中国优秀传统文化精神的 30 本书

第二讲 三峰鼎峙佑中华
——中国哲学

薪火相传

走进中国优秀传统文化这座神圣大殿，首先映入我们眼帘的是中国哲学这座丰碑。如果把绵延了几千年的各哲学流派比作重峦叠嶂的山脉，那么其中最雄伟、最耀眼，也最值得后人去瞻仰和攀登的，一定非儒、释、道三家莫属了。南怀瑾先生曾在 20 世纪 70 年代，就中国哲学中的这三家对中华民族的滋养与护佑作用有过经典的比喻：儒家是粮店，道家是药店，佛家是百货店。本讲我们就借助他对这三家思想的评价，来体悟中国哲学与国、与家、与己方面所体现出来的崇高境界。

第一节 仰望中国哲学的第一座大山：儒家

一、仰望连绵不断的儒家珠峰

儒家以孔子学说为基础，孟子、荀子是其羽翼，于战国后期发展成为诸子百家中的显学，这一学派“祖述尧舜，宪章文武”，其源头可上溯至西周开国时的周公制礼作乐。至汉代，董仲舒向汉武帝提出“罢黜百家，独尊儒术”的主张，从此，儒家思想逐渐成为中国思想文化的主流。宋明以后，以程颢、程颐、朱熹为代表的程朱理学和以陆九渊、王阳明为主的心学相继兴起，为儒家思想的繁荣开创了新局面。直到近代，儒家思想仍处于稳固地位。五四时期，以陈独秀、李大钊、鲁迅等进步青年为首，他们发出的“打倒孔家店”的呐喊一时响彻中国大地，极大地动摇了儒家思想一统天下的稳固地位。

1971 年，英国历史学家汤因比在联合国大会上预言：“21 世纪将是中国人的世纪，主要指中国文化……能够拯救这个世界的，只有儒家的大同思想和佛教的大乘佛法。”1992 年，在日本东京召开的一次学术会议上，与会专家一致认为：孔子学说能够指导人类走出困境。正如梁漱溟曾经说过的：“孔子学说的价值，最后必有一天，一定为人类所发现，为人类所公认，崇光于世界。”

与孔子一起站在这座山峰上的代表人物还有很多，比如孟子、荀子、董仲舒、张载、程颐、程颢、朱熹、王阳明等。

二、儒家的主要思想贡献

（一）仁爱、仁政思想

孔子把“仁”看成最高的道德原则、道德标准和道德境界。他所说的“仁爱”，就是指广施爱心，要求爱人、利人、助人，甚至于不惜损己而去为人。在他的理论里，“仁爱思想”已经成为一个体系，包括孝、悌、忠、恕、礼、知、勇、恭、宽、信、敏、惠等内容。

儒家把人的所有社会关系总结为“五伦”：君臣、父子、夫妇、兄弟、朋友。而这种“仁爱”思想体现在“五伦”关系中，各自就有了不同的称呼：臣对君（泛指上级）的仁爱用“忠”来表达；子女对父母（包括长辈）的仁爱用“孝”来表达；兄弟之间的仁爱用“悌”来表达；夫妻之间的仁爱用“恭”来表达；朋友之间的仁爱用“恕”来表达。

有儒家“亚圣”之称的孟子，把先圣孔子的“仁爱”思想进一步发展成了“仁政”思想，即要求统治阶级对老百姓要仁慈一些。他在政治上主张以民为本，提出“民贵君轻”思想；在经济上主张“制民之产”，建议给老百姓一定的财产，因为有“恒产”才能有“恒心”。

（二）礼乐思想

不论是人与人的交往，还是在社会的运行管理过程中，孔子都特别强调要重视“礼”和“乐”。

孔子断案

重视“礼”。因为“礼”是为了维护社会秩序和区分社会成员的等级而建立的制度和规范。余秋雨在其《君子之道》中曾阐述：“普普通通的人，有礼上身，就显出高贵……在某些哲人看来，有没有礼，不仅是君子和小人的区别，而且是人和禽兽的区别。”而中国人在日常礼仪中最重要的两个词就是：敬、让。做到了这两点，基本上就达到了孔子所倡导的“彬彬有礼”。鲁迅认为，“在中国，君临一切的是‘礼’”。这个“礼”，不仅是意识形态，而且是现实的社会秩序、行为模式、道德规范及情感态度等。

重视“乐”。孔子本人有很高的音乐天赋，他十分热爱音乐，“子在齐闻《韶》，三月不知肉味”就是他留下的佳话，而且，他还特别强调音乐教育在帮助人完善内在修养、自觉遵守社会秩序乃至成为国家治国之才方面所具有的重要价值和作用。

（三）中庸之道

简单来说，中庸之道就是不偏不倚、不走极端。儒家认为，极端化的言辞虽然听起来痛快，却害人害己。因此，必须警惕这种嘴上的一时之快，而去寻求和谐、适合与恰当，掌握分寸和“度”；必须放弃僵硬和狭窄，而去寻求弹性和宽容。余秋雨在《中国文化的特征》里说道：“中华文明之所以能够成为人类几大文明中唯一没有中断和消亡的幸存者，有很多原因，其中最重要的秘密就是‘中庸之道’。‘中庸之道’在一次次巨大灾难中起了关键的缓冲作用、阻爆作用和疗伤作用，既保全了自己，又维护了世界。”

（四）性善、性恶论

人性究竟是本善还是本恶？在儒家内部，先贤们的观点截然不同。孟子坚持“性善论”，荀子坚持“性恶论”。

孟子认为人皆有“四善端”，即：“恻隐之心，人皆有之；羞恶之心，人皆有之；恭敬之心，人皆有之；是非之心，人皆有之。恻隐之心，仁也；羞恶之心，义也；恭敬之心，礼也；是非之心，智也。仁义礼智，非由外铄（shuò）我也，我固有之。”他认为仁义礼智这些“善”，每个人天生就有。因为每个人都是善的，所以他坚信“人皆可以为尧舜”。

当代著名文学评论家刘再复对“善”的理解简单明了：“从理论上说，凡是有益于人类的生存延续的都可称为善；而用文学语言表述，慈悲即善，爱一切人即善。爱一切人，当然也包括所谓的‘敌人’‘坏人’等。”

荀子曾言：“人之性恶，其善者伪也。”意思是人性生来本恶，那些善良的行为是人为的，即伪装出来的。他还说：“人之生固小人。”认定人天生就是小人，不是君子。“今人之性，生而有好利焉，顺是，故争夺生而辞让亡焉；生而有疾恶焉，顺是，故残贼生而忠信亡焉；生而有耳目之欲，有好声色焉，顺是，故淫乱生而礼义文理亡焉。”大意是：人的本性从一生下来就有贪图私利之心，因循着这种本性，人与人之间就要发生争夺，也就不再讲求谦让了；人一生下来就有好忌妒仇恨的心理，因循着这种本性，于是就会发生残害忠厚善良的事情，这样忠诚信实就丧失了；人生来就有爱好声色的本能，喜好听好听的，喜欢看好看的，因循着这种本性，就会产生混乱，礼仪制度和道德规范就都丧失了。所以，荀子认为人只有通过礼仪制度的约束与教化，才能变成圣人。

（五）三纲五常

这是一个在“五四”新文化运动中被批得最厉害的“封建遗毒”，也是至今让后人看来都充满了罪恶的思想，但在中国上千年的古代伦理史上却占有极其重要的地位。在孔子“三达德”（智、仁、勇）思想的影响下，孟子提出了“四德”（仁、义、礼、智）、“五伦”（指父子有亲、君臣有义、夫妇有别、长幼有序、朋友有信）。董仲舒进一步完善，把儒家强调的伦理道德概括为“三纲五常”，并作为儒家的基本教义，成为人们必须遵循的准则。“三纲”指“君为臣纲，父为子纲、夫为妻纲”，是处理社会上三种比较重要的关系的准则；“五常”指“仁、义、礼、智、信”，它是调节人际关系的五种基本准则。

（六）内圣外王

欲深入了解儒家思想，则要把道家的立场、言行与思想作为参照。“内圣外王（wàng）”最早就出自《庄子·天下篇》，意思是对内具有圣人的才德，对外才能施行王道。在孔子的思想中，内圣和外王是相互统一的，内圣是基础，外王是目的，只有不断修养内心，才能成为仁人、君子，才能达到内圣，而只有成为内圣，才能够安邦治国，达到“外王”的目的。

历史上最有
影响的 100 人

三、跟儒家学入世：拿得起

（一）什么是入世

“入世”是与“出世”相对应的一个概念。此处的“世”在古时泛指俗世。对于儒家而言，这个“世”专指现实社会，“入世”即带着一腔热血，积极投身于社会洪流中。儒家充分肯定现实世界，肯定现世人的生活本身就是一切，在儒家学说创始人孔子的言行中，就深刻地体现出一种珍惜现世生活、积极乐观地面对各种境遇的人生态度。儒家认为，人生的出发点和归宿就是通过对现实世界的积极投入、适应和改造以实现现世人的生存和幸福。

（二）儒家的入世目标

孟子有一句名言可以概括千百年来中国儒士的入世之道，即“穷则独善其身，达则兼济天下”的奋斗目标，意即当一个人身处逆境、穷困潦倒、人生不得志的时候，便退一步，使自己在道德修养方面不断提高；当有朝一日显赫、发达了的时候，就要放眼天下、胸怀黎民百姓，敢于担当，以造福国家与社会为荣。这已经成为后世几千年来中国士大夫的座右铭和行为准则。也就是说，以天下为己任，时刻准备着肩负起改造社会的重大责任，做一个对人民、对国家有用的人，使自己最终成为一个圣人、君子或大丈夫，是儒家的入世目标。

（三）儒家的入世路径

在“儒家十三经”之一的《礼记·大学》里，孔子的弟子们就总结出了一条清晰的入世路径：“古之欲明明德于天下者，先治其国；欲治其国者，先齐其家；欲齐其家者，先修其身；欲修其身者，先正其心；欲正其心者，先诚其意；欲诚其意者，先致其知。致知在格物。”2 000 多年来，“修身、齐家、治国、平天下”的思想已经成为儒家成圣成仁的不二目标与终生信仰。

修身齐家是前提条件，治国、平天下才是儒士们的宏伟目标，也是他们的终身奋斗目标。儒家认为，人是家庭中的人，同时更是社会中的人。由于家庭是社会的最小单元，因此，要做好一个社会中的人，首先就要从自我的修身与家庭的经营开始，即至少要处理好“五伦”关系中的“三伦”：父子关系、夫妻关系、兄弟关系。而在这三伦关系中，守好孝悌之道是关键。《孝经·感应章》说：“孝悌之至，通于神明，光于四海，无所不通。”如果能做到父慈子孝、兄友弟恭、夫唱妇随，人人都扮演好“小我”的角色，那么，将其推扩至家、国及天下，则家将齐、国将治、天下将太平，最终成就一个圣人或君子的“大我”形象。

（四）儒家的入世精神

1.“身处逆境而心忧天下”的大忧患与大担当

儒家从“仁爱”立场出发，身处乱世，却愿与百姓同甘共苦，想拯救黎民于水火之中，这种为世而忧、为国而忧、为民而忧、为时而忧、身处逆境而心忧天下的广阔胸襟与宏伟抱负是非常宝贵的，是儒家入世精神的精髓。宋代思想家张载的“为天地立心，为生民立命，为往圣继绝学，为万世开太平”就是这种大忧患和大担当的家国情怀写照。

2. “知其不可而为之”的直面惨淡的仁心与勇气

在钱穆和中国文化大家们探讨中华民族的文化为什么不会灭亡时，有人认为是文字的统一，有人认为是中庸之道的作用，而钱穆却认为，是《山海经》中“知其不可而为之”的精神，他说：“有了这一条，中华文化就永远不会灭亡了！”

“知其不可而为之”同样也奏响了儒家入世精神的最强音。它体现了孔子等的应世智慧与终极关怀。康有为在《论语注》一书中写道：“晨门知世之不可而不为者。孔子斯人，是与万物一体。饥溺犹己，悲悯为怀，慈父操药以待子病，其色噍（jiào）然，明知昏浊之世，而后来救之，故云：天下有道，丘不与易。”有学者说：“知其不可者，圣人之智也。知其不可而犹为之者，圣人之仁也。晨门一语，分明道破圣人之用心。”这都是在说明，孔子、孟子乃至于后世的仁人志士们之所以栖遑救世，实是强烈的责任意识使他们面对苍生的苦难，明知势单力薄，却仍要挺身而出，鞠躬尽瘁死而后已。哪怕是到了垂暮之年，比如孔子、孟子等，也要退而讲学以培养后进，裨（bì）使江山有待、仁道不坠。

3. 杀身成仁、为国捐躯、永垂不朽的豪雄气概

中国人的一个民族特征

闻道以生，是儒家生命之途的努力方向。孔子说：“朝闻道，夕死可矣！”朱熹的注解是：“生死大事，仲尼云，朝闻夕死，然则道之未闻，死不得也。不但死不得也，虽生在世，亦在鬼窟里过日。盖其死也久矣，何必死而谓之死。先须生得，然后死得，其所以死乃所以生者也。故曰，未知生，焉知死，程子曰，死之道，即生是也，更无别理。”

得正而死，是儒家一生行道的最后见证。《礼记》记载了曾子临终时的一段话：“吾何求哉？君得正而毙焉斯已矣。”儒家对待死亡的态度是建立功业，显身扬名，最终得到安息。

杀身成仁、舍生取义，是儒家生命价值的不二选择。孔子曰：“志士仁人，无求生以害仁，有杀身以成仁。”孟子说：“鱼，我所欲也；熊掌，亦我所欲也；二者不可得兼，舍鱼而取熊掌者也。生，亦我所欲也，义，亦我所欲也；二者不可得兼，舍生而取义者也。生亦我所欲，所欲有甚于生者，故不为苟得也；死亦我所恶，所恶有甚于死者，故患有所不辟也。”司马迁说：“人固有一死，或重于泰山，或轻于鸿毛。”其生命观不仅脍炙人口，而且至今深得人心。

第二节 仰望中国哲学的第二座大山：道家

一、仰望若隐若现的道家珠峰

道家可追源于黄帝。魏晋以前称“黄老之学”，“黄”指黄帝，“老”指老子。站在这一条绵延不断、若隐若现的山脉上的巨人有：黄帝、老子、庄子、文子、列子、田骈、宋妍、尹文、何晏、王弼、阮籍、嵇康、向秀、郭象等。我们仰慕的道家，以老子的

“道”为核心，2 500 多年来，道家以其独有的宇宙观、人生观、社会观，成为传统文化中的奇葩，对中国乃至世界文化都产生了巨大影响。汉武帝时，“罢黜百家，独尊儒术”使儒学成为国家正统思想，其他哲学流派逐渐衰落——道家却是例外。道家思想在国家大乱之后变成了统治阶级治世的良药与“急救包”，同时也为古代盛世的出现集聚了能量。魏晋时期，士人无用武之地，于是崇尚谈玄论道，对老庄哲学有显著创新，玄学兴盛，使老庄派逐渐取代黄老派而成为道家正统。

中国历史的发展始终隐藏着这么一条规律：“盛世以儒守常，乱世道士下山。”姜子牙、范蠡、诸葛亮、张良、魏征、刘伯温等都是在这样的朝代更迭中出现的隐士与智者形象。汉以后历朝历代统治阶级“外用儒术，内用黄老”。如唐玄宗、宋徽宗、朱元璋、康熙等，都对《道德经》有过注解，在“文景之治”“贞观之治”“开元盛世”“康熙盛世”中，黄老思想都发挥了极大作用。

道家哲学虽不像儒家那样成为国家尊奉的主流思想，但不时与儒学形成双峰对峙之势，深受统治者和失意士人的青睐。

二、道家的主要思想贡献

（一）道法自然

道家创始人老子认为“道”是世界的根本，是人生的真谛，是万物的本源，是宇宙运行的总规律。他提出：“人法地，地法天，天法道，道法自然。”意思是说，人的活动要效法地，地的活动要效法天，天的运转要效法“道”，“道”的运行是效法自身。老子的“道”具有自然无为的特性，体现着宇宙秩序的和谐。而这里的“自然”，就是万物的本然状态：无知、无欲、无为、无我。

中国当代著名哲学家汤一介指出：道家以自然主义为价值取向，在“自然的和谐”的基础上，推展出“人与自然的和谐”，进而有“人与人的和谐”，以达成“自我身心的和谐”，其价值取向与历史唯物主义揭示的人类文化演进顺序相似，即在人与自然关系基础上解决人与社会关系的问题，进而使人的心灵需求得以妥善解决。

（二）无为、无用

后世对道家的误解是，以为老庄对人类社会的发展持消极悲观态度，主要原因是把“无为”和“无用”理解成了推卸责任、逃避现实的“不作为”。其实，老子在《道德经》中是这么说“无为”的：“道常无为而无不为。”

庄子说无用与大用

冯友兰就指出道家的“无为”包含了五层意思：第一，“无为”即是少为或寡为；第二，“无为”是率性而为，不是有意地为；第三，“无为”是因势而为；第四，“无为”是顺理而为；第五，无为是“无为无不为”。总之，道家的“无为”说的不是什么都不做的消极“不作为”，而是不做干预、违反自然运行的事，不做不必要的事。倡导遵循自然规律而行，任万物各得其所，顺遂本性而为，以达成无为而无不为（即无为而成）的效果。庄子的“无用”观，同样包含着“无用之用，方为大用”的辩证法。

道家思想的高明之处就在于，虽然主观上不以取得利益为目的，客观上却可以更好地实现利益。正所谓："天地无人推而自行，日月无人燃而自明，星辰无人列而自序，禽兽无人造而自生，此乃自然为之也，何劳人为乎？"

（三）朴素的辩证法思想

道家朴素的辩证法思想主要表现在以下几点：第一，认为世间万事万物存在着互相矛盾的两个对立面，如"有无相生，难易相成，长短相形，高下相倾，音声相合，前后相随"。第二，认为对立双方在相互比较中才有相对的价值，如美和丑、善和恶、贵和贱。第三，认为矛盾的事物相反相成，促成向对应面的转化，如"曲则全，枉则直，洼则盈，敝则新，少则得，多则惑"。第四，事物的本质往往隐含在事物表面的对立面，如"大成若缺，其用不弊。大盈若冲，其用不穷。大直若屈，大巧若拙，大辩若讷""大智若愚"。第五，认为事物转化要经历一个过程，如"合抱之木，生于毫末；九层之台，起于累土；千里之行，始于足下"，所以要"图难于其易，为大于其细"。事物转化的过程便是道（规律）的自然运行。

道家的朴素辩证法思想在军事上的运用也很突出，如在战术上主张"以进为退""以奇出兵""将欲弱之，必固强之"，在战略上主张以"柔弱胜刚强"，等等。

塞翁失马的故事

（四）齐物论

"齐物"的"齐"在《说文解字》中是："禾麦吐穗上平也。象形。"禾苗随地之高下而高下，似不齐而实齐，用今天的话说就是"平等"。"齐物"的"物"即万物，包括山川河流、风雨雷电、日月星辰、花鸟虫鱼等，也包括所有的世人。这些"物"中又错综复杂包含着三种关系：物与物的关系、物与我的关系、人与我的关系。庄子齐物论的核心思想是：宇宙间一切事物，如生死寿夭、是非得失、物我有无，都应当同等看待。

庄子将观物的眼睛分成五种：道眼、功眼、差眼、物眼、俗眼。世人均是以物观之，因此才有了各种各样的差别存在，比如物与物的不平等、物与我的不平等、人与我的不平等。说明我们看物都是用俗眼，道家用的却是道眼，当以"道"观之时，物与物平等、物与我平等、人与我平等。

三、跟道家学超世：想得开

（一）什么是超世

超世，就是不愿被世间纷扰所困，其眼界、胸怀、精神及情感等均超然于尘世之外。道家的隐士们往往以远离现实政治、隐遁于山林为他们特立独行的生存姿态。儒家常被称为"方内人"，即全身心入世去积极求取功名利禄、仕途经济，在《庄子·内篇·大宗师》中，庄子塑造的故事主人公"孔子"就自称："彼，游方之外者也；而丘，

庄周梦蝶：中国文学史上最绚丽的一个大梦

游方之内者也。”彼，指孔子师徒周游列国时路遇的隐士。相对而言，佛与道两家都是“方外人”，对世俗保持疏离甚至决绝的态度。但佛与道还是有区别的，道家像是跨在门槛之上的一群旁观者，你说他像佛家一样出世了吧，他一步就能踏进门来成为入世者；你说他入世了吧，他一抬脚便绝尘而去。

因此，庄子认为道家既不是入世者也不是出世者，而应该叫“游世”者：“生为游世，死为归道。”他说，人生浮游于世间，犹如暂时的寄居，死则如归家，是“返其真”。曹雪芹在《红楼梦》里借一僧一道之口劝诫世人：莫“认他乡是故乡”。庄子把这种人生境界描述为“逍遥”游，是真正超越狭隘的功利得失之后所获得的广阔的自由境界，也是一种心灵摆脱物欲羁绊而自由任情、高度愉悦的审美之游。国学大师南怀瑾将这种境界称为“超世”情怀。

（二）道家为什么追求超世

老子最后那绝尘而去的背影，给后世留下了多少或超然或洒脱的故事。同样，庄子对他生活的时代也比较悲观甚至绝望：“方今之时，仅免刑焉。福轻乎羽，莫之知载；祸重乎地，莫之知避。”因此，在他看来，人生最佳的结果，不过是免于刑罚而已。他认为幸福如同羽毛一样轻飘飘，但最终不知所踪；祸患如同大地一般沉重，而无处躲避。所谓的人生就是一场囚徒之旅，人常常为四大困境所包围、所禁锢。他认为这四大困境分别是自然困境、社会困境、命运困境、自我困境。

1. 自然困境

人生于自然而归于自然，衣食住行、生老病死，无不受到物的限制，没有物就没有生命，而物与精神的自由是一对不可调和的矛盾，我们身体的“有所待”，是通向逍遥之境的最大障碍。大鹏扶摇九万里，瞬间由北海飞向南海，激起的波涛直上云天，但没有风，大鹏鸟无法飞翔。列子飘飘欲仙悠然自得于云间漫步，但十五天他就得下来，没有风他无法悠然。大鹏与列子的困境，乃是有所待，没有风的支撑，将寸步难行。而人也是如此，身体需要物的支撑，没有物就没有身体，身体将永远为物所限，无法达到无所待的境界。

2. 社会困境

庄子说：“一受其成形，不亡以待尽。与物相刃相靡，其行尽如驰，而莫之能止，不亦悲乎！终身役役而不见其成功，苶（nié，痴呆，精神不振）然疲役而不知其所归，可不哀邪!”大意是，人一旦禀承天地之气而形成形体，便要不失其真性以尽天年。他们跟外界环境或相互对立、或相互顺应，他们的行动全都像快马奔驰，没有什么力量能使他们止步，这不是很可悲吗！人一出生就注定劳累一辈子，一生都在与外界事物进行无休止的斗争、摩擦与倾轧，陷入了茫然无措的纷争之中，既看不到人生的意义，也得不到人生的价值。人类被社会的大潮裹挟着不知西东，这就是人的社会困境。

3. 命运困境

庄子认为我们都生活在神射手后羿的射程之内，你被后羿射中是命运的必然，暂时没有射中，只是命运的偶然。生存是偶然，死亡是必然。偶然必然，其实都是命运中的“不得已”而已。必然统治一切，偶然无处可逃；快乐无影无踪，痛苦无处不在。因此，人生就是在命运的必然性中的悲剧性存在。他认为，事物在未形成之前就已经天然地形成了分野，后天的努力永远无法改变这种区别，任何努力都将无济于事，只有安时顺命才能全身保性。“死生存亡、穷达贫富、贤与不肖，毁誉、饥渴、寒暑，是事之变，命之行也。”即一切都是命运的安排，我们无处可逃，顺其自然是最明智的选择。

4. 自我困境

庄子对人生痛苦的根源有深刻阐述：“自三代以下者，天下莫不以物易其性矣。小人则以身殉利，士则以身殉名，大夫则以身殉家，圣人则以身殉天下。故此数子者，事业不同，名声异号，其于伤性以身为殉，一也。”意即，自夏、商、周三代以来，天下没有不因外物而错乱本性的，小人为了追求利益而牺牲自己，士人为了追求名声而牺牲自己，大夫为了维护家室而牺牲自己，圣人为了治理天下而牺牲自己。这四种人，事业虽不相同，名声虽不一样，但从损伤本性、自己这一点上看，却是相同的。因此，人生就是在文明的裹挟之下的欲望煎熬之旅。无论是尧舜禹一样的圣王还是盗贼，无论是君子还是小人，都绕不开欲望的尘网，人的自我困境皆源于自己的欲望。

（三）道家的超世智慧

庄子与骷髅

道家不像儒家，只站在现世的大地与人群里去研究和治理人与人的世界；也不像佛家，贯通了前世和来世，用神的悲悯来普渡现世受苦受难的人们，而是以超越尘世的视野，站在“齐物”的立场，将一切事物都置于天地之中、宇宙之下。用这样的“大道”之眼看出去，“天地与我并生，万物与我为一”“人生天地之间，若白驹之过隙，忽然而已”。以无己、无功、无名的生命境界逍遥于天地之间，和合于自然之中。如此一来，谁都不是中心，一切都变得渺小。

第三节 仰望中国哲学的第三座大山：佛家

一、仰望异峰突起的佛家珠峰

佛教与基督教、伊斯兰教并称为世界三大宗教，起源于公元前 6—前 5 世纪的古印度，由古印度迦毗罗卫国王子乔达摩·悉达多所创。后世称乔达摩·悉达多为“佛陀”，意思是“觉者”“智慧的人”。因为悉达多属于释迦族，“牟尼”是“明珠”的意思，比喻圣人，所以佛教徒也尊称他为“释迦牟尼佛”，意即“释迦族的圣人”。

爱因斯坦说：“佛教是科学的原动力。”哲学家方东美更是多次提道：“释迦牟尼是世界上最伟大的哲学家，佛经哲学是世界哲学的最高峰。”因此，本节内容里的“佛教”与“佛学”“佛家”“释家”等意思，既泛指其哲学思想，也泛指其宗教思想。坐在佛教这座高峰上的思想巨人，除了佛陀外，还有过去七佛、三世佛、四大菩萨、十六罗汉、慧远、法显、鸠摩罗什、僧肇、菩提达摩、弘忍、神秀、慧能等。

佛学本是外来文化，自汉代沿丝绸之路从中亚传入中国，在 2 000 多年的漫长岁月中，一度受到本土主流文化——儒学和道学的强力抵抗和排斥，终因其自身的文化包容力与灵活适应性，在与儒家、道家学说的相互竞争、相互磨合、相互渗透中，渐次巩固了其在中国文化体系中的地位，并影响日本、朝鲜等周边国家。刘再复曾说，佛教来中国，转换性地创造出“日日是好日”“担水砍柴，莫非妙道”的禅宗。印度佛教不让和尚劳动，脱离群众，引起非议。但禅宗，在百丈怀海等一代大师的带领下，规定和尚必须参加生产劳动，结果，在众多佛教教派中，别的宗派几乎都销声匿迹，而禅宗巍然犹在。另外，禅宗还讲“度他先要度己”“不立文字而明心见性”，深受修行者喜欢。

可以说，中华大地是佛教的第二故乡，反过来说，佛教文化又是中国传统文化不可分割的一部分，它对中国社会、政治、历史、哲学、伦理、道德、文学、语言、建筑、音乐、舞蹈、雕塑、天文、医学、科技乃至婚丧嫁娶、吉庆节日等都影响深远。在中国哲学这座圣殿中，它更是与儒家、道家一起，呈“三峰鼎峙”之状。

二、佛教对中国人的吸引力

余秋雨在其著作《中国文脉》中就这个问题做过精彩而深刻的回答。

（一）佛教倾注了对世间人生的集中关注、深入剖析

其他哲学流派也会关注到人生，但往往不集中、不深入。它们始终认为人生问题只有支撑着别的问题才有价值，没有单独研究的意义。比如，儒学就有可能转移到圣人如何治国平天下的问题上去了，道家有可能转移到真人至人等的超越现实寻找自由上去了，法家会转移到谋士如何摆弄权术游戏上去了……而佛教，聚焦于人间的生、老、病、死，探究着摆脱人生苦难的道路，这一点尤其受到老百姓的喜欢，因为儒家的目标永远聚焦于入世的士人，道家的目标聚焦于逍遥游的隐士，而佛家关注的则是普天下的疾苦。

（二）佛教的立论痛快而透彻

人生和生命课题如此之大，如果泛泛谈去，不知要缠绕多少思辨弯路，陷入多少华语泥淖。而佛教则干净利落，一上来便断言，人生就是个苦。产生苦的原因，就是贪欲。产生贪欲的原因，就是无名无知。要灭除苦，就应该觉悟；万物并无实体，因缘聚散而已，一切都在变化，生死因果相续，连“我”也是一种幻觉，因此不可在虚妄中执着。由此确立“无我”“无常”观念，抱持“慈悲、喜、舍”之心，就能引领众生一起摆脱轮回，进入无限，达到涅槃。

（三）佛教具有切实的参与规则

佛教的戒律又多又严，正因为如此，增加了其可信度与可行性。余秋雨对佛教的戒律有个有趣的比喻：就像我们要去爬山，处处是路又处处无路，忽然见到一道石径，阶多势陡，极难攀登，却以一级一级的具体程序告示着通向山顶的切实可能。相比较而言，其他哲学思想就大多处于一种“写意状态”：有主张，少边界；有感召，少筛选；有劝导，少禁忌；有观念，少方法；有目标，少路阶。这种状态，看似方便进入，却让人觉得不踏实，容易退身几步，敬而远之。

最典型的例子，是儒家所追求的“君子”，追求了 2 500 多年，到底什么叫君子？怎么才算非君子？区分君子和非君子的标准何在？一个普通人要通过什么样的训练程序才

能称为君子？就没有佛家简单明了。佛教的戒律步步艰难却步步明确，佛教所说的“戒、定、慧”就表述了这个程序。

此外，佛教之所以能在中国这片广袤而古老的土地上扎根、开花与结果，还与它的精神追求跟中国儒、道、墨等思想中的许多精神追求不谋而合有关。比如，其慈悲情怀与儒家、墨家的仁爱及兼爱思想就有共通之处，其“度人先度己”的理念与儒家的“修身齐家治国平天下”“己所不欲勿施于人”“己欲达而达人”“己欲立而立人”等思想相融合，其乐于献身的“牺牲”精神与儒家的“天下为公”“鞠躬尽瘁死而后已”及墨家的“不畏艰险、见义勇为、两肋插刀、赴汤蹈火”类似。

三、跟佛家学出世：放得下

（一）什么是出世

在古代，“出世”主要是指一种对世俗之事不关注的思想。这里的“世”是指凡尘俗世。佛教徒视人世为俗世，视人生为苦海与罪孽，主张人们通过忍耐、顺从、禁欲等方式赎罪而至舍离和超越现实世界之境界，进而祈佑来世能进入与现实世界并存但高于现实世界的彼岸世界。在经济高速发展的今天，我们取其积极意义，这里的“出世”就是指摆脱世俗的种种羁绊与困扰。它要求人们冷静关照人生和世界，始终做到不忘初心，慈悲为怀、乐于奉献，最终实现度己亦度人的伟大目标。

（二）佛学的“放下”智慧

佛陀的智慧，是彻底清除心灵的障蔽，如实观照世界实相。其教诲可以用一句话概括：世间的所有痛苦皆来自欲望，要从痛苦中解脱，就要放下欲望；而要放下欲望，就必须训练心智，体验事物的本质。

那么，世人放不下的都是些什么“欲望”呢？佛教认为人有“五欲”。“五欲”有两种分类：一类指色欲、声欲、香欲、味欲、触欲，分别对应人的五官，相当于我们今天说的感官刺激；另一类指财欲、色欲、食欲、名欲和睡欲，其中不仅包含了生理的欲望，也有一些心理的欲望。

不可否认，世间有太多的诱惑，不知不觉就使人产生欲望，当欲望得不到满足时，烦恼就会接踵而来。不断膨胀的欲望，如同一辆加速行驶的汽车，良知、善德、因果，都被它抛在了身后。当被欲望驱使的人想刹车时，已经来不及，失控了。所以当欲望在膨胀时，一定要自己放下、淡然，不要迷失了自己。

躬行践履

小辩论：

社会的高速发展迫使年轻人进入了低欲望、“躺平”等“佛系”时代。

第四节 中国哲学解决世界难题的五大智慧

当下世界面临的急需解决的冲突与难题涉及五大领域，即人与自然的冲突、人与社会的冲突、人与他人的冲突、人与自我（心灵）的冲突、文明与文明的冲突。其实，当下世界面临的难题，中国哲学早在 2 500 多年前的先秦诸子百家时代，就贡献了以下智慧。

一、处理人与自然关系的智慧

在处理人与自然的关系方面，中西方文化迥然不同，甚至可以说是完全对立的。

（一）西方的人类中心主义观

早在古希腊时期，哲学家普罗泰戈拉就提出："人是万物的尺度，是存在的事物存在的尺度，也是不存在的事物不存在的尺度。"在此，人被看成判断万事万物存在的基本标准。到了文艺复兴时期，莎士比亚更是借《哈姆雷特》一剧发出了"人是宇宙的精华，万物的灵长"的赞歌，他忍不住歌颂："人是何等的杰作！多么高贵的理性！多么伟大的力量！多么美丽的外表！多么优雅的姿态！"与此同时，英国文艺复兴时期散文家、哲学家弗朗西斯·培根说："人是万事万物的中心，是世界之轴。"著名思想家、文学家和诗人爱默生，其思想影响了整个美国，他有一句话是这样说的："世界是微不足道的，只有人是一切。"

在西方，关于人与自然关系的认识，总的趋势都是强调人对自然的征服、超越与索取。在人对自然长期地处于主导、支配与征服的过程中，人类中心主义的观念也必然甚嚣尘上。恩格斯早在 19 世纪就警告人们说："我们不要过分陶醉于我们人类对自然界的胜利。对于每一次这样的胜利，自然界都对我们进行报复。"① 而 21 世纪的今天，我们就被笼罩全球的此起彼伏的火灾、地震、沙尘暴、泥石流、臭氧空洞、冰山融化、江河干涸、物种灭绝等噩梦所困扰。

（二）中国的"道法自然"与"天人合一"思想

1. 道法自然智慧

道家向来有"四大"之说，即"道大、天大、地大、人大"。在这四者之间，老子早就提出这样的要求："人法地，地法天，天法道，道法自然。"也就是说，虽然这四样东西都很重要，但它们之间的关系却并非平等，"人"要效法承载万物的大"地"，大"地"则要效法广博的"天"，"天"则要效法无垠的"道"，至于道，则自然而然，按照它自己的运行规律去活动。庄子反对干预自然，追求人与自然万物和谐相处的状态。

在这里，按从大到小的次序排列：道＞天＞地＞人。由此推出，道家的"道法自然"是把人当成了自然的一部分，与天地同根，与万物一体，没有谁高谁低、谁贵谁贱的问

① 马克思，恩格斯．马克思恩格斯全集：第二十六卷．北京：人民出版社，2014：前言．

题。宋代大儒张载进一步提出："民，吾同胞；物，吾与也。"把大自然看成人类的伙伴，倡导亲近自然、师法自然、敬畏自然。唐代文学家白居易在其七言绝句《鸟》中就体现了这一思想："劝君莫打枝头鸟，子在巢中望母归。"

2. 天人合一智慧

中国的"天人合一"思想起源于西周，发展于儒家、道家、墨家和杂家各家。《中华思想大辞典》中释义："主张'天人合一'，强调天与人的和谐一致是中国古代哲学的主要基调。"在中国的生态自然观里，人与万物是一个有机整体，二者相融相通，一荣俱荣，一损俱损。季羡林曾说："天人合一论，是中国文化对人类最大的贡献。"他理解的"天人合一"就是人与大自然要合二为一，要和平共处，不要讲征服与被征服。

二、处理人与社会关系的智慧

中华文明自奠基以来，便具有家国一体、家国同构的特征，该特征只见家庭、社会和国家，而不见个人与个体，孝于亲、忠于国是每个人一出生就义不容辞的责任。

可见，"群己合一""己轻群重"是我们祖先处理人际关系的不二原则。"群"指国家、社会、家庭、集体；"己"指个人、个体。儒家认为，人是一种"群"的存在，每个人都无不在"五伦关系"这一圈一圈的"群"之中扮演着为人子、为人父、为人夫、为人臣、为人友等的角色。只有把个体融入群体之中，才能实现人与社会的和谐统一，也才能实现国富民强的社会理想。为此，儒家还提出了一整套规范人与人之间亲爱友善关系的伦理体系，比如"三纲五常"，就如何处理父子关系、夫妇关系、兄弟关系、朋友关系、君臣关系，专门提出了"仁、义、礼、智、信"的基本要求，这些思想及规范，至今对我们处理人际关系具有重要的实践意义。

三、处理人与他人关系的智慧

余秋雨在《历史的脸谱》中感叹："在 2 500 年前，也就是公元前 5 世纪，这是一个神秘的年代。全世界最聪明的大脑同时出现在地球上。他们没有约定，没有交流，他们同时出现了，被全世界当代学者惊叹地称为'轴心时代'……公元前 5 世纪，我们没有缺席。释迦牟尼，好像比老子小了 14 岁，柏拉图出生的时候，孟子 15 岁，按照后世学者们的说法，就是他们完成了一种有序的分工。古希腊哲学家坐在爱琴海边思考人和爱情的关系，印度哲学家坐在恒河边思考人和神的关系，中国哲学家坐在黄河边思考的是人和人的关系。"

这个哲学家就是以孔子为代表的儒家学派，他们为后世找到了绝妙的处理人和人关系的办法，概括起来就八个字："忠恕之道""中庸之道"。

（一）忠恕之道

忠恕之道，被冠以"中国人为人处世之基本准则、中华文化之核心精神"。"忠恕"二字是儒家核心思想"仁"在行为准则方面的具体化。"忠"是立身之本。何谓忠？忠诚、忠贞也。何谓忠诚与忠贞？以他者为中心也。常言道，"受人之托，忠人之事"，就是对"忠"字本义的描述，指对人对事要尽心竭力。"恕"是成事之基，有"宽恕、宽仁"的意思。在《论语》中，"恕"的解释是："己所不欲，勿施于人。"即推己及人、将心比心，要求与人相处，要时时体现宽厚仁爱之心。

（二）中庸之道

孔子把“中庸”看成圣人的人格精神、人世间最高的道德标准。在他生活的时代，天下处于“子弑父、臣弑君”“君臣僭（jiàn）越”“陪臣执国命”的礼崩乐坏局面，所以，在他眼中，只有尧、舜、禹、商汤、文武、周公才是符合中庸之道的人。

“极高明而道中庸。”关于中庸之道，余秋雨说，过去它常被我们误解成是“和稀泥”“骑墙派”，其实它的本义是反对极端主义，寻找大家都能接受的一种“合适”和“恰当”。孔子认为，只有这种中庸——也就是合适和恰当，才能沟通一切人、关爱一切人，因此是“至德”。

从这个意义上来说，中庸之道就是中国人处理人际关系的“和谐术”和“平衡术”。英国著名哲学家罗素早就夸赞过：中国至高无上的伦理品质中的一些东西，现代世界极为需要，这些品质中我认为和气是第一位的。那么，通过中庸之道，中国人是如何实现“和谐、平衡”的呢？在为人方面，我们崇尚温和稳重，居于中正之道，不偏不斜，以自然的纯正人性提高自身修养；在处世方面，我们重视通过剖析事物本质，来肯定事物的复杂性、矛盾的对立性，尊重彼此差异，因时、因地、因事对待，在矛盾对立的两端中最终做出灵活变通、恰如其分的选择，避免极端，平衡各方，取得皆大欢喜的效果。

四、处理人与自我（心灵）关系的智慧

要处理好人与自我的关系，前提是人得先“知己”，然后才能达到最终目标：实现个体的身心和谐，继而解决人类的精神危机。

在哲学发展的历史长河中，人的问题始终是哲学家关注的首要问题，希腊德尔菲神庙的石碑上清楚地刻着这样一条铭文：“认识你自己。”古希腊哲学家苏格拉底由此提出了“认识你自己”的哲学命题，要求人要首先认识自我，他把人对自身的自然属性的认识转向了对人的内在精神的认识，提出人的本质是灵魂，而灵魂的特点就是精神和理性，这种理性是能够自我认识的。古今中外，许多先哲都在这方面有所探究，比如，德国著名哲学家尼采曾说：“先打量自己，再纠正自己。”法国思想家蒙田说：“要有所行动，然后认识自己。”德国戏剧家席勒说：“你的命运藏在你自己的胸里。”可见，认识自己至今是这个世界上最难的一个课题。

与此同时，古老的中国也在这方面提出了“自知之明”的智慧。老子讲：“知人者智，自知者明。”就是说了解别人的人固然聪明，但能清醒地认识自己、对待自己，那才是最聪明、最难能可贵的。那么，人为什么更难了解自己呢？老子的“明”就是“亮”，是眼力好的意思，它与“黑”“盲”相对应，意即看别人看得见，看自己看不见，这就是自我的盲区。老子教导我们，要让自己走出盲区，进入自我明察中去，这种洞察不可谓不深刻。但如何走出自我的盲区，这却不是普通人能做到的。贾平凹对这一观点有更通俗的解读，他说：“人是很难认识自己的，这如同眼睛看不见眼睛一样。但认识自己、设计自己却是人生最重要的事情。天才不是三百年才出现一个两个的，天才是每个人都存在的，关键是是否能发现自己身上的天才潜能。”佛教中也有此智慧，问：世间为何多苦恼？佛曰：“只因不识自我。”

五、处理文明与文明之间关系的智慧

早在 2 000 多年前，中国古代先贤就写道："若以水济水，谁能食之？若琴瑟之专一，谁能听之？"意思是说，如果用清水来给清水增加味道，谁能喝得下去？如果只是一琴或一瑟，谁能听得下去？在儒家典籍中，更是提出过"和而不同"与"求同存异"的思想。

世界上 200 多个国家和地区，如此多的民族与宗教，如果只有一种生活方式、一种语言、一种音乐、一种服饰、一种建筑、一种饮食，那不仅是单调的，更是不可想象的。不同文明之间能否和谐共生、相得益彰？又该有怎样的相处之道？这是人类社会的永恒话题，也是构建人类命运共同体绕不开的内容。

不同于西方长期信奉的"文明冲突论"，中华民族始终坚信：文明是没有高下、优劣之分的，有的只是特色和地域的差别。否则，中华文化何以能绵延 5 000 年而不衰？在联合国的演讲上，习近平主席提出了构建人类命运共同体的"文明倡议"，倡导"文明因交流而多彩，文明因互鉴而丰富"，强调人类文明多样性才是世界的基本特征。习近平主席强调，文明差异不应该成为世界冲突的根源，而应该成为人类文明进步的动力，为此还打过一个生动的比方，说茶的含蓄内敛和酒的热烈奔放代表了品味生命、解读世界的两种不同方式。但是，茶和酒并不是不可兼容的，我们既可以酒逢知己千杯少，也可以品茶品味品人生。"不要看到别人的文明与自己的文明有不同，就感到不顺眼，就要千方百计去改造、去同化，甚至企图以自己的文明取而代之。"应该看到，文明是多彩、平等、包容的，不同文明都是人类的精神瑰宝。只要秉持包容精神，就不存在什么文明冲突，就完全可以在实现文明和谐的基础上，让人类文明同放异彩，共同为人类发展提供精神力量。

相互尊重、包容互鉴，以多样共存超越文明优越，以和谐共生超越文明冲突，以交融共享超越文明隔阂，善于发现、欣赏、借鉴其他文明的价值，不仅是一种美德，更是一种智慧。

经典诵读

1. 听其言而观其行。（《论语》）
2. 爱人者，人恒爱之；敬人者，人恒敬之。（《孟子·离娄章句下》）
3. 知人者智，自知者明。胜人者有力，自胜者强。（《道德经·第三十三章》）
4. 君子之交淡如水，小人之交甘若醴。（《庄子·外篇·山木》）
5. 博学之，审问之，慎思之，明辨之，笃行之。（《中庸·第二十章》）

第三讲

一笔一画一乾坤

——汉字文化

薪火相传

汉字是世界上历史最悠久而且一直使用到现在的唯一的文字，对我国社会的发展、对国家的统一、语言的发展，都有重要的作用。中华民族创造的光辉灿烂的古代文化，如哲学、政治、经济、军事、科技、历史、文学、艺术等方面的重大成果，都是靠汉字记载下来，传播四方，流传到现在，是中华民族乃至全世界人民共同的宝贵财富。

第一节 汉字的起源述说

汉字，对于我们每一个人来说——熟悉又陌生。熟悉，因为它是我们日常生活中的表达和书写工具，每时每刻都在用；陌生，因为它与生俱来的历史温度和文化内涵。我国当代著名作家余光中的散文《听听那冷雨》中有这样几句话："杏花。春雨。江南。六个方块字，或许那片土就在那里面。而无论赤县也好神州也好中国也好，变来变去，只要仓颉的灵感不灭，美丽的中文不老，那形象，那磁石一般的向心力当必然长在。因为一个方块字是一个天地。太初有字，于是汉族的心灵他祖先的回忆和希望便有了寄托。"

的确，每一个汉字的诞生，都有它的历史。如果给历史悠久的中华文化找一个代表的话，汉字无疑当名列其首。所谓的"一字一乾坤，一笔一世界"，就是后人在仰望汉字时，对它发出的由衷赞叹。

一、文字的产生

文字是记录语言的符号系统，是最重要的辅助性的交际工具。传播学家一致公认，文字的发明是人类文明史上的一次革命，它延伸了人际传播的距离。如果说语言的产生使人类摆脱了动物状态，那么文字的出现，就使人类进入了一个更高的文明发展新阶段。

世界上的文明古国都留有精彩纷呈的符号系统。比如两河流域诞生过目前最早的苏美尔图画文字；非洲尼罗河流域的古埃及象形文字；中东地区的古巴比伦楔形文字；亚洲恒河流域的古印度印章文字；黄河、长江流域的中国甲骨文。

（一）苏美尔图画文字

苏美尔人是两河流域早期的定居民族。苏美尔人建立的苏美尔文明，是世界上已知最早的文明。公元前3500年左右，在美索不达米亚出现了苏美尔文字（见图3-1），这是人类最古老的文字。

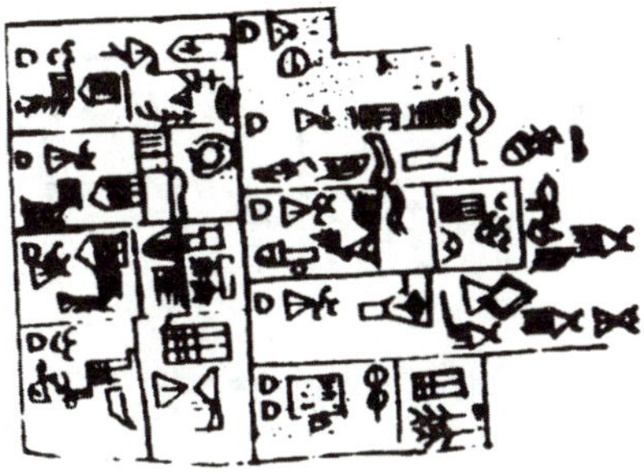

图3-1 苏美尔图画文字

（二）古埃及象形文字

距今5 000多年前，古埃及出现了象形文字，即埃及文字，由法老王那默尔的铠甲关节板上的最早期象形刻记起（公元前3100年），到现在用在教堂内的古埃及文字（见图3-2、图3-3）。

图3-2 古埃及象形文字

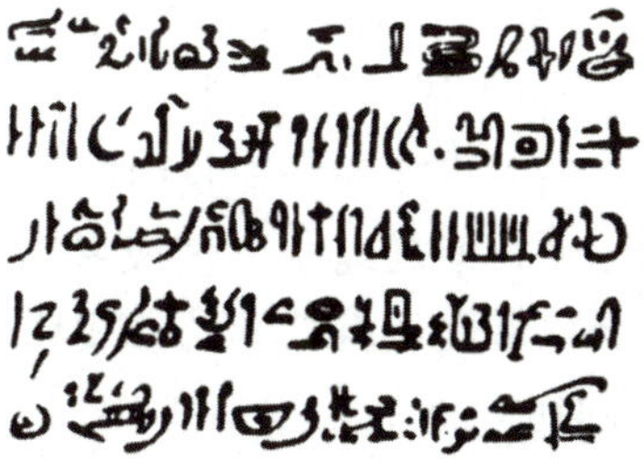

图3-3 古埃及王朝的僧侣体文字

（三）古巴比伦楔形文字

古巴比伦的楔形文字由图画演变而来。公元前3400年左右，楔形文字雏形产生，多为图像；公元前3000年左右，楔形文字系统成熟，字形简洁抽象化，属于象形文字（见图3-4、图3-5）。

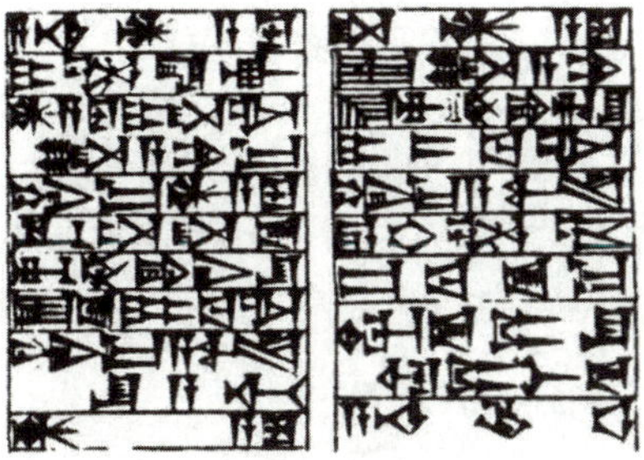

图3-4 《汉穆拉比法典》中的文字

图3-5 古巴比伦楔形文字

（四）中国甲骨文

甲骨文（见图 3－6）又称“契文”“龟甲文字”，是商周时代刻在龟甲兽骨上的文字，最初出土于河南安阳小屯村的殷墟。

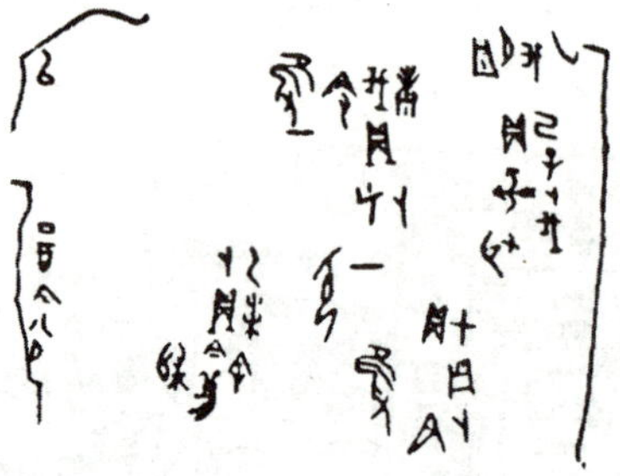

图 3－6　中国甲骨文

二、汉字的起源

汉字已有 5 000 多年的历史，是中华文明的基因，被称为中华民族文化之母和文明之源。当我们走进汉字世界的时候，自然会思考一个重要的问题：那就是汉字的源头在哪里呢？下面我们根据考古学家和文字学家的综合看法来探讨汉字的起源。

（一）结绳说

《周易・系辞下》中记载：“上古结绳而治，后世圣人易之以书契。百官以治，万民以察。”意思是古人用长短不同、颜色有别的细绳，根据需要，间隔不同的距离，打上不同形式的结，然后再拴在一根较粗的主绳上（见图 3－7）。对于小事情，人们可以通过绳子上的结想起来，但是绳结一多或者事情一复杂，人们就想不起来了。结绳记事虽简单但不可靠，所以慢慢地就被别的方式代替了。

（二）刻契说

汉朝刘熙在《释名・释书契》中说：“契，刻也，刻识其数也。”刻契这种形式很可能是最早的文字书写形式之一，相比结绳更具优势。《周易・系辞下》记载：“上古结绳而治，后世圣人易之以书契。”书契属于一种刻划符号，本来是作为契约用的。即在一块木板或竹片上刻上一些符号或标志，然后从中间一分为二，契约双方各持一半，合则为约，这就是契约。汉字中可能有一小部分原始数目字和少数指事字，如“爻”之类，是由刻划演变而来的。“契”可能与某些数概念或所有权的标志有关，也与最原始的交易有关（见图 3－8）。

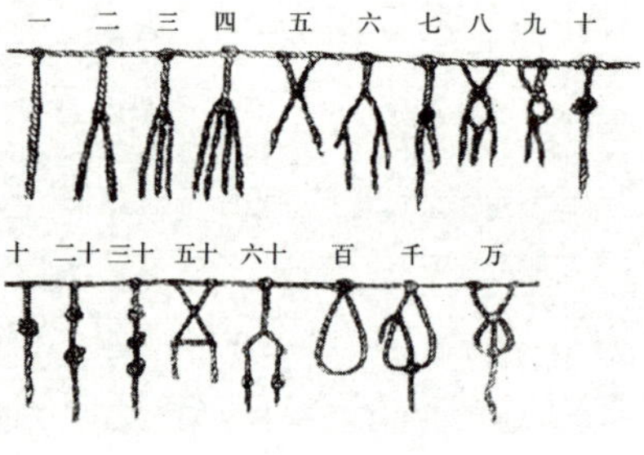

图 3－7　结绳记事

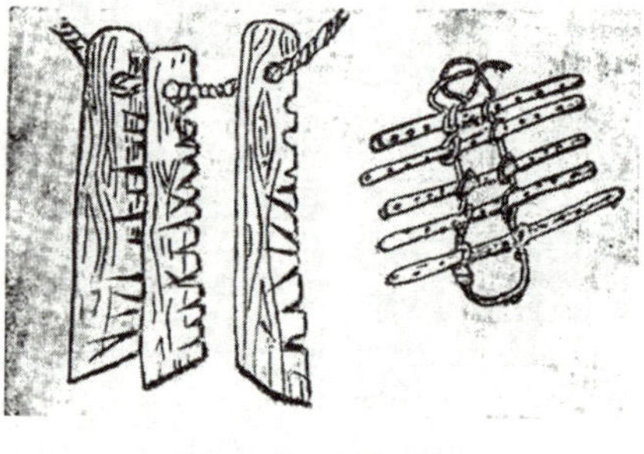

图 3－8　刻契记事

（三）仓颉造字说

《说文解字》："仓颉之初作书，盖依类象形，故谓之文；其后形声相益，即谓之字。文者，物象之本，字者，言孳（zī）乳而浸多也。"意思是仓颉初造文字，是按照物类画出形体，所以叫作"文"（文的本义是纹理、花纹）；随后又造出会意字、形声字，以增益文字的数量，这些文字就叫作"字"。

传说仓颉是黄帝的史官，也是有道理的。文字产生在国家形成过程中，首先是政事往来的需要。作为一个史官，仓颉大量使用原始文字，从而摸索出汉字的规律，并对汉字进行了整理，成了这方面的专家。在汉字从原始文字过渡到较为规范的文字的过程中，他起到了独特的作用。可以推断，这样的一个人，在汉字起源阶段的晚期，一定是存在的。

被尊称为"仓圣"的仓颉，他创造的文字（见图 3－9），结束了刻木、结绳记事的历史。仓颉不仅是中国的文字始祖，在世界文字史上也有一席之地。"黄帝创业垂千古，仓圣造字鬼神惊"，后世之人称仓颉为"天下文字祖，古今翰墨师"。

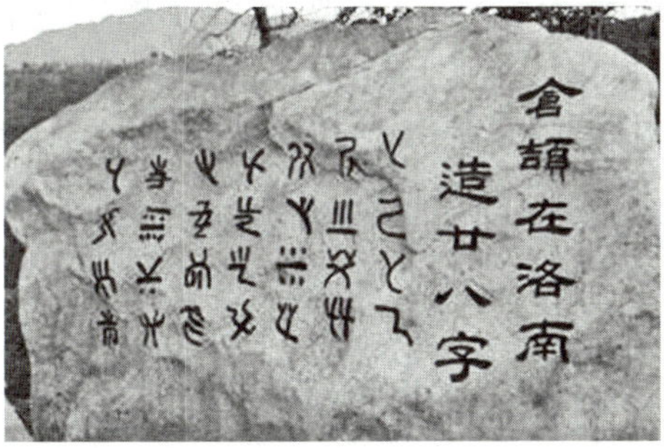

图 3－9　仓颉在洛南造的二十八字

（四）八卦说

《周易·系辞下》说："古者包牺氏之王天下也，仰则观象于天，俯则观法于地，观鸟兽之文与地之宜，近取诸身，远取诸物，于是始作八卦。"意思是古代伏羲氏统治天下时，仰头就观察天空的现象，俯首便细看大地的规律，观察鸟兽花纹同大地的合宜，近处择取众多自己亲身体验（如目、眉、齿），远处择取众多观察到的事物（如鸟、木、日、月），于是根据这些情况开始创作八卦。有学者发现卜辞中有从八卦而来的字，认为八卦开始时可能是用来记事的符号，以后成为某些汉字尤其是指事字的源头。

（五）图画说

文字画是由原始绘画向文字发展的一种过渡状态，通过画面表达画者的思想意图，它具有辅助记事和交际的作用。文字画还是画，而不是文字，因为它没有跟语言发生直接的对应关系，没有固定的读音，看画的人可以用各自的语言去解读。

图画文字是文字的雏形，或者称作原始文字。它与有声语言有直接联系，记录了语言中词的声音和意义。当某一幅图画有了固定的读音和意义，被一定范围内的人们所认可和使用时，就成为真正意义上的汉字。

将军崖的岩画

奥基布娃情书

第二节 汉字的形体结构及审美

成系统的汉字从甲骨文算起，距今已有3 000多年的历史。从形体和造字法来看，甲骨文已经是相当成熟而成系统的汉字了，包括已辨认和未辨认的汉字共有4 500个左右。由此可以想到，汉字产生的时间比这要更早。西安半坡村和山东大汶口的陶文已有6 000年以上历史。东汉许慎编著的我国第一部字典《说文解字》里收录了9 353个汉字，到清代《康熙字典》收字已达47 035个。汉字的家族成员以十分惊人的速度增长，既说明中华文明的高速发展，也说明汉字具有强大的生命力。

一、汉字的形体演变

现行汉字的形体结构，是经过数千年不断创造改进而成的，有较强的规律性。从甲骨文到金文、大篆（石鼓文、籀文）、小篆、隶书，再到楷书等字体，这是一个漫长的过程。

（一）甲骨文

甲骨文通行于殷商时期，是镌刻在龟甲兽骨上的文字。它的笔形是细瘦的线条，拐弯多是方笔，外形参差不齐，大小不一，异体字较多。图3-10所示为河南安阳殷墟出土的刻在牛骨上的甲骨文。

王懿荣发现“带字”龙骨——甲骨文

图3-10 河南安阳殷墟出土的甲骨文

（二）金文

金文指铸或刻在殷商与周朝青铜器上的铭文，也叫钟鼎文。它的笔画丰满粗肥，外形比甲骨文方正匀称，异体字也较多（见图3-11）。

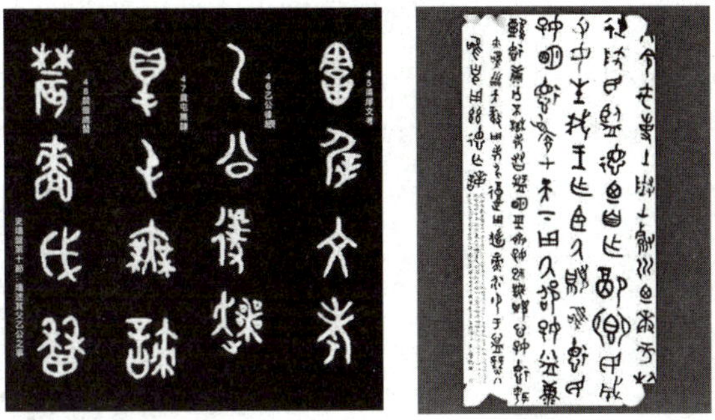

图 3-11　金文

（三）大篆

大篆产生于西周晚期，以籀（zhòu）文和石鼓文为典型代表。狭义的大篆专指籀文，因其着录于字书《史籀篇》而得名。《汉书·艺文志》载："《史籀》十五篇。周宣王太史作大篆十五篇，建武时亡六篇矣。"《说文解字》中保留了籀文 225 个，是许慎依据所见到的《史籀》九篇集入的。大篆的字形比金文整齐，笔画均匀，仍有少量的异体字（见图 3-12）。

（四）小篆

小篆是秦始皇统一天下后推行的文字，字形线条圆转，横平竖直。它比大篆更加符号化、标准化，为汉字定型奠定了基础（见图 3-13）。

图 3-12　大篆

图 3-13　小篆（泰山刻石）

（五）隶书

隶书有秦隶、汉隶两种。秦隶是产生于秦代的隶书，把小篆圆转弧形笔画变成方折平直的笔画，基本摆脱了古文字象形的特点。汉隶是在秦隶的基础上演变来的，是汉代通行的字体，字形规整，撇、捺、长横有波磔（zhé），很少有篆书残存痕迹（见图 3-14）。

隶书的来历

（六）楷书

楷书又称正书，或称真书。因是字体的楷模所以叫楷书。它的形体方正，笔画平直，规矩严谨，丰满秀丽。楷书是从隶书发展而来，西汉开始萌芽，经过东汉发展，兴盛于唐朝。唐代的楷书，书体成熟，书家辈出。唐初的虞世南、欧阳询、褚遂良，中唐的颜真卿，晚唐的柳公权，其楷书作品均为后世所重，奉为习字的模范。一千多年来，唐楷作为汉字的标准字体一直使用至今（见图 3 - 15）。

图 3 - 14　汉隶（张迁碑）

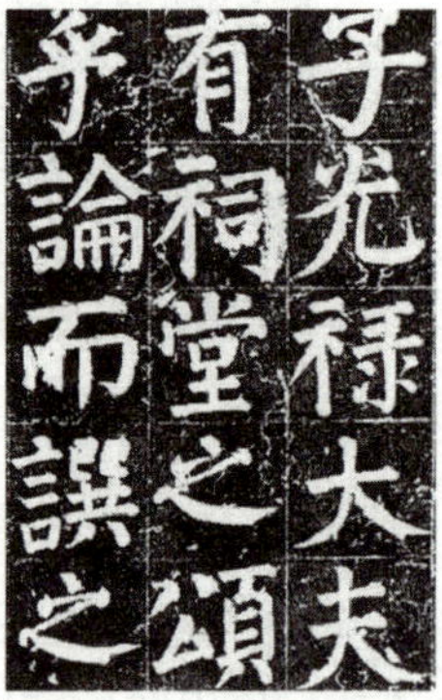

图 3 - 15　楷书（颜真卿）

二、汉字的构造方式

东汉许慎在《说文解字》中提出“六书”造字法，有象形、指事、会意、形声、转注、假借。前四种是造字之法，后两种是用字之法。许慎的《说文解字》是一部划时代的巨著，它是我国第一部严格意义上的字典（此前有解释字义的《尔雅》）。许慎提出的540 部首沿用至今，所归纳的“六书”是对汉字发展规律的深刻总结。

（一）象形

《说文·叙》:“象形者，画成其物，随体诘诎。”象形属于“独体造字法”，指用线条把要表达的物体的外形特征具体地勾画出来。例如，“月”字像一弯月亮的形状，“门”字就是左右两扇门的形状，而“日”字是一个圆形中间有一点，很像我们在直视太阳时所看到的形态。

（二）指事

指事是使用象征性的符号来表示意义。指事者，视而可识，察而见意。指事属于“独体造字法”，它与象形的主要区别是，指事字含有绘画中较抽象的东西。例如，“刃”字是在“刀”的锋利处加上一点，以作标示；“本”原意是树根，在“木”下部加一个点，表示树根的所在；等等。

（三）会意

《说文·叙》:“会意者，比类合谊，以见指㧑。”指利用已有的字，依据事理加以组合，表示一个新的意义。它属于“合体造字法”。例如，双“木”为“林”、三“木”为“森”、二“人”为“从”、三“人”为“众”、眼里流出的水就是“泪”等。

（四）形声

形声者，以事为名，取譬相成。形声属于“合体造字法”。形声字由形旁和声旁组成，形旁指示字的意思或类属，声旁则表示字的相同或相近发音。例如，“晴”字，形旁是“日”，表示它与太阳有关，声旁是“青”，表示这个字的相近发音。

（五）转注

转注者，建类一首，同意相受。转注就是互训，意义上相同或相近的字彼此互相解释，属于“用字之法”。转注字有三个条件：两字同一部首、两字发音相近、可以互相注释。

（六）假借

假借者，本无其字，依声托事。即本来没有那个字，现在为了表达的需要，在不另造新字的情况下借用旧字来充当新义。例如，“令”本义表命令，后来指县令。假借属于“用字之法”。

“六书”铸就了中国文字最早的由来，也成为我们了解汉字的钥匙。形态各异的汉字，以一幅幅生动形象的画面向我们展示着古代文化史和社会发展史，成为承载文化的符号体系。因此，汉字不仅是汉语的辅助性交际工具，同时也承担着一项更为重要的职能——记录文化。

三、汉字的审美

汉字是方块字，从源头来看，起源于象形（图画），自身形体美。从审美角度看，汉字形体之美的一个重要特点，在于它的丰富性和多样性，横、竖、钩、点、折、撇、捺、提，八种笔画交错搭配，一笔一画有序书写，上下左右、里外中间，很有讲究，从而使得每个字都尽善尽美。

（一）汉字的书法之美

书法艺术以方块汉字的造型为基础。书法是中国国粹之一，是一个时代美学最集中的表现。书法并不只是技巧，而是一种审美。只有通过看线条的美、点捺之间的美、空白的美，才能体悟书法的艺术性。

例如，王羲之的《兰亭集序》是东晋永和九年（353 年）三月三日，他和一些文人举行“修契”宴会上所书。全文共 28 行，324 字，章法、结构、笔法都很完美，因此，历代书家都推《兰亭集序》为“行书第一”。

（二）汉字的对称平衡美

对称平衡的审美趣味在汉字构形中表现得非常充分。汉字自甲骨文和金文起就已具备了方块字的雏形，大篆和小篆字形更加趋于方正；隶书以后，点划代替了线条，方块字的架构成熟，更显方正。汉字尚形，其构体尤显重要。例如，“中”“田”“王”“非”等，在字形结构上都具有对称性，使得汉字具有了结构平衡对称的美感。

（三）汉字的音韵美

汉字首先具有听觉范畴的音韵美。汉字与其他很多文字的不同之处在于，汉字有独具特色的四声。四声声调使汉字在连读时抑扬顿挫、和谐悦耳，加上汉字本身的单音节特性，使汉语的节奏感具有与乐理相同的美感，这就形成了汉字的音韵美。汉字的音韵美使汉语更具有表现力和感情色彩，这在讲究平仄相间的古诗词中表现得尤为突出。四声平仄和阴阳清浊与诗词的律调和谐相配，成为古代诗歌创作的重要法则。其次是谐音，汉字因谐音而显得更具魅力。谐音，对于中国古代的诗歌影响巨大。例如，“春蚕到死丝（思）方尽，蜡炬成灰泪始干”，“东边日出西边雨，道是无晴（情）却有晴（情）”。这种似有还无、隐隐约约的朦胧美撩拨人的心弦，更能激起人们的美好想象。如若没有谐音，诗歌定会黯然失色。

第三节 汉字的丰富内涵

我们一提起汉语，常用到的一个词叫“母语”。“母语”是一个特别有感情的词，因为母亲在我们的亲情文化中有着至高无上的地位。“每逢佳节倍思亲”，想家的时候，脑子里面第一个跳出来的人，就是自己的母亲。母亲是什么人？就是不管孩子回不回来，都会一直倚门守望的那个人，就是怀着那颗“临行密密缝，意恐迟迟归”之心的人。母语也一样，我们“日用而不自知”，但不管你对它是熟悉还是陌生，它一直都会在那里守护着你。那么，请你静静地把心沉下来，顺着汉字找回去，能找到好多让你意想不到的观念、智慧，找到许多人人都应自知的做人的态度、原则等。

一、汉字中的哲学思维

（一）汉字中“类”的概念

汉字的结构本身就向我们传播了关于世界的“类”的概念。

1. 汉字对动物的分类

虫、鱼、犬、豸、豕、马、牛、羊、鹿（驯养动物）。

2. 汉字对建筑物的分类

门（阁闾）、土（坑城墙壁）、木（楼桥梁梯）。

3. 汉字对植物的分类

花、草、苗、树。

（二）汉字中的时空观念

1. 表时间的字

日、月、时。

岁祀、干支。

年、季。

休息、假期。

2. 表空间的字

间隙、宇宙、广阔、宽。

尺寸、寻、常。

（三）汉字的人体本位精神

姜亮夫在《古文字学》中讲到，整个汉字的精神，是从人（更确切一点说，是人的身体全部）出发的……它是从人看事物，从人的官能看事物。

汉字是人所创造出来的，汉字的结构自然就是以人感觉万物为基础的，世界上一切物质的存在，都是由人去感受的，人是物质世界的中心，是万物的主体部分。因此，人的整体部位如“人（亻）、身”，分体部位如“头（页、首）、目、鼻（自）、耳、眉、口、手、足、心、骨”等，以及人的动作如“言、走”等，构成了无数汉字。从某种意义上说，以人的认知范畴图解和规范世界，在人类各民族的原始语言中都有表现。

二、汉字的文化内涵

汉字是一种特殊的文字系统，其字形的构造不仅可以表示这个字的本义或所属的意义范畴，更能体现出它的文化内涵。汉字字形蕴涵的文化信息，具体体现在汉字字形结构之中。正因如此，汉字才有承载文化信息的厚度，才具有立体感，单个汉字才被人们称为信息的集成块。

（一）汉字的社会生活文化内涵

汉字，作为官方文字使用的表意文字，承载着古人造字的时代特点和人文气息，是中华民族文化中典型的“活化石”。它不仅美在字形上，更美在风骨、美在神韵上。每一个汉字里都渗透着深厚的文化意蕴，有着独特的文化魅力。它不仅是一种文字、一种语言，更代表着我们中华民族的独特文化与智慧。依类象形的汉字，包含了丰富的社会生活和伦理道德。陈寅恪先生说：“凡解释一字，即是做一部文化史。”（见图 3－16）

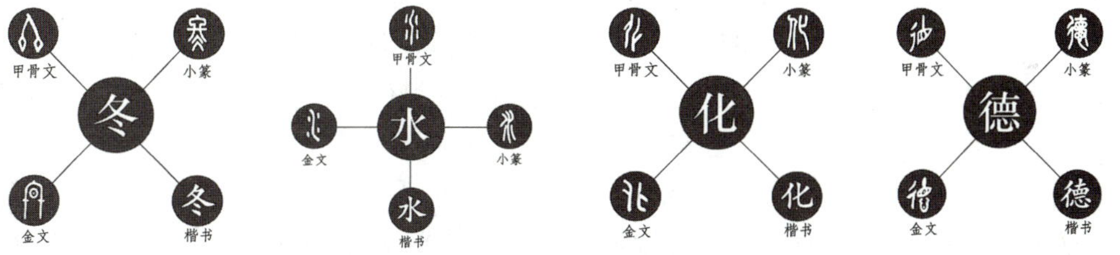

图 3－16　一字一部文化史

例如，冬天的“冬”字，本意是在一段绳子的两端打个结表示结束，后来引申为一年四季的最后一个季节，这才有了“冬季”和“冬天”的含义。再如，力量的“力”，原本是一种农具，上面有一个便于着力的把手，是一个象形字，如果把这个象形字“力”字与另一个象形字“田”组合起来，便成为一个新的会意字，“力着于田是为男”；由此推衍，“女之执帚是为婦（简化字为‘妇’）”……这些都反映了农耕时代“男耕女织”的社会分工。

“水”是一个象形字，描绘的是水流的形态，甲骨文、金文和小篆中的字形都很形象。“水”和“山”一样，是代表中国传统文化的重要意象。所不同者：山是沉静的，水则是流动的。所以孔子说“知者乐水，仁者乐山”。“山”是仁爱的化身，平静稳定，宽厚包容；“水”是智慧的化身，善于变通，反应敏捷。

《论语》中有这样的记载，孔子站在河岸边，看着浩浩荡荡的河水发出感叹，时间就像这奔流的河水一样，不论白天黑夜不停地流逝。把“时间”比作“流水”，这是多么恰当的比喻。

道家对“水”同样推崇备至。《老子》曰：“上善若水，水善利万物而不争，处众人之所恶，故几于道。”这句名言的意思是，“善”的最高境界就像水的品性一样，无色无味，随遇而安，泽被万物却不争名利，处于微末之地却最接近“道”的真谛。在老子看来，物极必反，水既是自然界中最柔弱的东西——避高趋下、无根无形，也是最坚强的东西——无孔不入、水滴石穿。没有容纳、忍让、放低姿态，就没有凝聚、奔流、厚积薄发。

（二）汉字的伦理文化内涵

“化”字最常见的词组是“文化”，文化“关乎人文，以化成天下”，讲求“文而化之”，能够化育到人心里，才算是化合到位。所以，庄子曾说，做人要做到“外化而内不化”。一个人外在的行为要尽可能地融合于世道，融合于规矩，融合于默契，这叫“外化”。什么叫“内不化”？就是说外在的“化”并不妨碍你坚守自我的准则，有所化，有所不化。

中国人有一个最重视的字：德。道德，居然跟行走有关。什么是“德”呢？从甲骨文字形来看，人在行走中，“目视悬锤，循行察视”，一边走一边审视，目光是直的。在“德”的金文字形中，又加上了“心”字。目光为什么是直的？因为有自己的心在做判断，“心正而行端”，心里端端正正，走的路就不会偏。用眼睛不断地审视，端正品德，由心到眼，决定了我们的脚步。顺着这样的路走下去，我们才能真正走向通达。

在中国古代，“天”是进取的象征。《周易·乾卦·象传》云：“天行健，君子以自强不息。”唐代学者孔颖达作《周易正义》解释道：天体之行，昼夜不息，周而复始，无时亏退，此谓“天行健”；以人事法天所行，自强勉力，不有止息，此谓“君子以自强不息”。因此，当我们仰望天空，就应当提醒自己奋起拼搏，为实现梦想而不懈努力。

相对于“天”，《周易·坤卦·象传》中也有一句话：“地势坤，君子以厚德载物。”大地承托青天、万物，因循顺受，忍辱不争，表现出巨大的包容力，君子效法大地，便会拥有谦逊宽宏的气度。在古人看来，“地”与“天”的性格是互补的，所以我们在仰望天空的同时还要脚踏实地，注重操行、胸怀和修养，善于处理人际关系，在精诚合作中寻求个体的突破。

在汉字所表达的中国哲学里，当我们在汉字里找到一组一组的辩证法，找到了那些貌似对立其实平衡的关系，把它们融入我们的生活里，“与天地合其德，与日月合其明，与四时合其序，与鬼神合其吉凶”，也许我们就找到了生命的坐标。正所谓，“魅环宇宙载风云，力透万年尽国魂；语润民风真善美，文旋山海演红尘”。

三、汉字的诗意诉说

汉字并不仅仅是表情达意的载体，其本身就是一种独立的意义。如果语言都说好了，上升到一个很美的境界，那就产生了诗和词。

诗是什么？《毛诗序》中说：“诗者，志之所之也，在心为志，发言为诗。”一个人心中有什么想法，说出来了那就是诗。中国人之所以爱诗词，就是因为它体现了汉语言（汉字）最大的特色。

（一）结绳记事——“结”

古人为了要记住一件事，就在绳子上打一个结。以后看到这个结，他就会想起那件事。如果要记住两件事，他就打两个结，记三件事，他就打三个结，如此等等。现代人可能很难想象“结绳”怎么能够“记事”。一个结，一件心事，一份记忆，这在当代著名诗人席慕蓉的《结绳记事》诗中，就柔婉地表达了出来。

关于这个“结”，宋代词人张先写过“心似双丝网，中有千千结”，以形容失恋后的女孩子思念故人、心事纠结的状态。

结绳记事

在古典文学中，“结”一直象征着青年男女的缠绵情思，人类的情感有多么丰富多彩，“结”就有多么千变万化。“结”在漫长的演变过程中，被多愁善感的人们赋予了各种情感愿望。托结寓意，在汉语中，许多具有向心性的要事几乎都用“结”字作喻，如结义、结社、结拜、结盟、团结等。对于男女之间的婚姻大事，人们也会以“结”表达，如结亲、结发、结婚、结合等。“结”是事物的开始，有始就有终，于是便有了“结果”“结局”“结束”等。

有诗云：“交丝结龙凤，镂彩织云霞，一寸同心缕，百年长命花。”就是对“结”最生动的诗意诠释。

（二）汉字——诗词

汉字的特殊构成，似乎决定了早期汉字文学的特性。作为中国古代汉字文化的集中体现，诗歌代表了一个时代文学的最高成就，当然也是汉字文化成就的代表。蒋勋先生曾说：“一个‘旦’字，是一个汉字，也是图像，更像一个诗意的句子。”

曹丕在《燕歌行》里写道：“明月皎皎照我床，星汉西流夜未央。”表达一个妻子对远方夫君的思念之情。宋代词人晏殊在《蝶恋花·槛菊愁烟兰泣露》中写道：“明月不谙离恨苦，斜光到晓穿朱户。”仅仅十四个字，那种难以安眠、离愁别绪便跃然纸上。

“元曲四大家”之一的马致远写下了脍炙人口的《天净沙·秋思》：“枯藤老树昏鸦，小桥流水人家，古道西风瘦马。夕阳西下，断肠人在天涯。”小令共五句二十八个字，一字一意，多种景物并置，全曲无一“秋”字，但却描绘出一幅凄凉动人的秋郊夕照图，并且准确地传达出游子凄苦的心境，被赞为“秋思之祖”。汉字文学似乎更适合“领悟”而不是“说明”。“昔我往矣，杨柳依依；今我来思，雨雪霏霏。”仅仅十六个字，时间的逝去，空间的改变，人事情感的沧桑，景物的变更，心事的喟叹，都显现在整齐精简的排比中。“松下问童子，言师采药去。只在此山中，云深不知处。”这首名作只有二十个字，是言简却意境深远的“绝句”，不愧是中华文化里的“一绝”，这不能不归功于汉字独特的以视觉为主的象形本质。

（三）诗中之诗——对联

对联，又称楹联或对子，是写在纸、布上或刻在竹子、木头、柱子上的对偶语句。对联既要求上下两联字数相等、词性相对，也要求上下联语的内容相关、相对或相反，还要求上下联所用的字、词平仄声相对。即对联既要意对，还要声对。对联，是汉语言独特的文学形式，是我国文学宝库中的一颗璀璨明珠。它篇幅虽小，但其中丰富的语言内涵、修辞魅力令人称奇，因此被誉为“诗中之诗”。中国的格律诗（亦称近体诗）从唐代开始正式形成。格律诗的五律和七律都要求颔联和颈联必须对仗，因而对联是从格律诗对仗演化而来。唐宋以来，联对之风盛行，名联名对层出不穷，联对也成为写作格律诗的基础，清人还专门编著了《笠翁对韵》作为学诗者的教材。

对联的起源

从文学自身发展规律来考察，对联的形成是有一个相当长的历史过程的。《诗经》、《楚辞》、诸子百家著作、汉赋、唐诗等古典文学作品中的对偶句是对联的原始形式。明清是对联的鼎盛时期，对联的应用已遍及社会的每一个阶层，不论是在内容还是艺术上都达到了前所未有的高度。

名联欣赏

1. 风声雨声读书声声声入耳，家事国事天下事事事关心。
2. 我辈复登临，目极湖山千里而外；奇文共欣赏，人在水天一色之中。
3. 青山不墨千秋画，流水无弦万古琴。
4. 青山有幸埋忠骨，白铁无辜铸佞臣。

这些诗、词、曲、联，无一不是汉字诗意表达的真实写照。

第四节 汉字的传承保护

一、传承保护汉字的原因

小儿满月习俗

汉字与人的生活关系密切，在人一生的历程中，有许多值得庆贺的日子。出生值得庆贺，婴儿满月礼更要隆重热闹。婴儿满月后许多禁忌就解除了，所以主人要请亲朋好友来喝满月酒。

孩子长到七八岁，请先生先给孩子教几句《三字经》“人之初，性本善”，《诗经》“关关雎鸠，在河之洲”。然后先生扶着孩子的手用朱砂写几个字。朱砂启智、启蒙开笔，俗称“发蒙、启蒙、破蒙”，古代读书人只有开笔破蒙后方可入学读书，因此称为“人生第一大礼”。

孩子长大结婚，在他屋子里还有一个字等着他，那就是大红的“囍”字，很独特的两个喜字并排放在一起，象征男女双方永久结合在一起，也象征两个家族从此有了一种密切的关系，还可以说象征乾坤和合。《礼记》中有“昏礼者，将合二姓之好，上以事宗庙，而下以继后世也，故君子重之”。老了也有一个很重要的“寿”字，过生日都不叫过生日了，叫祝寿、贺寿、庆寿。由此来看，汉字几乎伴随我们一生，与我们密不可分。

语言文字是一个民族的精神象征，也可以说是一个民族的面孔和灵魂。文字的产生和应用是人类从蒙昧野蛮时期进入文明时代的标志之一，汉字也一样。当人类社会刚进入信息时代时，曾有人断言，计算机是方块汉字的掘墓人。然而，事实粉碎了对汉字持有的偏见和悲观论调。据统计，现有 1 000 多种汉字输入法，无论是从速度还是准确率上看，方块汉字的计算机输入丝毫不逊色于其他拼音文字。联合国有 6 种通用语言，即英语、法语、俄语、西班牙语、阿拉伯语和中文。在 6 种语言的文本中，汉语总是其中最薄的那本，这表明汉语是最凝练的。由此可见，在全球化和信息化的今天，古老的汉字正在焕发着青春活力，显示出无限的生机。

汉字从创造以来，一直推动着中华文化的发展，而且对世界文化也产生了非常深远的影响。汉字是中华文明中不可缺少的重要部分，不但继承了我国千年的历史，而且也是从古至今人与人之间沟通的必要手段。中华文化“源远流长”，汉字与史学典籍是最好的见证。没有汉字，也就不会有辉煌灿烂的中国古代文明。文字作为文化的基本载体，记载着文化发展的历史轨迹和丰富成果。汉字，为书写中华文化、传承中华文明，发挥了巨大的作用，为今天各族人民所通用，是中华文明的重要标志。目前，世界上已有 2 300 多所大学开设了汉语课程，约有 5 亿多外国人在学习使用汉语和汉字。

二、汉字使用存在的问题

进入信息化、网络化时代，计算机汉字字体广泛应用于出版、影视、传媒、广告、网络、移动终端等面向公众的领域，较好地满足了单位和个人多样化、个性化的用字需求，但也存在字体运用场合不当、书写不规范等问题。特别是有的字体故意把汉字笔画和结构进行粗俗、草率的夸张变形，忽视了汉字的书写规范、书写技法、文化内涵及审美特征。

常见的如牌匾广告中繁体字和简体字混杂使用。有些商铺在使用繁体字时，出现错字、别字，如混淆“發”和“髮”，把化妆的“妆”写成“粧”，“开业”“现”“学”“龙”“发”“结”“兴”等常见字也往往被写成繁体字。“二简字”已经被国家明令禁止，但使用“二简字”的问题在一些私人摊点和商品标签上仍比较普遍，如“副食”写成“付食”、“大饼”写成“大并”、“盒饭”写成“合饭”等。

在日常交流中，出现了如“木有（没有）”“拍砖（提意见）”“东东（东西）”“偶（我）”“8 错（不错）”等不规范用法。还有一些网络语言，大量地使用缩写、错字、别字，冲击、解构和颠覆了既有的语言规则，它与传统语言文字相比，显得很不规范，这些用法具有极大的模糊性和不确定性，有些简写形式甚至完全背离了人们传统的认知心理。试想，“神童”何以变成了“有神经病的儿童”。“MM”是两字词的拼音首字母缩写，可表示“妹妹”“妈妈”等，易产生歧义，如果在社会上广泛应用则会引起混乱。

另外，网络语言中某些低俗、晦涩的词语也影响着人们的审美情趣，对汉语的纯洁性造成挑战，不利于社会大众汉字书写规范意识和审美素养的提升，尤其会对青少年产生误导。因此，加强汉字使用的规范化、标准化势在必行。

三、汉字的文明传递

汉字不仅仅是中国人交流信息的符号，更承载着民族历史、文化和精神的气象。一个个汉字就是一个个微缩的中国人。汉字在 3 000 多年的历史发展进程中，依然保持着持久活力，不管社会如何转型与发展，汉字都体现了不同时代背景下的文化内涵。我们对汉字的推广和理解要从娃娃抓起。通过经典诵读、汉字听说写等形式，在提升全社会对汉字的重视程度的同时，激励广大青少年更加自觉地提高运用语言文字的能力，从而带动我国国民文化素质的不断提升，让汉字教育重回家庭、重回课堂，成就一代代不仅会敲击键盘，也会挥毫泼墨，不仅有科学精神，也有人文理念的中国君子，真正做到汉字的文明传递。

中国古代文化，其实就是汉字的发展史，就是汉字的发展、繁荣和应用的过程，当代文化强国的建设与文化自信的建立，应该从研究汉字开始。我们应该认识到，汉字文化是中国古代文化流传下来的不可多得的一份遗产，作为文化发展过程中的一部分，我们更应该了解汉字，把汉字真正当作中华民族的瑰宝来传承。社会在进步，汉字的使用必然会发生变化，只有全社会规范使用汉字，才能保住文化传承的根本。

躬行践履

活动 1：指出下列汉字所使用的造字方法。

人　车　甘　和　问　从　林　下　虫　牧　衣　旦

活动 2：趣味中国字，你读对了吗？

桎梏（zhì gù）　　掣（chè）肘　　粗犷（guǎng）　　耄耋（mào dié）

活动 3：讨论：你认为汉字将会被“拼音文字”所代替吗？为什么？

活动 4：学唱歌曲《中国话》。

第四讲 礼仪之邦话礼仪
——中华礼仪

薪火相传

中华民族自古就有“礼仪之邦”的美称，中华礼仪文化源远流长、博大精深，道德内涵深厚，民族特色鲜明，对于维系幅员辽阔、人口众多的祖国安定与和谐发挥着极为重要的作用。中国著名史学家钱穆先生说过：“要了解中国文化，必须站到更高来看中国之心。中国的核心思想就是礼”“它是整个中国人世界里的一切习俗行为的准则，标志着中国的特殊性。”中国关于礼仪的典故很多，体现出中华民族素来是一个温文尔雅、知书达理、谦恭礼让的礼仪之邦。事实已经证明，中华传统礼仪是非常成熟而优秀的礼仪，能够为提高国民素质作出贡献。中国在世界的影响力越来越大，我们应该抓住这一大好时机，推广中华传统礼仪，涵养我们对民族文化的温情和敬意，做堂堂正正的中国人！

中国故事

过庭之训

孔子有一位叫陈亢的学生，很好学。他觉得伯鱼是老师的儿子，老师对他一定会私下传授知识。于是他就跑去问伯鱼：“您在老师那里听到什么特别的教诲吗？”伯鱼说：“没有啊。如果一定要说有，也只有两次。有一次父亲独自站在堂上，我快步从庭前走过，他问道：‘学《诗》了吗？’我回答说：‘没有。’他说：‘没学《诗》，就不懂得恰当地说话。’于是我回去就学《诗》。又有一次，父亲立在堂上，我快步从庭院走过，他问道：‘学《礼》了吗？’我回答说：‘没有。’父亲说：‘没学过《礼》，你怎么立身处世呢？’我听后便回去学习《礼》。”陈亢听伯鱼讲了这段经历，回去后高兴地说：“我问了一件事，却了解了三件事，知道了学《诗》和《礼》的意义以及君子不偏爱自己儿子的道理。”

孔子教儿子学礼的故事，历来传为美谈。孔子教导儿子“不学《诗》，无以言；不学《礼》，无以立”。孔子所说的“诗”，是指我国最早的诗歌总集《诗经》，里面收录的300多首诗歌，思想纯正，情感真挚，富于文学色彩，古代有学问的人说话，每每引用其中的诗句来表达自己的思想。要想立足于社会，光是说话有文采还不够，还必须懂得什么事可以做，什么事不可以做，怎样约束自己的一言一行，怎样尊重他人，这种符合道德要求的行为规范就是礼。诗歌能发人情怀，礼仪能束人形体，可谓内外双修。由于孔子的提倡，历代文人学士都将诗和礼作为立身、传家之宝，因此后人常常用“诗礼传家”来彰显门风。一般民众也把“知书达礼”作为有知识、有教养的标志，希望子女不断努力而成为谦谦君子。

第一节 不学礼，无以立

一、传统礼仪概说

礼仪是中国传统文化的重要组成部分，它是人们在日常生活和社会交往中的行为规范，为社会群体所共同遵守。礼在中国古代无处不在、无所不包——出行有礼、坐卧有礼、宴饮有礼、婚丧有礼、寿诞有礼、祭祀有礼、征战有礼，等等。

（一）“礼”与“仪”

中国古代的“礼”和“仪”，实际是两个不同的范畴：“礼”是制度、规则和一种社会意识；“仪”是“礼”的具体表现形式，它是依据“礼”的规定和内容形成的一套系统而完整的程序。子曰：“礼者，敬人也。”古人用礼表示尊敬。《说文解字》中对“仪”的注解为：“仪，度也。从人，义声。”《辞海》中对“仪”的释义有礼节、仪式、法度、准则、容貌、举止等。礼仪是人类为了维系社会的正常生活秩序所需要共同遵循的一种行为规范，它既表现为外在的行为方式——礼貌、礼节，又表现为深层次的精神内涵——道德修养。

“礼仪”一词早在先秦典籍《礼记·中庸》中就已使用，如“礼仪三百，威仪三千”。意思是“礼”的总纲有三百条之多，细目有三千多条，形容礼仪的项目很多，内容非常全面和细致。在现代社会中，“礼”和“仪”被放置在一起来看待，是人们在社会生活和人际交往中约定俗成的处事准则和行为规范。

（二）“礼”与“俗”

谈到古代中国的社会生活，人们往往会想到“礼俗”一词。什么是俗？《说文解字》说：“俗，习也。”它是指人们长期养成的生活习惯。东汉学者郑玄说：“俗谓土地所生习也。”人们在各自特定的环境下生活，久而久之，就形成了各自的习俗。在“因俗制礼”的原则之下，儒家制定并推行了一系列的礼仪，如冠礼、婚礼、乡射礼等。这些礼仪与每个人一生的重要阶段相适应，对衣、食、住、行等生活的各个方面都有所渗透，其中非常重要的礼俗文化有服饰礼俗、饮食礼俗、居住礼俗、人生礼俗、祭祀礼俗、家庭礼俗、禁忌礼俗等。这些礼俗文化包含了很多优秀的成分，如重视天人合一，提倡孝敬长辈、尊老爱幼，强调仪容仪表、礼待宾客等。“礼”和“俗”是祖先留给我们的精神文化遗产，同时也是中国上古文明的一次重大飞跃，它奠定了中华文明的底蕴。

（三）“礼”与“理”

“礼也者，理也。”“礼也者，理之不可易者也。”在古人心目中，“礼”就是“理”。只要按照“礼”的要求去做，一定是合于“理”的。因此，礼是社会共同尊奉的法则，谁背离了礼的要求，就无法在社会上安身立命。同时，礼也是人之所以为人的主要标志。《礼记·曲礼》载：“鹦鹉能言，不离飞鸟；猩猩能言，不离禽兽。今人而无礼，虽能言，不亦禽兽之心乎？”在中国文化中，礼作为一个标准，将人和禽兽进行了有效区分，将人之为人的独特性凸显了出来，成为中国文化的基石。

（四）“礼”与“乐”

在中国的儒家思想中，“礼乐”代表天地万物的秩序，“乐者，天地之和也；礼者，天地之序也。和故百物皆化；序故群物皆别”。儒家倡导对民众实行温和的礼乐教化政策，使人心向善，净化社会风气，从而求得长治久安，其中尤其注重乐的作用。《郭店楚墓竹》载：“仁，内也。义，外也。礼乐，共也。”“德者，且莫大乎礼乐。”音乐能够从根本上左右心志的走向，可以“化”性。因此，《孝经》上说：“移风易俗，莫善于乐。”乐者，发于心而感于物。德音雅乐是人类心性自然的流淌，良善的音乐能够净化和调节人心，小到可以使人身心和谐，大到可以使国家政通人和。在儒家看来，礼教与乐教缺一不可，是同等重要的治国手段，而且是塑造人格的重要手段，因此谈礼仪不能不谈音乐。西汉司马迁《史记·八书·乐书》载：“正教者皆始于音，音正而行正。故音乐者，所以动荡血脉，通流精神而和正心也。”儒家讲“中庸”，主张凡事都能把握在一个最恰当的“度”上，人的性情应该中正平和，避免大悲大喜、大起大落。而将人的性情引导到理想境界的就是乐。

（五）“礼”与“敬”

许多先贤都用“敬”来概括礼的精神，《孝经》上说：“礼者，敬而已矣。”《礼记》一书开篇就说：“《曲礼》曰：‘毋不敬，俨若思，安定辞’。安民哉！”意思是说，君子任何时候都不要有不敬之心，容貌要矜庄，说话要谨慎，只有如此，方能安定天下万民。古人认为，这几句话是人君的立身之本。“毋不敬”在其中最为重要，东汉经师郑玄解释说：“礼主于敬。”认为所有的礼是以敬为主的。唐代大儒孔颖达进一步解释：“人君行礼，无有不敬，行五礼，皆须敬也。”就是说，人君行吉、凶、军、宾、嘉五礼，都必须要有恭敬之心。古代所有的礼，都是试图培养人内心的敬意。对此，各种礼仪都要求服饰整洁、容貌端庄、步履从容、言语谦恭、揖让周到、处处有节。一些重大的礼节，甚至要求提前很多天就沐浴、斋戒，让心绪进入状态。这些要求，都可以用“敬”字来统领。

二、传统礼仪的起源与发展

中国是人类文明的发祥地之一，有着悠久的历史和文化。礼仪作为中华民族文化的基础，也有着悠久的历史。

（一）传统礼仪的起源

有一种观点认为，礼仪起源于祭祀神灵以求致福的活动。东汉许慎在《说文解字》

中对“礼”解释为：“履也，所以事神致福也。”这就从文字学的角度明确了“礼”的“事神致福”作用。著名学者王国维先生指出，甲骨文“豊”字（见图 4－1），像豆形器皿里装满玉珠，用祭祀礼节来敬奉神灵先祖，表达自己的敬畏之情。

图 4－1　“礼”字的演变

还有一种观点认为，礼是物质文明发展到一定阶段的产物。在远古时代，生产力水平低下，人们整天为果腹而奔忙。他们群居在一起，没有君臣上下之分。后来，随着人们生活水平的提高，种族、部落之间有了一些不平等。为了平定这种不平等导致的混乱，“先王”就制定了礼仪并沿袭下来。由此可见，“礼”的产生与物质文明的发展密切相关，《周易・序卦传》也说：“物畜然后有礼。”可以看出礼是文明的产物。

（二）传统礼仪的发展

礼的发展大致经历了四个阶段：萌芽时期、形成时期、发展时期和强化时期。

1. 萌芽时期

礼仪起源于原始社会时期，在长达 100 多万年的原始社会历史中，人类逐渐开化。原始社会中晚期（约旧石器时期）出现了早期礼仪的萌芽。例如，生活在距今约 1.8 万年前的北京周口店山顶洞人，就已经知道打扮自己，他们用穿孔的兽齿、石珠作为装饰品，挂在脖子上。他们在去世的族人身旁撒上赤铁矿粉，举行原始宗教仪式，这是迄今为止在中国发现的最早的葬仪。

2. 形成时期

随着私有制、阶级和国家的出现，礼逐渐成了统治阶级的统治工具。到了西周时期便形成了一整套系统的礼学专著——《周礼》《仪礼》《礼记》，并称“三礼”，是我国最早的“礼仪学”专著。西周时期还形成了一整套的礼制，著名的“五礼”包括吉礼、嘉礼、宾礼、军礼、凶礼，涉及社会生活各方面的具体礼仪规范和行为准则。西周的礼乐制度，相传由周公制定，周公由此成为中华礼乐文明的奠基人，被尊为“元圣”。周公所制定的“礼”是维护统治者等级制度的政治准则、道德规范和各项典章制度的总称。“乐”则是配合各贵族进行礼仪活动而制定的舞乐。西周的礼乐制度对后来历代中国文化都产生了巨大而深远的影响，周礼使三代以来的传统之礼得到了极大程度的理论提升，为中国成为“礼仪之邦”奠定了坚实的基础。

3. 发展时期

春秋战国是我国从奴隶社会向封建社会转型的时期，也是礼仪的发展时期。在此期间，相继涌现了孔子、孟子、荀子等思想巨人，发展和革新了以往的礼仪理论。

孔子出生并主要生活在周礼制度保存得比较完整的鲁国，可当时正值春秋末期，诸侯纷争、礼崩乐坏、天下无道，出现了严重的道德危机。孔子对此忧心忡忡，曰：“德之不修，学之不讲，闻义不能徙，不善不能改，是吾忧也。”（《论语·述而》）孔子一生学习周礼，传播周礼，且以恢复周礼作为人生志向，极力主张进行伦理建设和道德教化，实现社会生活的和谐。

孔子在礼仪上的重要贡献在于提出了“克己复礼为仁”（《论语·颜渊》）。“克己”是自觉地约束自己，“复礼”是一切言行要纳于礼，这里强调的是人的道德自律和自觉。人们通过克制自己，达到自觉守礼的境界，做到“非礼勿视，非礼勿听，非礼勿言，非礼勿动”（《论语·颜渊》）。即不符合礼的事就不要去看、去听、去说、去做。显然，在孔子看来，“克己”和“复礼”是不可分割的，既要严格修身，又要以道德规范和伦理原则正确地处理与他人的关系。礼是儒家精神的载体，如果所有人的言行都能符合礼的规定，那么必然“天下归仁”。

孟子也非常重视礼学，他说：“非礼之礼，非义之义，大人弗为。”（《孟子·离娄下》）《孟子·滕文公上》说：“使契为司徒，教以人伦：父子有亲，君臣有义，夫妇有别，长幼有序，朋友有信。”孟子还将人伦关系概括为五种，即父子、君臣、夫妇、长幼与朋友。孟子认为：君臣之间有礼义之道，故应忠；父子之间有尊卑之序，故应孝；兄弟手足之间乃骨肉至亲，故应悌；夫妻之间挚爱而又内外有别，故应忍；朋友之间有诚信之德，故应善。这是处理人与人之间伦理关系的道德和行为准则。

荀子的贡献在于为周礼重新正名，促使礼乐的秩序形式与道德价值共同推动社会的前进。荀子的基本哲学主张是“善言古者，必有节于今”（《荀子·性恶》），意思是说要用现实的经验来检验古来的道理。他对礼的认识是，力求追根溯源，挖掘本质。《荀子》一书中的《正论》《礼论》《乐论》，就是重要的礼仪研究篇章，对于推动儒家礼仪的发展有至关重要的作用。荀子认为：“礼有三本：天地者，生之本也；先祖者，类之本也；君师者，治之本也。无天地，恶生？无先祖，恶出？无君师，恶治？三者偏亡，焉无安人。故礼，上事天，下事地，尊先祖而隆君师。是礼之三本也。”（《荀子·礼论》）天地、祖先与君师是人得以成人的根本原因，祭祀这三者，是人出于报恩的本能，这也是祭礼在诸礼中最重要的原因。通过对礼重新正名，廓清历史的迷障，荀子成为礼学史上承上启下式的重要人物。

4. 强化时期

西汉思想家董仲舒把封建专制制度的理论系统化，提出了“唯天子受命于天，天下受命于天子”的“天人感应”之说（董仲舒《春秋繁露》）。他把儒家礼仪具体概括为“三纲五常”。汉武帝采纳董仲舒“罢黜百家，独尊儒术”的建议，使儒家礼教成为定制。“三纲”即“君为臣纲，父为子纲，夫为妻纲”；“五常”为“仁、义、礼、智、信”。到了明代，交友之礼更加完善，而忠、孝、节、义等礼仪日益繁多。

三、礼仪文化在今天的作用和意义

中华传统礼仪的思想内容极其丰富，它不仅是交友之道、修身之本，而且也是为政之道、立国之本。清代思想家颜元说过：“国尚礼则国昌，家尚礼则家大，身尚礼则身修，心尚礼则心泰。”古代读书人非常重视礼，把礼作为修身的最高境界，同时也把它作为做人的基本要求。对一个人来说，礼仪无疑是一个人的思想道德水平、文化修养、交际能力的外在表现；对一个国家或一个民族而言，礼仪是其道德水准、社会精神风貌、文明程度、文化特色和公民素养的重要标志。我国大力倡导构建和谐社会，开展礼仪教育已成为道德实践的一个重要内容。批判地继承和弘扬传统礼仪思想，汲取传统礼仪中合理的、有益的因素，并且与时俱进赋予其新的内涵，对提高国民的礼仪修养，努力塑造讲求文明礼仪的社会风气，形成人人都讲求文明礼仪、谦逊有礼、祥和融洽的美好社会，具有重要的作用和意义。

躬行践履

1. 请列出你可以向天地学习的十种品德。
2. 日行一礼，并将其记录下来。
3. 请对照自己的行为，如实填写表 4-1。

表 4-1　力行表

场所	守礼行为	不合礼的行为
教室		
宿舍		
电梯		
食堂		
办公室		
家里		
其他公共场所		

4. 你目前有哪些行为做不到守礼？为什么没有做到？应如何努力做到？

第二节　礼之用，和为贵

一、《礼记》中的传统家礼

在中国人的心目中，“家和万事兴”是一切之根本，家和才能志同，志同才有力量，有了力量才能兴盛。《孟子》说：“天下之本在国，国之本在家，家之本在身。”家庭是教育子女的第一课堂，也是实践人伦之序的重要场所。每个人各安其位、各守其分、各尽其责、各行其宜，人与人之间就可以和谐共处、互相成就。

儒家将纷繁的社会关系归纳为君臣、父子、夫妇、兄弟、朋友五类，称为“五伦”。五伦和顺，社会才能安定。春秋时期卫国的名臣石碏（què，春秋时期卫国大夫）说：“君义、臣行、父慈、子孝、兄爱、弟敬，所谓六顺也。”各种人伦秩序得到妥善安顿，就可以实现家庭和睦、社会和谐，最终达到“天、地、人和”的状态。如果基本的人伦秩序得不到遵守，就会导致不和甚至招致灾祸。《礼记·曲礼》则说："人有礼则安，无礼则危。"《礼记》的《内则》《玉藻》《曲礼》《少仪》等篇中都保留了大量关于家庭礼仪规范方面的内容。

传统家庭礼仪是构建在父母与子女之间血缘亲情关系基础上的一种礼仪规范，提出家庭和睦、父慈子孝，既约束了家庭成员的行为，又明确了每个成员对家庭的责任和义务，至今仍具有借鉴价值。

二、中国传统家礼的主要内容

（一）父慈子孝的父子之礼

父母与子女之间的挚爱深情源自人类的天性，它以血缘为基础，是最稳定的亲情关系。《说文解字》说："亲，至也。"清代段玉裁说："到其地曰至。情意恳到曰至。父母者，情之最至者也，故谓之亲。"意思是说，每个人对父母的感情是至为恳切的，所以称为"亲"。由于父母与子女所处的位置不同，相互之间的礼节要求也有所不同。《礼记·礼运》说"父慈子孝"，父母对子女要慈爱，子女对父母要孝顺。为人子女最重要的是侍奉和孝养父母。父慈子孝的父子之礼在家庭亲情中占有最为重要的位置，历来受到儒家的重视。父子之礼实际上是指家庭中长辈与晚辈之间的礼仪，这里包括两个方面的"礼"，即父母对子女要尽的"礼"和子女对父母需尽的"礼"。

1. 父母对子女要尽的"礼"

父母在日常生活中对子女不仅要有关爱，还要进行严格的教育。《三字经》中说："养不教，父之过。"要求父母首先要教子女言谈举止、待人接物之礼、孝悌之礼及文化知识，还要教育子女如何做人以及该拥有怎样的高尚品德。

2. 子女对父母需尽的"礼"

子女长大后要感恩于父母在生活上的照顾和关爱以及做人方面的严格教育，回报父母，这种礼仪属于孝道。父母之恩大于天，为人子者当行孝道，这是子女的责任与义务。传统家庭礼仪中子女有照顾父母的绝对义务。《礼记》保留了大量先秦子女侍奉父母或公婆的具体礼节，对于子女言行的规定非常具体和细致，对于今天的孝道传承也有指导意义。身为子女，必先对父母做到以下几点：

（1）关心父母身体状况。比如对父母四时的温凉、晨昏的舒适，要予以关心。《礼记·曲礼》规定："凡为人子之礼：冬温而夏凊，昏定而晨省。"要求子女要关心父母的起居，冬天的被褥是否温暖，夏天的卧席是否凉爽，早晚都要请安。《三字经》里说："香九龄，能温席。孝于亲，所当执。"讲的就是《礼记·曲礼》的道理。《礼记·曲礼》又说："父母有疾，冠者不栉（zhì，梳头发），行不翔，言不惰，琴瑟不御。"子女要懂得为父母的疾病而担忧。

（2）关心父母的心理状况。即在行动上要避免让父母担忧。《礼记·曲礼》说："在丑夷不争。""丑夷"指同类的人们，不要和人争胜，以免招致祸患，这会让父母担忧。"夫为人子者：出必告，反必面，所游必有常。"子女去哪里了必须告诉父母，回来时也要先面见父母，所去的地方要固定，父母要知道子女的行踪，以免让父母牵挂。所去之地，"不登高，不临深"，避免让自己处于危险之中，以免让父母担心。《论语·里仁》

说："父母在，不远游，游必有方。"父母在的时候，不要远游，旅行要有限度，能及时回家陪伴父母才行，要能体谅"儿行千里母担忧"的爱子之情。《礼记·曲礼》又说："父母存，不许友以死。"孝子不应承诺朋友以死相报，同样也是不让父母为自己操心。

（3）要注意从态度上表现出对父母的尊敬之意。《礼记·祭义》说："孝子之有深爱者，必有和气；有和气者，必有愉色；有愉色者，必有婉容。"意思是说如果孝子对父母有深深的爱戴，心中就必然充满和顺之气；心中充满和顺之气，脸上就一定表现为和颜悦色；脸上有和颜悦色，则整个人的态度必定温婉柔顺。无论自己当下的心情好坏，在父母面前都要始终保持和颜悦色，热情地对待父母。

（4）在言语上避免刺激父母。《礼记·曲礼》说："恒言不称老。"凡人都不愿意衰老，但衰老又是一个事实，因为父母比自己年岁大，所以不能在父母健在时自称老，自称老则意味着父母更老，孝子在心理上是过意不去的；同时，还要避免让父母听到此类伤心的话，真正的孝子，对父母哀伤衰老之情是能感受得到的。《礼记·曲礼》又说："不苟訾，不苟笑。"意思是不能指责父母，不能嘲笑父母，这都是让父母伤心的行为，孝子是不该做的。

（5）孝亲是具体的行动，要求子女时刻准备为父母服务。《礼记·内则》对此有详细的规定，"子事父母，鸡初鸣，咸盥（guàn，浇水洗手，泛指盥洗）漱，栉縰（xǐ，众多的样子）笄总，拂髦冠緌（ruí，古时帽带打结后下垂的部分）缨"，"以适父母舅姑之所，及所，下气怡声，问衣燠（yù，暖；热）寒，疾痛苛痒，而敬抑搔之"。意思是说侍奉父母需郑重其事，做子女的每天天刚亮就应该起床，打扫室内或庭院的卫生，然后洗漱、穿戴整齐，到父母的房门前，和声细语地询问父母晚上休息得好不好。如果休息得不好，应该找出原因，及时想办法解决。如果父母身上有痛痒之处，则要帮助抓痒，让他们感到舒服。

亲尝汤药

中华民族自古便提倡孝敬父母的美德。父母与子女之间的骨肉至亲之情不可移易，而子女孝顺父母正是这种至亲之情的真实流露。如今社会发展了，时代变迁了，我们仍要学习这种慈孝礼仪的精神，将孝文化传承下去。

（二）夫义妇从的夫妻之礼

《周易·序卦》描述了天地—万物—男女—夫妇—父子—君臣—上下的衍生次序，人类社会的君臣、父子等一切人伦关系都是由夫妇的结合而派生出来的。夫妻是构成家族的最小细胞，上自天子的夫妻关系——有垂范天下之责；下至普通百姓的夫妻关系——有安顿生活之意，它们都关乎社会的稳定与和谐。夫妇是人伦之基，夫妇结合之婚礼则是万世之始、礼之本。夫妻之礼就是"夫妇有义"，在古代家训中特别强调夫妻之间的礼义，丈夫尊礼守义，夫妻之间才能相互敬重，这是维持和谐夫妻关系的重要一环。

古代儒家提倡"夫为妻纲，夫义妇从"的夫妻之礼，指的是婚后夫妻相处时应遵循的行为规范和责任义务。男女通过婚礼结合而成为夫妇之后，由于男女身心的差异及各自承担的家庭责任的不同，古代有"男主外，女主内"的说法，即妻子主要负责料理家中事务、照顾一家老少，而丈夫则负责在外工作、处理对外事务，是家庭经济收入的主要来源。这种说法源于《周易》的家人卦："家人，女正位乎内，男正位乎外，男女正，天地之大义也。"意思是，女子守着正道居于家里，男子守着正道处理外务，男女各守着正道，这是天地间的大道理。

儒家礼法对丈夫的品行有较高的要求，要对家中妇孺尽到"以道扶接""以知帅人"的责任。相应地，妻子要"以礼屈服"，即听从丈夫合乎礼义之道的建议。值得注意的是，所谓"以礼屈服"并不提倡妻子盲从于有违道义、不合常理的要求，而是要求丈夫应依乎道德礼仪行事，如此方能使妻子心悦诚服。反之，则如孟子所说："身不行道，不行于妻子；使人不以道，不能行于妻子。"在现代社会，大多数女性都有独立的经济来源，"女主内、男主外"已经不是主流的家庭生活生产模式了，但夫妇之间要明确分工这一观点仍然对家庭、社会发挥着积极正面的影响。尤其对于双职工家庭而言，对家庭职责进行明确分工，将有助于夫妻二人更好地应对工作的忙碌以及生活的烦琐。

古代要求女子遵从"三从四德"，"三从"是指"未嫁从父，既嫁从夫，夫死从子"。"四德"是指"妇德、妇言、妇容、妇功"。"四德"是对女子的品德、辞令、仪态和手艺做出的规范，它是女子出嫁前的"必修课"。在古代，妻子要遵守这些礼仪规范，须端庄顺从、知耻守节、相夫教子、尊老爱幼、勤俭节约。司马光在《家范》中有言："为人妻者，非徒备此六德而已，又当辅佐君子，成其令名……此皆内助之功也。"由此可见，古代家训对女子贤内助作用的强调：辅佐丈夫立功立名，成就事业；在丈夫行为有违礼义或者选择有误时，为人妻者当予以规劝。然而，中国古代由于男尊女卑的思想泛滥，夫妻关系中往往强调女子如何配合丈夫，较少有夫妻平等互爱的规定。今天回顾古代夫妻之礼，恰如以史为鉴，有助于我们重新审视夫妻之间的礼义、道义和情义。

从现代社会的角度来看，家庭是组成社会的基本细胞，良好的家风、家教可以影响和改善整个社会的风气。而家风、家教好坏的关键又在于夫妇之间的言行举止是否合乎正道。所以说"夫妇之道，不可不正也"，这个教诲在今天依然有积极、正面的意义。

举案齐眉

（三）兄友弟恭的兄弟之礼

古代中国社会以血缘亲情组成家族乡党的基本组织结构，长幼是其中重要的一种伦常关系，主要根据年龄和辈分进行区分，年龄大和辈分高者为长，年龄小和辈分低者为幼。《礼记·中庸》中说："君臣也，父子也，夫妇也，昆弟也，朋友之交也。五者，天下之达道也。"传统礼仪将兄弟之间的关系与君臣、父子、夫妇、朋友四种关系并列，可见这种礼仪的重要性。古人认为兄弟姐妹之间的长幼相处之道是"兄友弟恭"。《弟子规》中有"兄道友，弟道恭"，即为人兄长对弟弟友爱，而弟弟对兄长则应当恭敬。兄弟互敬互爱，是传统观念对兄弟关系的认识，是家庭和谐的重要因子，也是家族兴旺的关键因素。

"兄友弟恭"还体现在哥哥姐姐要宽厚爱护自己的弟弟妹妹。发生矛盾争执时，哥哥姐姐要主动让步化解矛盾，做到"不藏怒焉，不宿怨焉，亲爱之而已矣"。《孟子·万章章句上》中对兄长提出的要求是：兄长在弟弟成年时，要及时为弟弟举行冠礼；等弟弟到了结婚年龄，兄长要为弟弟结成好的姻亲。俗话说“长兄如父”，兄长要有父亲般的慈爱，长兄要担当起父亲的教育责任。日常生活中，如果弟弟的行为合乎正道，要赞赏他；如果不合正道，就要用礼来管教他、帮助他。此外，哥哥姐姐在各方面都要以身作则，为弟弟妹妹做好榜样。

弟弟面对兄长要做到恭敬顺从，对兄长的吩咐和教诲，要铭记在心。当哥哥姐姐指出自己的过错时要虚心接受，遇到困惑时要认真听取哥哥姐姐的建议，在日常生活中也要主动为哥哥姐姐排忧解难。《曾子》中对弟弟的要求是：“尊事之，以为己望也；兄事之，不遗其言。”即要尊敬地侍奉兄长，把他当成自己的榜样；兄长的吩咐和教诲，一句也不能忘记。具体而言，就是吃东西让兄长先吃，干活弟弟要抢着去做；走路时弟弟不能走在兄长的前面；看见兄长走过来，弟弟要起立迎候；弟弟不可冒犯兄长；不可在兄长面前表现倦怠松懈的神情等。

兄弟姐妹各自成家立业之后，要继续互相关心、互帮互助，定期举行聚会联络感情，不要因为自己的家庭而忽略了兄弟姐妹之间的情谊。《弟子规》中说：“兄弟睦，孝在中。财物轻，怨何生。言语忍，忿自泯。”在面对父母遗产分配问题时，兄弟姐妹之间要妥善协调，充分尊重体谅父母的遗志，不要因为贪求财利而伤害了家人之间的感情。兄弟姐妹之间言语上包容忍让，那么不必要的冲突和怨恨就会消失。

晋代兄友弟恭的道德模范

古人认为“孝悌”是礼的核心，是为人之本。如果每个人都行孝悌之礼，那么犯上作乱的现象就会减少，甚至消失。因为《礼记》是中国古代读书人必读的著作，影响极广，所以《礼记·曲礼》等篇的内容作为礼仪常识流传千年，形成了我国民间的礼仪传统，对于国民素质的养成和提高，有着十分深远和广泛的影响。

躬行践履

父慈子孝的父子之礼

表 4-2　孝亲表

孝亲条目	打钩	孝亲条目	打钩
定期给父母打问候电话		记住父母的生日和年龄	
远行时向父母报平安		耐心听父母叮嘱和唠叨	
多关心父母身心健康		尽量少花父母的钱	
和父母分享快乐的事情		不对父母使脸色、发脾气	
闲时多帮助父母做家务		有时间多陪父母散步	

目前我有哪些行为做不到？为什么没有做到？应如何努力做到？

除此以外，我还做了什么或想做什么来孝敬父母？

夫义妇从的夫妻之礼

对比今天的婚恋观，谈谈你对古代夫妻关系的看法。

请列出你希望你未来的丈夫/妻子所具备的具体品行。

请列出你个人所具备的品行，并对照上条反思自己今后需要在哪些方面有所提升，从而能与未来的丈夫/妻子匹配。

请观察你身边的一对夫妇相处的情况，你觉得有哪些好的地方和需要改进的地方？

兄友弟恭的兄弟之礼

请分享你与兄弟姐妹相处的成功经验并举例说明。

请谈一谈自己在与兄弟姐妹交往的过程中还有哪些需要改进的地方，并思考如何改进。

第三节 亲师友，习礼仪

古人常把老师与父母、君王甚至天地相提并论，来提倡尊师重道之行。《尚书·周书·泰誓》云："天佑下民，作之君，作之师。"意思是说，天佑助下民，为之立君以政之，为之立师以教之。世人还把师与天、地、君、亲相并列，以万世师表孔子为顶礼膜拜的对象，家中设牌位供奉，又有"一日为师，终身为父""师徒如父子""生我者父母，教我者师傅"之说。

一、古代教师称谓

古代教师的称谓有很多，常见的主要有以下一些：

（1）师长。老师与长者。《周礼·地官司徒·师氏》："三日顺行，以事师长。"后用为教师尊称。

（2）师傅。教师的通称。封建社会东宫太子的教师即称"太子师傅"。

（3）师父。教师尊称。东汉班固《白虎通义·封公侯》："人有三尊，君、父、师。""师父"含有"教师如父母"之意。

（4）经师。汉代指儒学学官，后指传授儒家经典的教师。《王文宪集序》："经师人表，允资望实。"

（5）博士。秦时官职，掌古今史事侍问及书籍，汉代始称太学中的教师，唐宋时有专业学校，故而有"算学博士""书学博士""律学博士"之称。

（6）教习。明代翰林院学官兼教师，清末兴办学堂，其教师沿称教习。

（7）教授。宋以后学官名称，掌学校课试等事，现作高等学校教师职称。

（8）讲师。古为讲解经籍的教师，今为高等学校教师职称。

（9）助教。学官名，始于晋，协助博士教授学生，其后各代均在国学中设助教，近代成为高等学校教师职称。

（10）先生。用作教师的尊称。《礼记》注："先生，老人教育者。"《孟子》注："学士年长者，故谓之先生。"

（11）西席、西宾。唐以前，俗以东向座为尊。宾客至必请入西席面东而坐，故尊称私塾教师为"西宾"，亦称"西席"。

（12）祭酒。在古代是掌国学诸生训导政令之官，相当于现在大学校长。

（13）司业。协助祭酒管儒学训导方面的工作，相当于现在大学副校长。

二、古代入学礼

"入学礼"是古时学生的入学大礼。新生入学不仅有隆重的"开学仪式"，而且备受重视。《礼记·王制》说："天子命之教，然后为学。小学在公宫南之左，大学在郊。天子曰辟雍（yōng），诸侯曰泮（pàn）宫。"这段话告诉我们，天子命令诸侯办教育，然后诸侯才可以设立学校。小学设在王宫之南的左侧，大学设在郊外。天子设立的学校叫辟雍，诸侯设立的学校叫泮宫。所以，也有人把古代的入学礼称为"泮礼"。

古时的入学礼非常庄重，被视为人生的四大礼之一，大体分为正衣冠、叩拜先师、击鼓明志、歌咏劝学、敬拜老师同学等内容。

（一）正衣冠

入学礼的第一步。《礼记·冠义》有云："礼仪之始，在于正容体，齐颜色，顺辞令。"意思是礼仪的开始，在于容貌身体端正，内外表里如一，言辞和顺得体。儒家先贤们认为："先正衣冠，后明事理。"所以将"正衣冠"列为入学礼的第一步。

（二）叩拜先师

入学礼的第二步。《礼记·学记》说："大学始教，皮弁（biàn，古代男子戴的一种帽子）祭菜，示敬道也。"入学礼开始时，士子们穿着庄重文雅的礼服，带着精心准备的祭品藻菜，到至圣先师孔子像前叩首祭拜，以纪念圣人之功，不忘圣人之德，这是尊师重道的风气。穿礼服表示郑重庄严之事，不能有半点怠慢之心。祭品一般为芹（寓意勤奋好学）、藻（寓意早立志向）等普通蔬菜，虽然普通，却体现了古人轻视财物、看重师道的深意。

（三）击鼓明志

入学礼的第三步。《礼记·学记》说："入学鼓箧（qiè，箱子一类的东西），孙其业也。夏楚二物，收其威也。"入学授课前，先召集学生击鼓明志，然后打开书箱取书，表示学生们要鼓舞意志、坚定志向，并对学业及书本要有恭敬之心。最后，再拿出夏、楚（教鞭）二物，鞭策、警戒学生，以达到整肃威严的效果，表示学习时要起早贪黑、不怕吃苦。

（四）歌咏劝学

入学礼的第四步。在古代入学礼上，拜过圣人孔子和授业先生后，学生们在音乐中歌咏《诗经》的《鹿鸣》《四牡》《皇皇者华》三首诗。这三首诗是劝学诗，也是诸侯设宴招待他国使臣时使用的三首诗。《鹿鸣》是首宴会诗，全诗自始至终洋溢着欢快祥和的气氛，让学生们体会礼乐的中和之美，明白与人相处时，既要遵守礼仪，又要让内心愉悦欢畅。《四牡》是一首怀乡思亲诗，感情细腻，一唱三叹，化怨为美，也道出不能及时尽孝的忧伤。《皇皇者华》是描写君王勉励臣下做事的诗，诗意委婉而意深，既安慰属下做事的辛苦，又诫其须忠于国家及人民，不忘初心与使命。

（五）敬拜老师同学

入学礼的第五步。学生向授业先生叩首敬拜，以感谢先生的传道授业解惑之恩。《论语·述而》中记载，子曰："自行束脩（xiū，原义为干肉，古时弟子用来送给老师做见面礼）以上，吾未尝无诲焉。"孔子说："只要主动送一束干肉给我，我从没有不教诲他的。"学生以礼敬师，老师以"传道授业解惑"回敬学生。所以，学生要向授业恩师献束脩之礼。之后，便是学生间互相鞠躬，表示互爱互帮。古时束脩礼就只有几条肉干而已，后世逐渐增加到束脩六礼。

束脩六礼分别为：芹菜，寓意勤奋好学、业精于勤；红枣，寓意早立志向；莲子，寓意苦其心志；红豆，寓意红运高照；桂圆，寓意功德圆满；干瘦肉条，表达学生对先生的敬谢之意。

古代入学礼在很多古籍中有记载，承传古习已久，尤其注重尊师重道，这点值得今人好好学习。

三、古代师生礼仪

在传统社会中，师长的地位与父母的地位是相当的，所以与师长相处，其礼仪也非常细致，一切要以师长为中心。

比如路遇师长时，弟子必先主动向师长打招呼。《礼记·曲礼》规定："遭先生于道，趋而进，正立拱手。先生与之言则对，不与之言则趋而退。"意为：学生在路上遇到老师，应该快步走到老师跟前打招呼，看老师是否有所吩咐，这是尊师的表现。"先生与之言则对"，如果先生问话就回答；"不与之言则趋而退"，先生说没什么事，就可以加快步伐回去，这也是内心尊师的流露。如果师长有事召唤晚辈，被召唤者不紧不慢地走过来，是漫不经心的表现，是非常失礼的。如果跟着师长外出，那么与人打招呼要看具体情况。“从于先生，不越路而与人言。”即使路遇熟人，也不该停留闲谈，这是避免对师长不敬。与师长分别时应如何离开才显得更加礼貌?《弟子规》说道：“进必趋，退必迟。”晚辈见长辈要快步接近，但离开时不能快步退下，而是要徐徐退下。古人认为，背对着尊长走路是失礼的，为了避免这种现象出现，故都是一边与尊长道别，一边倒退着走向门口。

与师长交谈时，必须注意对答的方法与态度。《礼记・曲礼》规定：“长者不及，勿儳（chán，随便插嘴）言。”长者正说甲事，弟子不能擅自提出乙事扰乱长者谈话。“侍坐于先生，先生问焉，终则对。请业则起，请益则起。”在先生旁边侍坐的时候，先生有所询问，一定要等他问完了，才可以从容回答，不要火急火燎地抢答，唯恐别人不知道你的答案。向老师请教问题时，一定要站起来，别坐在那里。如果老师讲的内容没有听懂，就要请老师再讲一遍，这时也要站起来，以示尊重。

与师长交谈时，两手捧师长之手，学习扶持师长，以及使用与师长对答的敬语。《礼记・曲礼》说：“谋于长者，必操几杖以从之。长者问，不辞让而对，非礼也。”“几杖”是依凭身体的器物，专为长者准备，是表示尊敬的意思。当师长向自己询问事情，每次回答前，都必须先表达不敢当的意思，否则就是无礼。

与长者相处时，为表示敬意，说话声音要低，眼神要专注于师长。《弟子规》说：“尊长前，声要低。低不闻，却非宜。”《礼记・曲礼》说：“从长者而上丘陵，则必向长者所视。”跟随长者，即使在长者身后，也要始终看着长者所视的方向。依照古礼，与尊者相处，若无特殊情况，尊长坐时，卑幼则需站立在旁。《弟子规》说：“长者立，幼勿坐。长者坐，命乃坐。”在交流过程中，长辈还没有坐下，晚辈不应入座，要待长辈入席坐定后，晚辈方可入座。如果双方一开始都是以坐姿在交谈，中途长辈起来了，晚辈也应该立即站起来，以示尊敬。

今天在中小学课堂上，都有一个起立问候老师的小仪式。当老师走进教室时，全班同学会集体起立，鞠躬问候。仪式虽短，却是中华传统美德“尊师敬长”最好的展现。

当师长提供帮助时，要恭敬地接受。“长者与之提携，则两手奉长者之手。”若长者伸手帮助提携，就应该用双手去接受长者的提携，以表示敬意。若长者赠送物品，要根据长者舒适的方式来接受。“授立不跪，授坐不立。”若长者赠送物品时是站立的，那便站立着接受；若长者赠送物品时是跪坐的，那便跪坐着接受。这是为了避免长者弯腰或仰头，是一种替长者考虑的礼貌行为。“授立不跪，授坐不立”这一礼节，在今天日常的接人待物中，也是要注意的。比如在接待过程中，长辈或嘉宾坐着时，晚辈或下属端茶送水或递送物品时，虽不必像古人那样跪下，也应该微微躬一下身，适当降低一下自己的身高，恭敬地递过去，这就是传统礼仪提倡“尊师敬长”在日常细微举止中的一种体现，更是一种延续。爱屋及乌，对师长的尊敬，也延及师长的物品。《礼记・曲礼》规定：“先生书策琴瑟在前，坐而迁之，戒勿越。”就是说，长者的书策琴瑟等物品不能随便跨越。

老师有如此高的地位，这是因为师长对弟子有传道授业解惑的恩德，所以礼敬师长是传统礼仪的重要组成部分。为人之师，必须学而不厌，诲人不倦。因此，老师要不断充实和提高自己，掌握教学规律，改进教育教学理念与方法，因材施教。除了教授学生文化知识外，老师还要教给学生做人之道、立身之法，使其懂得仁、义、礼、智、信的要义，并努力践行之，最终实现“齐家、治国、平天下”的人生大志。老师授学生以知识、道义，学生还老师以尊重，应作为万古不废之礼，世道长存之基。在今天我们也应该将其中的精华予以提倡，尊师重道，以促进国家发展与社会进步。

曾子避席

尊师重道是中华民族的传统美德，《礼记·学记》曰：“凡学之道，严师为难。师严然后道尊，道尊然后民知敬学。”尊重老师最难能可贵，尊师重教是要遵照老师的教导，将老师的教诲在生活中践行，好好学习，成为德才兼备、服务社会的栋梁。《弟子规》讲“父母教，须敬听”，古人也讲“一日为师，终身为父”，所以我们也可以说“老师教，须敬听”，尊师如同孝敬父母一样。

躬行践履

1. 当你践行礼仪规范时，是否有恭敬之心？能否做到由内而外地尊重和敬爱老师？请举例说明。

2. 你遇到老师的时候，应如何行礼才是尊重老师？你与老师相处时，在坐立、行走等方面应当如何？

第四节 古之礼，传千载

一、古人的坐立行走之礼

古人非常重视个人日常的行为举止，一个人日常生活中的行为就能体现出他是否知礼。中国的传统礼仪对坐立行走都有具体要求，“坐”和“立”是我们最基本的两种姿态，俗话说：“坐有坐相，站有站相。”古人对日常行为举止有“坐如钟、站如松、行如风、卧如弓”的仪态要求，也有“立则磬折（qìng shé，弯腰，表示谦恭），拱则抱鼓，行步中规，折旋中矩”的规定礼仪。

（一）坐容——坐姿入席，敬为上

《礼记·曲礼》说：“若夫，坐如尸，立如斋。”古人如果坐，要像祭祀中装扮的受祭人那样坐得端正，站就要像祭祀前斋戒时那样站得恭敬。礼仪场合的坐姿基本要求是保持上身的正直。儒家讲究人的身体“正”和内心的“中”，认为这是君子内外一致的

表现。

《礼记·曲礼》对人的仪态做了细致而严格的规定："毋侧听，毋噭（jiào，古同'叫'，声响高急）应，毋淫视，毋怠荒。游毋倨，立毋跛，坐毋箕，寝毋伏。"不要侧耳偷听别人说话，回话不要大声叫喊，眼光不要左顾右盼、游移不定，身体不要放任懈怠。行走时态度不要傲慢张扬，站立时不要歪斜扭曲，坐着时不要叉着两腿、像簸箕一样张开，睡觉时不要趴着身子。除此之外，《弟子规》对如何坐立还提出了要求："步从容，立端正……勿践阈（yù，门槛），勿跛倚。勿箕踞，勿摇髀（bì，大腿）。"与人对坐不停地摇动大腿，这会显得非常散漫、随意。

与坐容有关的还有"侍坐"之礼（指弟子之礼，侍奉老师而坐）。《论语·先进》中记录了子路、曾皙、冉有、公西华侍坐，生动地再现了孔子和学生一起畅谈理想的情形。《礼记·曲礼》说："侍坐于长者，屦（jù，古时用麻、葛等做成的鞋）不上于堂，解屦不敢当阶。"意思是说凡在长者身旁陪坐，要把鞋子脱在阶下，不可穿着鞋子上堂。"坐"看似一个简单的动作，但在某些场合，却代表一个人的待人态度，更反映出一个人是否懂礼明礼，体现的是尊老敬长修为的高低。

（二）立容——立必方正，立容德

在现代人的审美观里，站姿形象的审美依据，是以"挺拔、端正和自信"为主导；而中国传统的立容之美则完全相反，古礼一直坚持以"端正、恭敬、谦卑"为最高审美标准。《礼记·玉藻》里说："君子之容舒迟，见所尊者齐遬（ sù，古同"速"），足容重，手容恭，目容端，口容止，声容静，头容直，气容肃，立容德，色容庄，坐如尸。""立容德"是说要像从别人手里接受物品那样，上身微向前倾。这是一种谦虚的站姿，正与昂首凸肚、两眼望天的傲慢站姿相反。当一个人与他人共立时，面对尊长或接受他人给予物品之时，都需要微磬而立，为的就是表达谦逊、恭敬之意。在今天的山东曲阜，可以看到许多这样拱手微磬而立的孔子像。

汉代大儒贾谊在《新书·容经》里对立容的形体之美作了整体的描述："固颐正视，平肩正背，臂如抱鼓。足闲二寸，端面摄缨。"传统立容的动作要点是：站立时身体要端正，且保持中立；后背挺直，两肩平展；脖子要直立，下巴微收，目视前方；双手要相合，且臂抱如鼓，两足重心放平；表情要庄重，帽缨要整齐。古人认为，立容是一个人整体精神气质的重要外在体现，站得端正方可显出恭敬之心。如果总是含胸驼背、摇头晃脑、歪歪斜斜，会给人一种懈怠随意、不庄重之感。

古人一向讲究"立容德"，站立姿势得谦卑有礼。在我们看来，这只是立容当中的一个小细节，但古人却十分看重，所以才有了"磬折垂佩"之礼，在今天的人际交往当中，端拿递送之间，面对尊长、贵客，身体稍做磬折，实为礼貌之举。总之，传统立容的礼仪核心，把"尊重他人"放在了第一位。

（三）行走——进退揖让，以明礼

在传统礼仪中，行走的礼仪也非常多。关于走路的动作，按照步幅的大小、频率，可以分为行、步、趋、走等几种状态。东汉刘熙在《释名》中讲"两脚进曰行"；"徐行曰步"；"疾行曰趋"；"疾趋曰走"。古代的"行"，就是走路；"走"就是跑步；"步"就是慢走；“趋”就是小步快跑。其实“趋”是表示恭敬的动作，尤其是在尊者、长者面前要“趋”，在君王面前更要“趋”了。传统行走礼仪中，还有“行不中道，立不中门”的原则，即走路不可走在路中间，应该靠边行走；站立不可站在门中间。这样既表示对尊者的礼敬，又可避让行人。只有了解古代在不同场合、不同情况下的行走礼仪和原则，才能更好地养成君子风度。

中华民族的传统美德，正是在这些细微的礼节中体现出来的，延续数千年，无论时代如何变迁，从未改变过。

二、古人的拜揖礼仪

中国人的礼仪中始终贯穿着自谦而敬人的精神，这种精神也体现在一系列的表达敬意的肢体语言当中，如作揖、鞠躬、跪拜等。恰当的肢体语言配合礼节的使用，也可以体现我们的友善、博爱和尊重他人的美好品质。不同的礼节尽管轻重有别，但目的只有一个，就是要体现内心的敬意。

（一）跪拜礼

跪拜礼在我国有悠久的历史，在所有的礼节中，跪拜礼的礼数最重。跪拜礼，在古代又称“拜”礼，从古人席地而坐开始，跪拜礼就成为向他人致敬的一种礼节。跪拜姿势，也是从跪坐演变而来的。古人根据不同场合和不同身份，又把跪拜礼细分为九种不同的拜姿。《周礼·春官·大祝》记载“九拜”的名称分别是：“一曰稽首（qǐ shǒu，一种俯首至地的最敬礼），二曰顿首，三曰空首，四曰振动，五曰吉拜，六曰凶拜，七曰奇拜，八曰褒拜，九曰肃拜。”古人认为：“伸腰及股而势危者为跪”，“因跪而益致其恭”，以头着地为拜。它原本是原始社会中人们相互致意的一种姿势，到了阶级社会就变成一种表示臣服的礼节，并日益繁杂化、规范化，如对天、地、神佛要跪拜，对统治者要跪拜，对祖先、长辈、恩师都要行跪拜礼。辛亥革命后，跪拜礼才从法令上被正式取消。

（二）拱手礼

古代作揖被称为“揖礼”，起源于周代以前，是古人站立时常用的礼节，用于平辈之间或宾主相见时的礼节，民间喜欢叫“作揖”，因作揖时拱手向外推出，所以又称为“拱手礼”（见图 4-2）。古代无论是在朝堂上，还是在普通百姓的婚嫁、宴请等场合，人们相互致谢、祝贺、辞别、告别时，甚至于向他人道歉、提问、回答时，都是先行揖礼，再说话。可以说，除了最高礼节的跪拜礼，其次就是揖礼了。揖礼几乎融入古人生活的方方面面。据唐代画家吴道子所画的孔子像，孔子两手相接，正是作揖的样子。《论语》中也记载：“君子无所争，必也射乎！揖让而升，下而饮。”意思是说君子之间无所争，即便是在射箭比赛的时候，也会先揖让行礼，然后才开始比赛。

图 4-2　清代人们交往实行的“拱手礼”

在周代上层统治阶级内部，作揖的形式有很多种，有土揖、时揖、天揖、特揖、旅揖、旁三揖之分，具体用哪种，要根据双方的关系和地位而定。此外，还有长揖，即拱手高举过头，自上而下向人行礼，这是一种古代不分尊卑的相见礼。

具体来说，平辈之间相见时，如果双方年龄相仿，举手至胸口，向外平推出作揖施礼；如果对方年长，举手至口处作揖礼；如果对方年幼，举手至胸口，推手稍向下作揖。明代学者方孝孺在《幼仪杂箴·揖》中，对行礼人的身姿、手位、视线，都作了详尽的规范："张拱而前，肃以纾（shū，延缓）敬。上手宜徐，视瞻必定。勿游以傲，勿佻（tiāo，轻浮；不庄重）以轻。远耻辱于人，动必以正。"揖礼时，表情要庄重。拱手往上时，速度要缓慢。同时，视线要平稳，不要左顾右盼，轻佻散漫。整个形体稳重端正，不能摇来晃去。

特别提醒：行揖礼时，男子左手在上，女子右手在上。反之，则为丧葬时才能用的凶礼。

（三）请安礼

请安礼，起源于辽代，主要是下人对主人所行之礼。到了清朝，慢慢就变成了满族人下对上、幼对长的请安礼节。请安礼动作有大小、男女之分。请小安时，动作简单，只要垂手站立，低头唱喏（rě，古代表示敬意的呼喊），问安即可。请大安礼，又称"打千儿"（见图4－3）。行礼者需单腿下跪，先向前迈左脚，左手扶膝盖。右腿半跪，右手沿膝盖下垂。左右腿的间距不可过大，保持左腿向前迈的自然间距，不可向后蹬腿。头项与上身略微向前倾，双肩平展。行礼时，口中说诸如"阿妈安""额娘安""××给××请安"等问候语，礼毕，恢复立容。这是男子请安动作。

图4－3　清代"打千儿"

到了清朝中后期，请安礼基本上成了贵族家庭里的家规。比如已婚女子早晚向公婆请安，晚辈要对长辈三天请一次小安，五天请一次大安。就连皇帝对自己的额娘，也得这么做。

（四）叉手礼

叉手礼最早从西域传入，西晋开始慢慢进入中原，在唐、五代、辽、宋、金、元时期最为流行，尤其在唐宋时期盛行一时。上自达官贵人，下至平民百姓，不分男女老少都以叉手礼相互打招呼，就像我们今天的握手一样普遍。行礼时，根据受礼者的身份不同，姿势会稍有变化。

叉手礼与其他行礼不同，拱手或揖礼行完礼之后，双手直接垂下，恢复立容，就算结束了，但叉手礼不同，手并不放下，而是继续保持这个动作，往回收到胸前，约两三寸的位置，正所谓“叉手不离方寸”，就是这个意思（见图 4－4）。

图 4－4 《韩熙载夜宴图》中的叉手礼

行叉手礼时，宋人有个习惯，就是边行礼边发出“喏”声，与我们今人边握手边说“你好”差不多意思，有打招呼的成分，古时称“唱喏”之礼。类似于这种边行礼边应声的方式，早在战国时期，还出现过用“嗨”来做应答声的。清代“嗻”（zhē，招呼声）声，是边行礼边应答，是下级对上级、家仆对主人的一种应诺后的应答声，意思为“是”“遵命”“遵旨”，与宋人的唱喏之礼，是有一定区别的。

（五）抱拳礼

抱拳礼最早起源于军队，在古代常用于习武之人。古代士兵一般用右手拿兵器，行礼时只好用左手覆盖在握有武器的右手背上。之后，这种敬礼方式慢慢地流行到了民间，春秋至两晋时期最为盛行。直至唐宋，随着叉手礼的流行，抱拳和揖礼开始慢慢变弱。到了明代，随着民间习武风气的盛行，抱拳礼才成为习武之人使用的一种专用致敬礼节，一直延续至今。

抱拳礼是有门道、有讲究的。比武时，两人面对面站好，各自向对方先行一个抱拳礼。行礼前，需左脚先上前一步，右脚跟上与左脚并步，然后双手拱为“左掌右拳”的形状。即右手握实拳，拳面外向，拳眼斜对着胸窝。左手成掌，包盖在右拳上，右拳要正好在左掌心中指的下端。左手拇指弯曲，紧贴在右手虎口处，其余四指伸直，与下颌平齐。同时，两肘稍抬起，屈臂成圆，环抱在胸前或偏上一点。目视对方，然后两手向前推举出，以示敬意。

关于左右手放置的顺序，在武术界有几种说法。说法一，比武时，若左手拢着右手，表示让对方先打进来，右手拢着左手表示自己要先打出去。说法二，若是左掌右拳，意思只是切磋而已；若右掌左拳，有可能就是一决生死之意。说法三，从道家来讲，以左手为敬，故左边为大，左手为善，右手为恶，左手盖右手，寓意为扬善隐恶。

（六）握手与执手

人们一直认为，见面握手礼是从国外传入中国的现代礼节，其实，握手早在我国的原始时代就已出现。当时人类还处在“刀耕火种”时期，在狩猎和战争时，人们手上经常拿着石砖或棍棒等武器。当他们遇到陌生人时，如果双方都无恶意，就要放下手中的东西，并伸出手掌让对方抚摸掌心，表示手中没有藏着武器。这种习惯逐渐演变成礼节，在分别、会晤或者有所嘱托时，都会以握手的方式表示亲近。南朝萧统《文选》中有“握手一长叹，泪为生别滋”的诗句。《后汉书・马援列传》记载：“援素与述同里闬（bì，防备），相善，以为既至，当握手欢如平生。”可见握手礼在我国自古有之。时至今日，握手礼已成为现代社会各种社交场合最常使用、适应范围最广泛的见面致意礼节。

在中华传统礼仪当中，有一种与握手相近的动作，即执手礼。执手，又称“奉手”，就是双方握住对方的一只手。“执手”一词最早见于《诗经・国风・邶风・击鼓》：“执子之手，与子偕老。”诗人说，丈夫要去打仗了，妻子“执子之手”，就是握着丈夫的手，发誓要“与子偕老”，你在前方作战，我在后方守望，表达一种终生不渝的爱情。北宋词人柳永《雨霖铃》中的那句“执手相看泪眼，竟无语凝噎”，描绘的是一对相爱的男女，面对分别是如此得不舍，竟情不自禁地相互执手对泣。爱人之间，长幼之间，好友之间，情到深处，相见或分别之际自然而然地执手相对，与西式握手礼相比，我国传统的执手方式向对方表达的情感要丰富许多。

魏晋南北朝时期，古书上关于执手的记载多了起来。例如，东晋的时候，北方丧礼中多有执手礼。但凡亲朋好友来吊唁，丧主要与来客一一执手、致谢。在辽代，执手礼成为非常重要的礼节。据《辽史》记载，但凡将帅有战功，皇帝就会亲自“执手慰劳”。如果将帅远在军旅之中，皇帝也会派遣使者前往军中，代行执手之礼，以示优遇。

（七）鞠躬

鞠躬礼是中国人表达敬意的传统礼节，历代相沿不绝。在中华礼仪当中，鞠躬原本不是礼节，只是以身体微微向前弯曲的方式表示自谦和敬意的肢体语言。在《论语・乡党》中说道，孔子“入公门，鞠躬如也”。意思是说，孔子每次走到官府的大门前，内心总会升起一种敬意，身体总是会很自然地向前屈曲。诸葛亮在《出师表》中也有“鞠躬尽瘁，死而后已”的话，表示要毕生恭敬，竭尽全力，至死不变。显然，以上所说的鞠躬都没有作为行礼对象的待定人物，只是内在心态的表露而已，并不是正式的礼节。

鞠躬时腰应该弯到什么程度，要看场合与对象而定，一般分为重、中、轻三等。有人用书法来打比方，最郑重的一种是 90°鞠躬，一丝不苟如同书法上的“楷书”，所以称为“楷礼”。中间的一种，大约成 45°鞠躬，如书法上的“章草”，就是一种介于楷书与草书之间的字体，所以称为“章礼”。最轻的一种是 30°鞠躬，相当于书法上的“草书”，所以称为“草礼”。一般路上遇见朋友，或者长辈给晚辈回礼，多用这种礼节。向尊长行礼，弯腰 90°，最低弯腰 45°，职业人士行礼时一般是弯腰 30°，越是恭敬，行礼越深。

在中国传统文化中，坐立、行走、揖拜等肢体行为上的礼仪，都表达了内心的情感。了解这些礼仪动作的起源，以及行礼时的具体要求，可以使举止更加得体。特别是在正式的礼仪场合，一举一动正确与否最为显目，因而需要特别注意。

躬行践履

1. 请准备好“行为训练”本，用于课堂学习记录和平时行为训练的记录。

2. 请你写一份“文明礼仪伴我行”倡议书，号召大家都来讲文明、懂礼仪，并以身作则，带动身边的人戒除不文明的行为习惯。

3. 请拜访一位你熟悉的尊长，从“预约—进门—入座—对谈—辞别”等方面，反思自己注意了哪些礼节、忽视了哪些礼节。

经典诵读

1. 君子所以异于人者，以其存心也。君子以仁存心，以礼存心。仁者爱人，有礼者敬人。爱人者人恒爱之，敬人者人恒敬之。

（《孟子·离娄章句下》）

2. 礼尚往来。往而不来，非礼也；来而不往，亦非礼也。

（《礼记·曲礼上》）

3. 君子不失足于人，不失色于人，不失口于人。（《礼记·表记》）

4. 凡人之所以贵于禽兽者，以有礼也。（《晏子春秋·内篇谏上》）

第五讲

土木砖瓦家国情
——建筑文化

薪火相传

提到建筑，我们最先想到的就是亭台楼阁之类。其实，建筑绝非仅仅是一所简单的房子、一个物质的载体，它承载着一个民族的政治、哲学、经济等诸多方面的智慧，是历史上各时代思想观念的凝结。我国古建筑具有独特的建筑体系、建筑技术和艺术风格，寄托着古代人的文化心理、审美情趣、理想憧憬，在世界建筑文化中占有极为重要的地位，成为彰显中国文化极具辨识度的名片。

第一节 非同寻常的木结构

法国维克多·雨果（Victor Hugo）曾经说："建筑是用石头写成的史书。"这句话成了谈论西方建筑的经典语录。不管是古埃及金字塔、古希腊神庙，还是古罗马斗兽场，使用的都是石料。而我国古建筑除台基、屋瓦外，最主要的建筑材料是木材。从雄伟的宫殿、威严的衙署，到肃穆的祠堂、普通的民居；从延展的屋顶、远挑（tiǎo）的飞檐，到敦实的梁柱、层叠的斗拱……无不彰显出古人对木结构充分的理解、极致的运用。如，山西应县木塔（见图 5－1），位于山西省朔州市应县城西北佛宫寺，是我国现存最高大、最古老的一座木构塔式建筑，与意大利比萨斜塔、巴黎埃菲尔铁塔并称"世界三大奇塔"。它的"奇"就在于：全塔耗材红松木料 3 000 立方米，2 600 多吨，纯木结构、无钉无铆。历经千年，经历过无数的风雪雷电、地震、战火，都保存完好，傲然挺立。2016 年 9 月，应县木塔获吉尼斯世界纪录认证，为世界上最高的木塔。

图 5－1　应县木塔

木，是古人生活起居里最长情的依托，最永恒的精神家园。"荏染柔木，君子树之"

（《诗经·小雅·巧言》），娇柔美好的树木成了君子人格的象征。“伐木丁丁，鸟鸣嘤嘤”（《诗经·小雅·伐木》），随处可见的树木成了古人最贴心的陪伴：住在木房里、坐在木凳上，夹菜用木筷、洗脚用木盆，在木桌上吃饭、在木床上睡觉……还造出了很多与木有关的字。《康熙字典》里“木”部的字有 1 400 多个，其中与建筑有关的超过 400 个。

躬行践履

写一写：与建筑有关带“木”部的字。

一、择木之智

人们大量地使用木材建造房屋至今已有 7 000 年的历史。然而，相对于石材的坚固耐用，木材有着不可回避的劣势：易燃、易潮、易朽蚀等。古人对此不可能不了解。再说，我国长江两岸及其他地方都不乏良好的石材。那为什么古人偏好以木材作为主要的建筑材料呢？

与笨重、冰冷的石材相比，木材本身有很多更具人情味的优势。当时树木成林，取材方便，加工操作容易，建设周期短。同时，木材具有灵性，蕴藏生机，可以隔热保温，摸起来舒适温暖，能让人感受到大自然的芬芳与灵动、亲切与温馨。这与古人的建筑理念、文化取向极为契合。古人认为人是宇宙的一分子，与万物之间具有相互的感应，追求自然和谐的生活状态。居住的最佳境界就是阴阳合和、天人合一，与万物共生灭，不求永恒与久远，但求现世的快乐闲适。明代造园家计成在《园冶》第六章“相地”中说：“固作千年事，宁知百岁人；足矣乐闲，悠然护宅。”人的寿命再长也不过百年而已，还不如保持一颗闲适的心，悠然地打理好自己的住宅，舒舒服服地过好每一天。梁思成在其《中国建筑史》中说：“古者中原为产木之区，中国结构既以木材为主，宫室之寿命固乃限于木质结构之未能耐久，但更深究其故，实缘于不着意于原物长存之观念。盖中国自始即未有如古埃及刻意求永久不灭之工程，欲以人工与自然物体竟久存之实，且既安于新陈代谢之理，以自然生灭为定律；视建筑且如被服舆马，时得而更换之；未尝患原物之久暂，无使其永不残破之野心。”在梁先生看来，万事万物的生灭都是自然规律，木构建筑遵循了这一法则。同时，在阴阳五行中，木居东方，代表的是春天，象征着生命与生长的理想。而且，加工简单、施工快速也符合古人“崇俭尚德”的价值观。由此，木材成了古人用来建设家园的不二选择。

经典诵读

管子·宙合（节选）

“天地万物之橐（tuó，一种口袋），宙合有橐天地”，天地苴万物，故曰万物之橐。宙合之意，上通于天之上，下泉于地之下，外出于四海之外，合络天地，以为一裹。

二、用木之巧

“天下之至柔，驰骋天下之至刚。”几千年来，古人一直利用远比石材脆弱得多的木材来构建自己最可依赖的家园。他们在对木材取优去劣的过程中，积累了很多智慧，不仅把木材本身的性能发挥到了极致，而且发展出了巧妙的技术。我国古代木结构建筑使用的是框架结构（见图 5－2），木柱上架横梁，屋顶的重量通过梁、柱，传到台基，墙是之后挂上去的，不承重。这种结构赋予建筑物极大的灵活性，人们可以根据个人的喜好任意更改门窗的位置、数量、大小和形状，通断灵活且不容易损坏建筑本身的稳定性。

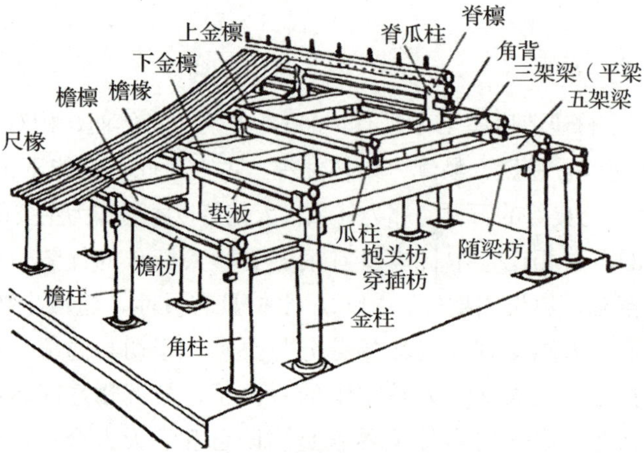

图 5－2　木构建筑的框架结构

柱、梁、檩（lǐn）等各个构件之间的结点以榫（sǔn）卯相咬合。其中，凸出的为榫，凹进的为卯，两者环环相扣，构成富有弹性的框架，起承转合，以柔化刚；加上木头本身具有弹性，能有效减轻地震带来的冲击力，具有很好的防震性能，相对于砖石建筑，具有更大的安全系数。“墙倒屋不塌”形象地表达了这种结构的特点（见图 5－3）。

图 5－3　墙倒屋不塌

古人在充分了解木材的柔韧性以及对榫卯结构彻底把握后，设计出了更复杂、更富创造性的结构——斗栱。它位于立柱与横梁之间，由若干小木块组合而成：水平放置的方形斗、升和矩形的栱以及斜置的昂（见图 5－4）。

斗栱的作用在于扩大横梁的着力面积，并传递梁的荷载于柱身以支承屋檐重量，增加出檐深度，保护屋身。同时，它像一个“弹簧垫”，一旦遇上地震颠簸，可抵消大部分

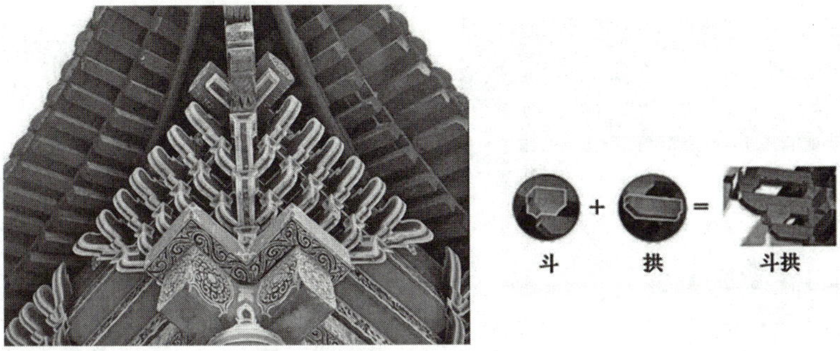

图 5-4　昂和斗拱

对木材及榫卯造成损害的扭力。当地震荷载消失后又能恢复原状。所以，在很多次地震中，石构建筑纷纷倒塌，而以斗栱支撑的榫卯木构建筑基本完好无损。这不得不说是一项巨大成就。

明清以后，斗栱更多的是起装饰和标示等级的作用。数量、颜色、装饰不一样，等级也不一样。斗栱是我国木构架建筑特有的结构部件，是我国古建筑的一个标志性符号。2010 年上海世博会的中国国家馆除用红色外，采用的斗栱元素也展示了浓浓的中国风采（见图 5-5）。

故宫的秘密

图 5-5　上海世博会中国国家馆

古人为了防潮，先打台基。台基一般用砖石等夯筑而成，上面放础，再把柱头坐到里面（见图 5-6）。这样，房子才会减少因受潮而遭到的破坏。不然就会“基础不牢，地动山摇”。所以说，基础打好了，房子才会更牢固。同样的道理，我们做任何事，也要打好基础，这样才能取得最后的成功。

另外，古人还有很多克服木材缺点的智慧。比如，各构件上的彩画，可以代替油漆，避湿、防虫蚁等；建造马头墙、陈设水缸以防火；檐角上放一些传说中能避火的小动物以“镇邪”，事实上也起到了避雷、防火的作用。

门海

图 5-6　台基

第二节　“天下三分”的外观造型

宋代民间著名建筑师喻皓在《木经》中率先将一栋房子分成三个主要部分。近代建筑著名建筑学家梁思成也指出：每栋单体建筑都是一个方式，即“三段式”，包括屋顶、屋身、台基（见图 5-7）。

这三部分的组合与“三才者，天地人”的文化概念是一致的。在几千年的历史长河中，也因对这种独特的文化价值与理想的传承，我国古建筑的“三分”基本没有改变过。

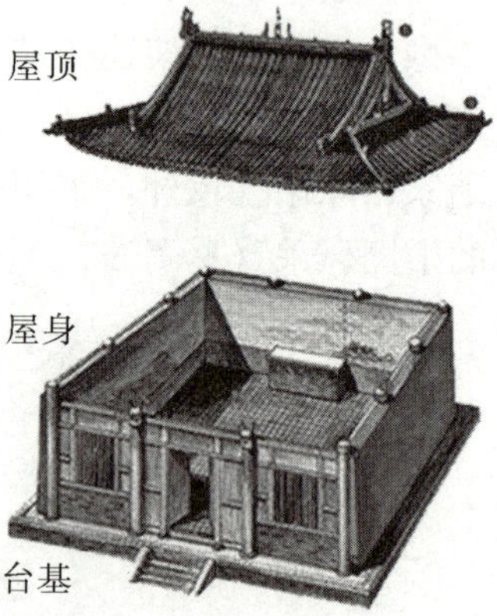

图 5-7　建筑三段式

一、如翼斯飞：屋顶

“三段式”中以大屋顶最为典型，被称为中国建筑之冠冕。与罗马式建筑的圆顶和哥特式建筑的尖顶不同，我国古建筑的屋顶采用了反曲面造型（见图 5-8）。

图 5-8　我国古建筑的反曲面屋顶

反曲面造型得到斗栱的支持，可使屋檐远挑高翘，或如大鹏展翅，或如鹰击长空。《诗经·小雅·斯干》就写道：“如鸟斯革，如翚（huī）斯飞。”意思就是像鸟的翅膀在飞翔。这使凝重的建筑似乎也有了轻巧灵动的感觉，并与周边的环境完美地融为一体，体现了天人合一的哲学思想。

另一方面，反曲面屋顶比罗马式和哥特式屋顶覆盖面积更大，出挑翘起的屋檐既扩大了采光面，又有利于排泄雨水，可保护墙体少受雨雪侵蚀，实现了造型美与实用性强的完美结合。

我国古代少有高层建筑，这就使屋顶特别显眼。屋顶不仅起到遮风挡雨的作用，更是建筑物等级的重要标志。

那么，中国古建筑的屋顶如何体现等级制呢？

建筑等级制度

首先，体现在屋顶式样上。不同等级的建筑使用对应等级的屋顶，不得僭越。

庑殿顶：又称五脊顶、四阿顶、四注顶。它有一条正脊、四条垂脊、四面挂瓦，主要用于宫殿建筑里的主殿。有单檐、重檐之分，重檐级别更高。重檐庑殿顶是古建筑中级别最高的屋顶式样，太和殿用的就是重檐庑殿顶（见图 5－9）。

图 5－9　太和殿

歇山顶：与庑殿顶的最大不同在于，除正脊、垂脊以外，还有戗（qiàng）脊。在垂脊和戗脊之间，有个三角形位置不挂瓦，称为山花。一般配殿用，达官贵人的府第也可以用。

悬山顶和硬山顶：用在民居。其中，悬山顶前后两面挂瓦，屋檐向外伸出，多用于北方民居。硬山顶的屋檐则直贴墙上，多用于南方民居（见图 5－10）。

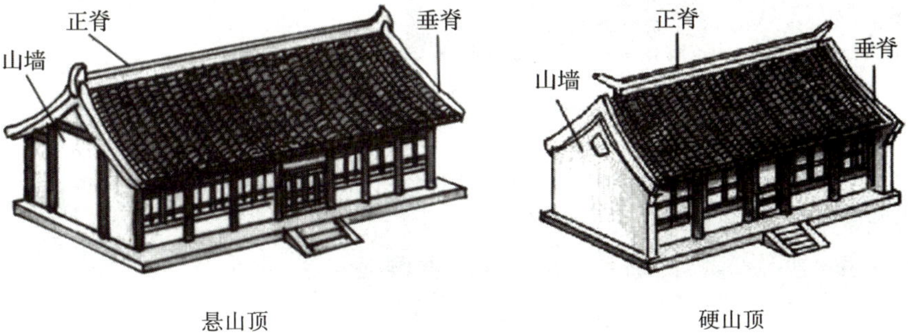

图 5－10　民居

攒尖顶：只有垂脊，没有正脊，顶部有宝顶。上可用于皇族，下可用于民间，适用范围较大（见图 5－11）。

图 5-11　攒尖顶

卷棚顶：多见于园林建筑，也有用于民居的（见图 5-12）。

图 5-12　卷棚顶

其他还有盝顶、盝（lù）顶等（见图 5-13）。

图 5-13　盝顶和盝顶

躬行践履

画一画：以简笔画的形式将以上屋顶式样画出来。

其次，体现在屋顶颜色上。明清时期规定，朱、黄为至尊至贵之色。皇宫的屋顶是金黄色，黄琉璃瓦为皇家专用。王公贵族用绿色。普通老百姓的屋顶只能用灰色、白色。但是，各地文庙用的都是黄瓦，享受的是皇家建筑的等级。

二、通透灵活：屋身

我国古建筑在建造时，先打台基，台基上再立柱。四根木柱围合的空间叫“间”，两柱横向间的距离叫“开间”，两柱纵向间的距离叫“进深”。皇帝的大殿为九开间，五进深（见图5－14）。

图5－14　皇帝的大殿

按阴阳五行说，奇数为阳，阳数最高的单数是9，最尊贵，代表天，和帝王有关，《易经·乾》中有“九五：飞龙在天”。9和5配在一起，为皇帝专用。然后根据“自上以下，降杀以两，礼也”，9、7、5、3，有序递减，成为传统建筑的一个等级序列，标记伦理等级的一个代码。通过“数量”在中国传统文化中具有的独特伦理意义，使“数”和“量”成为标识建筑等级的重要符号之一。

北京故宫的太和殿，明朝时为九开间、五进深，称奉天殿。李自成进京后被毁。据说，康熙时重建，考虑防火，将两边廊改成夹室，为十一开间，更显示了“皇威”。

建筑等级制在“数量”上的体现

由于屋顶的重量由梁柱承受，并通过柱础传递到台基上的，墙体并不承重。这就使门、窗的设置更灵活方便，不仅限于实用，更具有审美意义，达成了空间的交流和景物的借换（见图5－15）。

图5－15　空间的交流和景物的借换

门、窗，尤其是窗，所具有的可变、灵动的特性，既能隔离，又可联系，断而不绝，联而有距，衍生出了广阔的想象空间。这种含而不露、隔而不断的朦胧美和含蓄美，恰是民族文化心理内涵的反映，也因此成为文人笔下独具魅力的意象，以表达对爱情、故乡、理想等人生美好事物的渴望与追求。

经典诵读

1. 鸟吟檐间树，花落窗下书。（唐·李白《金门答苏秀才》）
2. 花径不曾缘客扫，蓬门今始为君开。（唐·杜甫《客至》）
3. 朱门几处看歌舞，犹恐春阴咽管弦。（唐·李约《观祈雨》）
4. 劝我早还家，绿窗人似花。（唐·韦庄《菩萨蛮》）
5. 窗风文字翻叶叶，犹似劝人勤读书。（宋·黄庭坚《平原郡斋二首（其一）》）
6. 谁念西风独自凉，萧萧黄叶闭疏窗，沉思往事立残阳。（清·纳兰性德《浣溪沙》）

三、雕栏玉砌：台基

“三段式”当中的台基，是建筑物的基座，主要以黄土等夯筑而成，外壁包砌砖石，或以三合土、砖石等砌筑而成（见图 5-16）。

图 5-16　台基

台基主要起防潮通风的作用，同时又像一个巨大的承托垫子，避免柱基因为负重不同而出现沉差。当地震来袭，整个台基又会像一只浮筏，缓冲地震对建筑物的不规则摇撼。

台基也是权力的象征，级别高的建筑，台基也高。《大清会典事例》规定：“公侯以下，三品以上房屋台基高 2 尺；四品以下至庶民房屋台基高 1 尺。”台基边缘雕有花纹装饰，四边立有栏杆。太和殿的台基为 8.13 米，三层，属于最高级别。砌有汉白玉栏杆，栏杆柱头雕有云纹（见图 5-17）。《易经·乾》中说：“云从龙，风从虎。”云纹成了帝王的象征，只有皇家才能使用。

图 5-17　太和殿的台基和云纹

台基既表现出建筑物的身份和气派，在群组的建筑中亦是空间组织的基础准则。在基本上以水平横向展开的我国古建筑中，台基起着将平面空间及直线所造成的沉闷局面打破的积极作用。“九层之台，起于累土”，台基还充满了隐喻，象征人生万物的起点。

从凸出于地平线的厚实台基，经通透的屋身，以反翘的屋顶做结，这是中国的智慧、中国的和合之美。

第三节 平面布局里的儒道情怀

在西方国家，大的建筑组群多数以一栋建筑为一个单体，互相之间独立，并没有什么有机联系。在中国就不同，除风景名胜的一些点景建筑如亭、塔外，基本没有单栋、独立的建筑，多数以大建筑群组出现，比如皇宫、寺庙、民居、园林、书院等都是由许多房屋组合而成的，各单体房屋之间都是有机联系的，体现出横向铺排、群体组合的特征（见图 5－18）。

图 5－18　建筑组群

一、中轴对称里的礼制规范

组群的方式是以中轴对称为主，其规则就是，以一条重要的轴线为主，往纵深发展。主体建筑居中，两侧对称安排建筑群中的其他附建筑，如故宫（见图 5－19）。

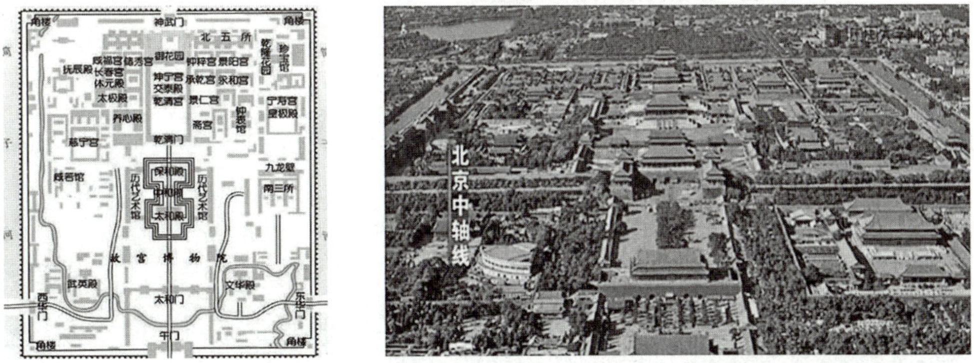

图 5－19　故宫

故宫的平面布局由南至北，午门－太和门－太和殿－中和殿－保和殿－乾清门－乾清宫－交泰殿－坤宁宫－御花园－神武门，形成一条中轴对称序列，处在全城的中轴线上。两侧则主要按照“左昭右穆”、以左为尊的传统，对称安排其他建筑。太和殿中的皇帝宝座，也精密地设置在全城的中轴线上。这种对中轴线的迷恋与传统文化中的礼制紧密相关。礼制强调尊卑有序，而中间则强调权威居中，同时，也与中华民族的文化心理有关。中国人在审美上追求综合平稳、左右对称，和谐为美，因而在建筑上也追求左右对称的均衡。中轴线上的建筑都是非常重要的，其中体量最大、前面的空场最大的建筑级别更高。如，前朝三大殿里级别最高的是太和殿；后寝三宫里级别最高的是乾清宫。

“紫禁城”
名称的由来

再来看看北方民居的代表四合院（见图 5－20）。其格局为一个院子四面建有房屋，从四面将庭院合围在中间，故名四合院。一般是封闭的整体沿中轴对称。这种结构非常便于安排家庭成员的住所，使长幼尊卑、男女主仆都各得其所而又井然有序，适合中国古代的宗法和礼仪制度。其中，北方居中为正房，最为尊贵，一般是老人、长辈或家庭的主人居住；东西两侧为晚辈居住的厢房，按照尊卑等级来分，一般兄住东厢房，弟住西厢房；正房后面的后罩房比较隐秘，一般由女眷居住；临街的倒座房常年采光效果不好，多为杂用或下人住房；正房两侧的耳房，一般是家中小辈子孙居住，或者当作仓库堆放杂物。

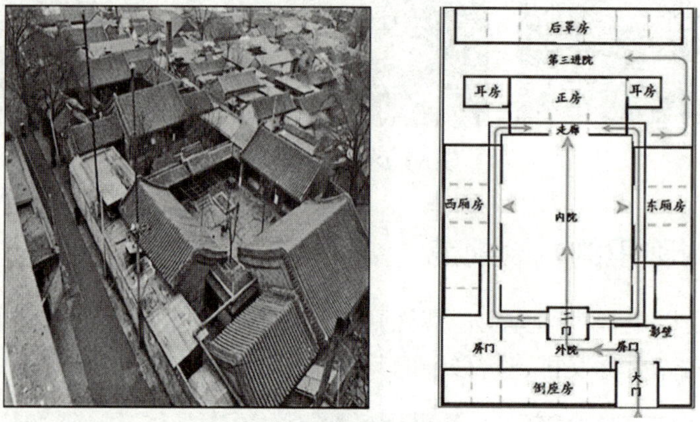

图 5－20　四合院

躬行践履

请根据示例设计一则四合院售卖广告词。

示例（选自《不只中国木建筑》）：

三进四合院，占地两亩有余，主屋宽敞；
从屋十八间，一律清水瓦脊，方正平整。
特别适合代代同堂者，一享伦理亲和融融乐也。
人丁旺盛者可随意顺序扩建。
合院外墙坚固封闭，门禁深严，闹静得兼。
对外为府上私家天地，对内则全乃阁下私家广场。

内院深幽宁静，为女眷加设鱼池花卉秋千瓜棚。
进进日照风足，林木扶疏，满庭绿荫。
或攻读休憩，或工作晒曝，悉随尊便。
对院屏门皆活动槅扇，方便宴会节日，大排筵席，至为体面。

时光剪影里那些饱含乡愁、独富韵致的传统民居

再看看南方民居，如湖南张谷英村（见图 5－21）。它位于湖南省岳阳市岳阳县，有“天下第一村”“民间故宫”之称。相传明代洪武年间，江西人张谷英行至这里，见层山环绕、景色优美，顿生在此定居的念头。张谷英是位风水先生，他经过细致勘测后，选择了这块宅地，便大兴土木，繁衍生息，张谷英村由此而得名。村里现住有 600 多户，2 000 多人，全是张谷英的后代。他们在此起居可以“天晴不曝晒，雨雪不湿鞋”。族居在这座迷宫似的古屋里，谨守着先祖“识时务、顺天然、重教育、兴礼义”的遗训，日出而作，日落而息，繁衍生息几百年，世传不衰。整个村落采用的组群方式就是中轴对称。除纵轴线外，还有很多横轴线，形成“丰”或“王”字型，其中一条轴线代表一个分支，是南方家族聚族而居的典型布局方式。

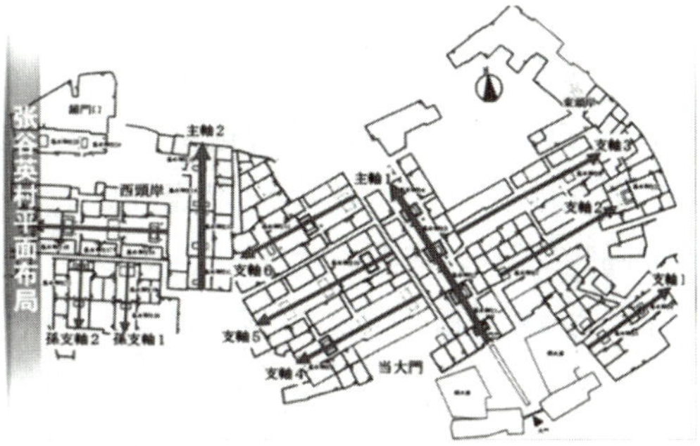

图 5－21　湖南张谷英村

佛寺和道观建筑群采用的也是中轴对称格局（见图 5－22）。

崧泽道院

开元寺

图 5－22　道观和佛寺建筑群

二、自由组合里的道法自然

除中轴对称的方式外，还有自由组合方式，如园林建筑，主要根据山水地形自由组合，道法自然，天地人三者融汇一统，不再有彼此之分。其中，皇家园林部分仍严格按中轴对称排布的建筑除外。

明代造园家计成在《园冶》中指出，造园的真谛在于“虽由人作，宛自天开”，强调园林造作应顺应自然，与自然融为一体，做到“自成天然之趣，不烦人事之工”。这正是道家“天人合一”思想的体现。道家崇尚自然，致虚守静，强调随性、无为、适度，讲究虚实相承、相生相克。园林建筑在布局安排上从对自然天成的追求出发，依循自然规律，因地制宜，不拘泥、不草率，“因山构室，就水架屋”，结合山水的形态特点和比例关系巧妙设置，使建筑与山水环境相融合，打造出一个畅怀游心的自由之境，最终呈现出与自然融合的整体关系。同时，顺应自然的园林建筑在点明空间主题的同时，也可成为园林全貌或局部的标志性景物，成就了风景也成就了自己。

园林建筑形式多种多样，有厅堂、楼阁、台、榭、轩、亭、廊、桥等。其在满足自身使用功能的前提下，主动适应山水风景曲线，傍山则“楼阁碍云霞而出没”，临水则“迎先月以登台”，布局随宜多变，建筑位置的选择与自然相吻合，达到了“宛自天开”的境界。

下面根据《园冶》“立基篇”，说说几种园林建筑的选址布局。

（一）厅堂基

厅堂立基，古以五间三间为率。须量地广窄，四间亦可，四间半亦可，再不能展舒，三间半亦可。深奥曲折，通前达后，全在斯半间中，生出幻境也。凡立园林，必当如式。

厅堂在园林中的位置往往视线开阔，依山傍水，跨水临流，其间架根据土地的面积大小来确定，不必拘泥。

（二）楼阁基

楼阁之基，依次序定在厅堂之后，何不立半山半水之间，有二层三层之说，下望上是楼，山半拟为平屋，更上一层，可穷千里目也。

楼阁设在半山半水之间，更能领略“欲穷千里目，更上一层楼”的妙趣（见图 5－23）。

图 5－23 楼阁基

（三）亭榭基

花间隐榭，水际安亭，斯园林而得致者。惟榭只隐花间，亭胡拘水际。通泉竹里，按景山颠。或翠筠茂密之阿，苍松蟠郁之麓；或借濠濮之上，入想观鱼；倘支沧浪之中，非歌濯足。亭安有式，基立无凭。

榭一般建在花木之中，使其若现若藏；亭子立基则更为灵活些，可根据园子的实际情况来决定，可以在水边、竹林、山顶、山谷、山麓、溪水上、池沼中……只要与园中整体景象保持和谐，就能达到预期效果（见图 5－24）。

图 5-24 亭榭基

（四）廊房基

廊基未立，地局先留，或余屋之前后，渐通林许。蹑山腰，落水面，任高低曲折，自然断续蜿蜒，园林中不可少斯一断境界。

廊可架在山腰，或建在水面之上，随着地势高低起伏，显现出一种蜿蜒曲折、若隐若现的情致（见图 5-25）。

图 5-25 廊房基

桥的布局讲究与地形、水体、园景相互配合，除了连接交通的作用以外，更是一种景观的点缀（见图 5-26）。在分隔水面的同时，可以丰富立体空间轮廓线，成为整个园林中不可或缺的一部分。

图 5-26 颐和园十七孔桥、拙政园小飞虹廊桥

北方皇家园林
与南方私家园林

总之，我国古建筑在平面布局上整体按照儒家的礼制思想“循次第而造”，园林建筑却根据山水地势随机应变地设计，体现了古典园林合于自然的理想追求，展现了天地自然的精神特质，是道家“天人合一”思想的生动诠释。英国帕瑞克·纽金斯在《世界建筑艺术史》中指出，中国的房屋体现着社会的阶级等级，而园林则是道家对生活的感受。

第四节 满载诗和远方的装饰艺术

谈到我国古建筑，我们就会想到“雕梁画栋”“金碧辉煌”等词。古人把建筑当作艺术，把自己的生活环境装点得很美，承载着个人的志趣和向往。而且，古代社会等级森严，事事都了了分明，很容易通过装饰了解一个人以至一幢建筑物的性质和地位。可以说，建筑不单是工程技术，同时也是一门综合艺术。

我国古建筑的装饰有各种不同的手法。一般常用的是木雕、砖雕、石雕，也就是建筑的“三雕”。除此之外，还有一些其他的手法，比如琉璃、泥塑、彩画、壁画等。

伊东忠太
《中国建筑史》
（节选）

“三雕”中最常见的是木雕。不光是门、窗、栏、杆等小构件，就是柱、枋、梁等大部件都可以作装饰。其中，门、窗的灵活可变更给予能工巧匠们最多的创作空间。他们根据主人的喜好，加上自己的灵感，创作出丰富多彩的新鲜图样。这些图样不仅起到美化作用，往往还带有吉祥的寓意：如五福临门、指日高升、马上封侯等（见图 5 - 27）。

图 5 - 27 木雕

在没有玻璃的年代，人们用白纸糊窗，再配上各式吉祥的窗花，充满了生活的意趣，寄托着美好的希冀（见图 5 - 28）。

这些用雪白的纸裱糊的窗扉还成了中国水墨画达到意境无穷的主要原因之一。乾隆年间名士郑板桥《题画三则》：“秋冬之季，取围屏骨子断去两头，横安以为窗棂，用匀薄洁白之纸糊之。风和日暖，冻蝇触窗纸上，冬冬作小鼓声。于时一片竹影凌乱。岂非

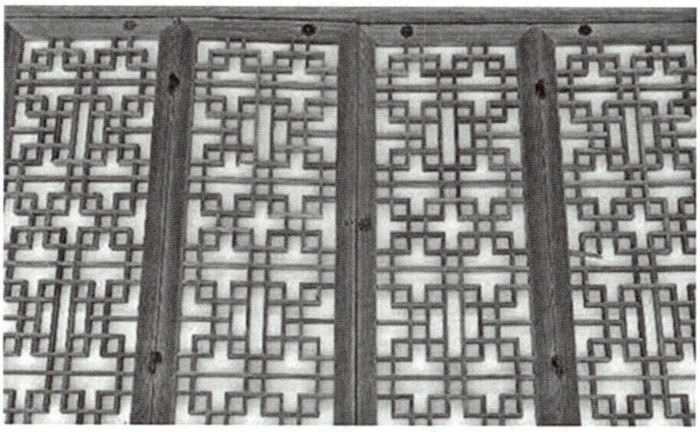

图 5－28　白纸糊窗和贴窗花

天然图画乎？凡吾画竹，无所师承，多得于纸窗、粉壁、日光、月影中耳。”郑板桥所画的竹子，没有老师的传承，雪白的纸窗却成了他灵感的源泉。

富贵人家往往拿纱糊窗。在《红楼梦》第四十回中，贾母领着刘姥姥等人游大观园，来到黛玉居住的潇湘馆时，看到窗纱旧了，要求更换，她说：“……这个院子里头又没有个桃杏树，这竹子已是绿的，再拿这绿纱糊上反倒不配……”“……明儿就找出几匹来，拿银红的替他糊窗子。”银红与满院的翠竹交相辉映，煞是好看。

砖雕、石雕随处可见。琉璃因其贵重，颜色鲜艳，工艺水平很高，主要用于皇宫。在正脊两端的兽形构件被称为鸱（chī）吻（见图 5－29），有固定屋瓦的作用，属于砖雕或琉璃作品。传说鸱吻为龙的九子之一，因能喷浪降雨，故用在屋脊上，取避火灾之吉祥寓意。

图 5－29　鸱吻

脊兽是我国古建筑中放置在屋脊上的雕塑作品。建筑地位越高，脊兽数目越多。以紫禁城为例，太和殿是举行大典的场所，象征着皇权，设脊兽 10 个，分布在房屋两端的垂脊上，由下至上的顺序依次是：龙、凤、狮子、天马、海马、狻猊（suān ní）、狎（xiá）鱼、獬豸（xiè zhì）、斗牛、行什，最前面有骑凤仙人（见图 5－30）。这些小兽各有寓意，并均被赋予了神奇的本领，有的能镇水避火，有的能降魔除障，有的能带来吉祥好运。乾清宫为帝王理政、居住的地方，地位仅次于太和殿，檐角脊兽只少了“行什”，设 9 个；坤宁宫为皇后寝宫，设脊兽 7 个；东西六宫是妃子住，设脊兽 5 个；某些配殿，用 3 个甚至 1 个脊兽。一般来说，脊兽的递减是从后面的“行什”开始的，最前面的“龙”则十分稳定，没有被“裁员”过。

图 5-30　太和殿垂脊上的脊兽和骑凤仙人

脊兽家族

目前最古老的瓦饰实物是周代的瓦当。汉代的瓦当制作精美，在小小的圆面上铸刻着瑞纹及吉祥文字，像图章一样。上面最长的文字足足有 12 个。有些瓦背上铸着“盗瓦者死”的严厉警告，可想其珍贵程度。瓦当的花纹及字饰，简直是集图章篆刻和平面设计于一身的作品（见图 5-31）。

图 5-31　瓦当

一般在梁、枋等构件上，做完底色后，画上图案，称为彩画。明清彩画分为以下三种：

和玺彩画：是古建筑中彩画等级最高的一种。一般绘龙、凤等图案，有双括弧，且大面积用金，因此最为亮丽辉煌，用于皇宫主殿（见图 5-32）。

旋子彩画：等级次于和玺彩画。其最大的特点是在藻头内使用了带卷涡纹的花瓣，即所谓旋子，有单括弧，一般用于官衙、庙宇主殿和宫殿、坛庙的配殿（见图 5-33）。

苏式彩画：为山水、人物、花鸟、虫鱼图案，多绘于宫廷花园中的亭台楼阁及民居（见图 5-34）。

图 5－32　和玺彩画

图 5－33　旋子彩画

图 5－34　苏式彩画

壁画一般直接画在墙面上，面积较大，画面内容完整。如，著名的敦煌壁画，描绘了佛传故事、本生故事、因缘故事、玄奘取经故事等，内容丰富，情节动人，生活气息浓郁，具有诱人的魅力（见图 5－35）。

图 5－35　敦煌壁画

我国古建筑用土木书写着历史，既具有道家的自然旨趣，讲究人文景观与自然环境的和谐共存；也有儒家的礼乐诉求，不管是屋顶式样、间架、布局，还是装饰等，都体现出建筑等级差异。

躬行践履

1. 你的家乡有哪些古建筑？
2. 设计一些保护古建筑的宣传语。

第六讲

八音和合化万物

——音乐文化

薪火相传

孤独的旅行，遥远的问候——从一张金唱片说起……

1977年9月5日，美国宇航局发射了一枚无人太空探测器“旅行者一号”（见图6-1），1979年经过木星，1980年经过土星，据说现在已经到了太阳系的边缘，不过要真正飞出太阳系还得很久很久……旅行者一号是目前在太空里飞得最远的人造装置，并且它还将继续飞下去。给旅行者一号供电的是它携带的两枚核电池，但总有一天人类会和它彻底失去联系，旅行者一号会像一个漂流瓶那样在宇宙的深空里孤独地漂流，去往未知的地方。

发射旅行者一号是人类为了向太阳系可能存在的超智慧生命致意，为人类寻找关于外星智慧生命的答案。正如当时的美国总统卡特所说：“这是一份来自遥远的小小世界的礼物，上面记载着我们的声音、我们的科学、我们的影像、我们的音乐、我们的思想和感情，我们正努力生活在我们的时代，努力进入你们的时代。”如此浪漫的神来之笔，在今天看来可能已不新鲜，但人类向地球之外的生物表达问候的方式却值得一提，那就是探测器携带了一张记录着人类文明和地球信息、名为《地球的呢喃》（Murmurs of Earth）、意在“向宇宙致敬”的铜制镀金唱片（见图6-2），唱片总时长120分钟，10亿年无损，其中30分钟介绍太阳系各行星的信息、地球生命、人类身体构造说明，以及包括普通话、闽南语、粤语和吴语等四种方言的中文在内的55种人类语言录制的问候语等（包括卡特的那段问候语）。而余下的90分钟，则是地球自然界的各种声音和来自世界各地不同风格、饱含着人类艺术情感结晶，最抽象也最感性，最简单也最复杂，最孤独也最温暖，最具表现力和想象力的语言——音乐。

图6-1　旅行者一号

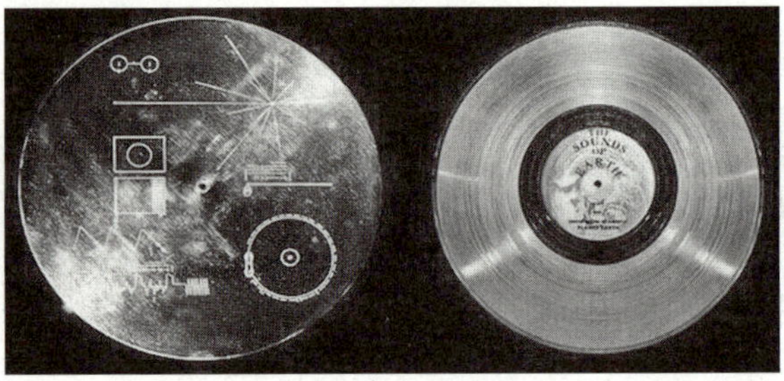

图6-2　铜制镀金唱片

在选择中国音乐时，编辑请哥伦比亚大学音乐教授、美籍华裔作曲家周文中先生推荐一首乐曲，本以为他会斟酌考虑一段时间，没想到他却毫不犹豫地脱口说出《流水》。当时为了展示地球人类不同的音乐文化，从世界各地最终精选出27首最具代表性的作品，但长度有严格限制，周文中推荐的古琴曲《流水》时长达7分37秒，这显然是不符合要求的。可周教授却坚持不能做一点删减，必须完整收录。当周教授陈述了理由、编辑们听了乐曲后，这个提议居然得到了全体评委一致通过。古琴曲《流水》成为这张唱片中时长最长、最完整、最先被确定下来的曲子，另一首仅次于它的长度的是贝多芬的交响乐之冠：《命运交响曲》。

那么《流水》到底充满了怎样的魅力，能如此打动和征服评委？它的背后又有着怎样的动人故事呢？让我们循着“流水”的踪迹，徜徉在音乐的长河中，去掀开先祖留给我们的古老音乐的神秘面纱。

第一节 跨越千年的寻觅——“四艺”之首　天地共鸣的古琴

一、感人至深之故事——演绎古琴魅力

时间追溯到2 500多年前的春秋战国时期。传说楚国著名琴师伯牙，一日乘船出游行至山脚下，突降大雨，停船避雨。耳听淅淅沥沥的雨声，眼望雨打江面的景象，琴兴大发，抚琴而弹。先弹一曲琴声叮咚，如雨打芭蕉；再弹一曲琴声铿锵，若石破天惊。忽然琴弦断了（古时有一种说法认为，如有懂音乐的、理解演奏者心情的人听琴，琴弦就会断，这是琴师的心灵感应，一定有懂琴之人在听琴）。

伯牙走出船外，果然见一樵夫站在岸上，头戴斗笠，身披蓑衣，手拿砍柴斧，脚边放着一捆湿漉漉的柴。伯牙请他上船，换了琴弦，继续弹琴。先弹之曲，琴声叮咚，志在高山，听罢，此人赞道：“善哉！峨峨兮若泰山！”又弹一曲，志在流水，曲终又曰：“善哉！洋洋兮若流水！”伯牙惊道：“子之心而与吾心同！”佩服不已。于是两人互通姓名，结为生死之交。此人便是钟子期（他并非普通的砍柴人，而是楚国著名的宫廷琴师钟仪的族人，出身音乐世家，音乐造诣自然很深，所以是伯牙的知音也就不难理解了）。

遗憾的是，后来子期因病去世，伯牙悲痛欲绝，奔到子期墓前弹奏了一首充满怀念和悲伤的曲子，然后站立起来，将自己珍贵的琴摔碎于子期墓前，破琴绝弦，终身不再操琴（见图6-3），这便是被传为千古佳话的“高山流水遇知音”的故事。

图 6-3　破琴绝弦

二、动人心魄之乐曲——解读《流水》奥秘

2 500 多年后的今天，当我们把《流水》送入太空，永不停歇地播放时，不也正代表了我们人类想在茫茫宇宙中寻觅知音的美好愿望吗？这是人类意识与宇宙共鸣的冥想曲！

有着如此感人的故事，充满了如此温暖的慰藉，跨越了千年的乐曲到底有着怎样的魅力呢？

故事当然不是它的全部魅力。周文中先生在推荐古琴曲《流水》时说，古琴作为中国最古老的乐器之一，有洞悉自然之声、追求天人合一的特质，而这首曲子就是人的主观情感和客观自然的完美交融和体现。是的，演奏《流水》的乐器就是古琴。它早在距今 3 000 多年的周代就已经存在了，是中国文化的符号和组成部分，它是智者乐水的智慧，它当之无愧可以代表中国音乐！

友情提示

你是不是已经非常想听听这首流传千古的不朽名曲了？一定要静心聆听，而且一定要听著名古琴演奏家管平湖先生演奏的《流水》，这可是金唱片录制的原版呢！

当我们在乐曲中感悟着极尽烟波浩渺、灵动萦回之境时，当我们聆听着幽涧之寒流、松间之细流、瀑布之飞流、江海之湍流——娓娓流淌于指尖时，当钟子期情不自禁地一赞再赞时，你不禁会慨叹此曲：实乃千古之知音，诚为琴曲之绝唱！你更会惊叹如此丰富博大、美妙动听的音乐竟出自 3 000 多年前就已创制出来的古老乐器的独奏，而它只是一张只有七根弦、体积并不大的古琴。它究竟蕴藏着先祖怎样的智慧和华夏的文化呢？让我们一起来探寻其中的奥秘。

三、天地和合之乐器——品味古琴文化

（一）古琴的前世今生

古时的琴专指我们今天所说的古琴，又称瑶琴、玉琴、丝桐、文武七弦琴等。传说伏羲因受风吹树叶、流水落地之声的启发，削桐为琴，绳丝为弦，舜帝以金、木、水、火、土定为五弦，分别对应宫、商、角（jué）、徵（zhǐ）、羽五调。周文王囚于羑（yǒu）里（古地名，我国遗留下来最悠久的国家监狱遗址，在今河南安阳汤阴县北），因思念儿

子伯邑考，加一弦为文弦，后武王伐纣为鼓舞士气再加一弦为武弦，故又称文武七弦琴。

2003年11月7日，联合国教科文组织、世界非物质文化遗产委员会宣布：古琴列入世界第二批非物质文化遗产代表名录。2006年5月20日，国务院将古琴列入第一批中国非物质文化遗产名录。2018年11月28日，教育部办公厅宣布东南大学为古琴中华优秀文化传承基地。

古琴是中国古代地位最崇高的乐器之一，是圣贤文人的象征。有“士无故不撤琴瑟”“左琴右书”之说。“琴棋书画”并称“四艺”，用以概括民族文化的传统，而古琴则为“四艺”之首，被文人视为高雅的代表，亦为文人吟唱时的伴奏乐器，自古以来一直是文人必修的科目和必备的修养。

古琴除用于郊庙祭祀、朝会、典礼等雅乐外，也兴盛于民间俗乐之中。《诗经》中就有很多描写古琴的诗句，有大家熟知的“窈窕淑女，琴瑟友之”（《周南·关雎》），“琴瑟在御，莫不静好”（《郑风·女曰鸡鸣》），还有“我有嘉宾，鼓瑟鼓琴”（《小雅·鹿鸣》），“妻子好合，如鼓瑟琴”（《小雅·常棣》）等。由此可见，古琴至少在周代便是一种认知度非常高、非常普遍、非常受人喜爱的乐器。

（二）古琴的文化符号

古琴（见图6-4）历史悠久，在数千年的历史长河中，融合了人们的智慧结晶，表现着华夏儿女对美好事物的赞颂和追求，浓缩了中华传统文化的特质、内涵，已成为中华文化的一个符号代表，被赋予了礼制、修心养性的功能和审美特质。

图6-4 古琴

《琴史·拟象》中言：“琴之为器，隆其上以象天也；方其下以象地也……高其前以为岳，命曰临岳，象名山峻极，可以兴云雨也。”由此可看出，古人造琴，是将哲学文化思想巧妙地融入了古琴之中的。

1. 天圆地方、阴阳和合——古琴的结构

（1）外形。据说古琴的外形是依凤凰的身形而制的，与其相应的名称有：额、项、肩、腰、尾、足（见图6-5）。

古琴面板呈圆弧形，象征着“天圆”，底板平直，象征着“地方”，意为“天圆地方”；同时头部声音清亮属阳，尾部声音低沉属阴，意为“阴阳相合”。

（2）尺寸。琴长（从岳山至龙龈）约三尺六寸六分，象征着一年有365天再加上一个闰日；宽约四寸，代表四季，或六寸，象征六合（东、西、南、北、天、地），容纳了宇宙天地洪荒；厚约两寸，按两仪（即阴阳）之义。

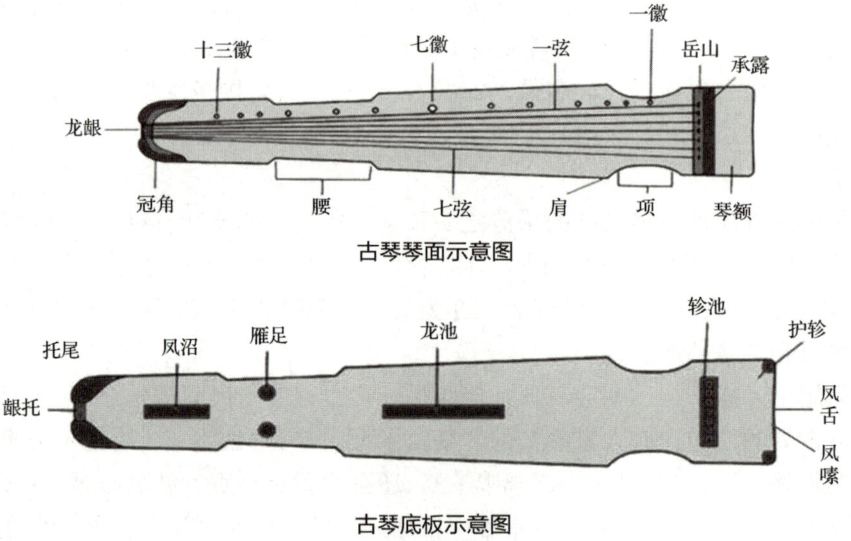

图 6－5　古琴结构示意图

（3）琴徽。琴面有十三个徽，象征着一年有十二个月再加一个闰月。居中最大的七徽，为君，是谓闰月（见图 6－6）。

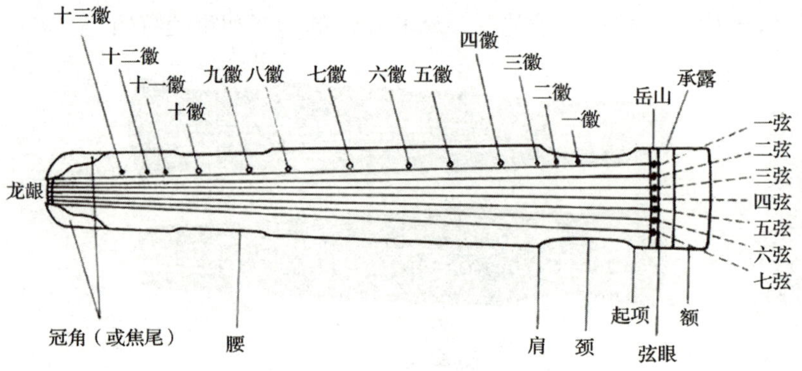

图 6－6　古琴徽位图

（4）琴弦。古琴本是五弦，内合五行，依次分属土、金、木、火、水；外合五音：宫、商、角、徵、羽。

一弦最大属土为宫，土星分旺四季，声沉而尊为君；二弦属金为商，金星为应秋之节，次于宫，能决断，故曰为臣；三弦属木为角，木星应春之节，居于君臣之下，故曰为民；四弦属火为徵，火星应夏之节，万物成美，故曰为事；五弦属水为羽，水星应冬之节，聚集清物之相，故曰物。“君、臣、民、事、物”象征着五种社会等级。六七两弦相传为周文王和周武王后加，是文、武之声，也是君臣合恩的化身。七根弦悬于琴上，亦是北斗七星挂在高空的象征。

（5）琴头。“琴头”上部称为额。额下端镶有用以承弦的硬木，称为“岳山”。岳山边靠额一侧镶有一硬木条，称为“承露”，上有七个“弦眼”，用以穿系琴弦。其下有七个用以调弦的“琴轸”。琴头的侧端，是“护轸”。

（6）琴尾。自腰以下，称为“琴尾”。琴尾镶有硬木“龙龈”，用以承弦。龙龈两侧的边饰称为“冠角”，又称“焦尾”，可以保护琴尾。

（7）琴脚。在龙池与凤沼之间近凤沼（约琴面的九徽）处，有两只支撑琴体和系缚琴弦的脚，称为“雁足”，起支撑琴体的作用，鸿雁传书，代表信，取“无信不立”的意思。

2. 天地万象、和而不争——古琴的名称

（1）岳山。在整个琴面中位置最高，确似山之高岭。

（2）泽。就是两个发音孔——“龙池”和“凤沼”。琴底部的两个音槽，较大的称为“龙池”，较小的称为“凤沼”。根据《易经》的记述，山泽必相对，在古琴的构造上也充分印证着古人的这种宇宙观，岳山在琴面的最高位，“龙池凤沼”即“泽”在琴的底部，山泽相应，龙凤相对，上山下泽，这便是天地万象。

古琴中一些拟人化的称谓和神圣动物的名称，如：额、项、肩、腰、龙池、凤沼、龙龈、雁足等，是琴人将天地间美好事物和古琴发生联想，以表达自己对琴的热爱，以及琴人与琴和自然合而为一的愿望。

同时，古琴上的这些名称亦是在向我们讲述一个谦虚平和的道理，是对琴人的一种期许。希望琴人像水一样利万物而不争，放低姿态，摆平心境，使自己达到平和、宽容的境地。

总之，古琴中有山（岳山）有水（琴弦），其实体现了中国文人的一种审美意趣：见山立志，遇水生情，仁者乐山，智者乐水。水发源于山，“岳山”上的琴弦就像条条河流一样流淌不息。经过一年的时间（十三个徽）到达司水之神——龙的口中（龙龈），经过“龙龈”后缠绕在“雁足”上，汇聚于“足池”之中，流向“龙池”“凤沼”，完成一个循环，依此回环往复，生生不息。上善若水的审美意趣和哲学思想在此得到了最充分的体现。

一张琴身上，有天地、年月、山水、龙凤、君臣、文武、时间、空间，包含着天地之道与万物之和。

3. 明心见性、天地之和——古琴的音色

古琴有三种音色，即泛音、散音和按音。泛音（法天），音如天籁，有清泠入仙之感；散音（法地）松沉而旷远，起远古之思；按音（法人），细微悠长，时如人语，仿若对话，既可状人情之思，又可达天地宇宙之理。此三音象征天、地、人“三才”之和合。

古琴泠泠七弦，却可弹奏出上百个音。散音中正宏达，泛音缥缈空灵，按音沉实厚重，变化无穷又万变不离其宗。古琴之音多为虚音，弹琴者必须雪其燥气，明心见性，心不外想，气血和平。所以古人说“知音难遇”，若无知音，宁可独对那清风明月、苍松怪石抚弄一番，以寄兴趣，方不负了这琴。

古琴的音色古朴幽微，厚重清亮，从不彰显自我的情绪，亦从不竭尽追寻某一个极端，永远庄重而古雅，澄清戏谑与杂念，一听心便可缓缓沉静下来。琴声寥落三两声便有云深不知归处之感。

琴音四起，恍惚天地在语，这大概是古人留给我们最为持久、最为深远的智慧。

古琴的声音是不霸道的，它似水，温柔地包容，留有不间断的空白，空白里听得见蝉鸣、流水、清风、人语，听得见音乐的呼吸。琴人正襟危坐，面对一张琴、一缕香、一茗茶、一溪水，坦荡抚琴，“纵浪大化中，不喜亦不惧”，心怀规矩而任自由，不小心就听见了技法与心法之间的呼吸。琴声一起，便可心沉气静。琴音里，出入有天，一听便可知何谓中国文化所感知的空灵了。

“乐者，天地之和也。”古琴不仅仅是一件乐器，它所蕴含的文化符号已超越了音乐本身，自古“士无故不撤琴瑟”，体现了一种人文情怀，“左琴右书”则是圣贤文人的象征、高雅艺术的代表。它不仅是人类文明传承的重要载体，更是一个民族文化精神的重要表现和人格象征。

古琴柔韧且顽强地流转了 3 000 年，最具中国古代文人气质，亦最得中国古典美学意趣，高古、清逸、淡雅。琴声虽可状，琴意最难得。

友情提示

你知道十大古琴名曲吗？心浮气躁、心神不宁时听听古琴曲，便可感知它的神奇魅力了。

第二节 音乐文明的曙光——八音克谐 神人以和

一、探寻音乐的源头——伶伦制乐、骨笛传奇

“中国文明从一万年起步！”我国现代著名考古学、考古类型学奠基人苏秉琦先生语出惊人。在《中国文明起源新探》一书中，他将我国文明归纳为：超百万年的文化根系，上万年的文明起步，五千年的文明古国，两千年的中华一统实体。作为人类创造的音乐文明，它的历史远远超越了文字产生的时间。河南舞阳县贾湖新石器时代遗址出土的“贾湖骨笛”明确告诉我们：中国音乐文明至少始于 7 500—9 000 年前。

（一）音乐的产生

万里江河始于昆仑，汩汩清泉自有源头，那么音乐的源头又在哪里呢？

1. 神话传说——伶伦制乐

传说中，制定音律的乐官叫伶伦（见图 6－7），是古华夏部落联盟首领黄帝身边的重臣，主管纪念祖先的庙宇和祭祀活动。他在后来的历史中被称作“洪崖先生”。

相传黄帝命他制定乐律。伶伦来到昆仑山，在北面的嶰（xiè）溪之谷砍了 12 根竹子，削去竹节，用两个竹节之间的那一段做成了 12 根管子，一吹便可发出声音，但声音不好听，正在这时候，一对凤凰飞了过来，凤叫了 6 声，凰叫了 6 声，天空中像珠玉一样洒下美妙的声音。于是，伶伦对凤凰鸣叫的两个 6 声长时间地揣摩、推敲，根据凤凰鸣叫的音高制成了 12 根律管，从此，人们才有了创作音乐和演奏音乐的规范和依据。

图 6－7　传说中的伶伦

此后，伶伦又记录各种飞禽走兽的叫声，不断丰富 12 音律。比如用擂鼓表现马奔跑的蹄声，用口哨表现各种鸟啼声等。

2. 学术考证——众说纷纭

当然，伶伦创制乐律只是一个美丽的传说，至于音乐究竟是怎样产生的，社会学、人类学等学者们有很多不同的研究学说，总结起来大致有以下几种：

（1）劳动创造说。恩格斯说：“劳动创造了人本身。”劳动也创造了音乐艺术。劳动实践本身给予音乐以内容，劳动的动作和呼声给予音乐与舞蹈节奏和音调。

《淮南子》记载：“今夫举大木者，前呼‘邪许’，后亦应之。此举重劝力之歌也。”意即抬大木头的人，前面人人喊着“邪许、邪许”，后面的人也跟着喊，这就是在抬重的劳动中产生的歌曲。

（2）情感表达说。音乐起源之“情感说”的主要代表是我国的古代音乐著作《乐记》。“凡音之起，由人心生也。”“乐者，音之所由生也，其本在于人心之感于物也。”认为音乐是人类抒发和表达情感的最初的外在表现方式。

艺术起源于人的情感表现需要，生活在社会中的人需要交流思想感情，于是创造了各种形式的艺术用于情感的交流，音乐也在这一需要下产生。

人的情感是非常复杂的，也是人类区别于其他动物的关键所在。当原始人类受到事物的刺激而产生情感反应后，他们就会用有意识的、本能的或者吼叫或者手舞足蹈等行为把这种情绪体验表现出来，这些声音结合手舞足蹈的原始节奏，就形成了最初的原始歌舞。因此，情感表达也是音乐起源的一个重要方面。

（3）语言抑扬说。在《乐记·师乙》中所记述的一段话就非常生动地说明了这一点：“故歌之为言也，长言之也。说之，故言之；言之不足，故长言之；长言之不足，故嗟叹之；嗟叹之不足，故不知手之舞之，足之蹈之也。”这句话是说唱歌是一种拉长了声调的语言。当人们高兴时，自然而然地先用语言来表达，当普通语言不足以表达的时候，就拉长声调用歌唱来表现，当拉长了声调的歌唱还表现不了的时候，就加上嗟叹的声音，当嗟叹还不足以表现的时候，人们自然而然地就会手舞足蹈起来。

语言的主要功能是表达人的思想。然而当语言通过人的口头表达出来的时候，它又具有强烈的感情色彩，即通过抑、扬、顿、挫的言语音调来体现。正是这种言语的音调，成为音乐最基本的来源之一。原始的声乐艺术本身就是原始人类语言与音乐的合二为一。由此可见，语言也是音乐产生的重要途径。

（4）模仿自然说。模仿自然说是音乐起源问题中最古老的理论。成书于战国时期的《吕氏春秋》中就有“听凤凰之鸣，以别十二律”“质乃效山林溪谷之音以歌，乃以麋各置缶而鼓之”的记述。

吹奏乐器的产生发展，给模仿自然说以有力的佐证。从历史的角度看，很多吹奏乐器，开始并不是用来演奏的，而是模仿某种动物叫声，以吸引猎物和吹出某种声音驱赶猛兽。经过漫长的演变过程，才发展为笙、管、笛、箫等可用来演奏的乐器。

（5）巫术起源说。巫术音乐，一般都认为是巫师从事巫术活动时所使用的音乐。在中国有文字记载的历史中，巫术活动频繁而又辉煌的时期在商、周。

在极为恶劣的自然环境下，原始人为了求生存，必须与险恶的大自然苦斗。在不能战胜自然，也无法解释大自然的某些现象时，就需要精神力量的支撑，原始人把精神力量神秘化，后来逐渐演变成为巫术。

我国近代著名学者王国维认为：“歌舞之兴，其始于古之巫乎？”即认为音乐起源于远古的巫术。音乐是巫术音乐活动中的重要手段。

（二）古老的乐器

说到古老的乐器，就要从发现于 20 世纪 60 年代的一个闻名世界的考古遗址——贾湖说起。隶属于河南省舞阳县的贾湖村，其东侧有一处距今 7 500—9 000 年的古代聚落遗址，此地自古以来气候湿润、河流纵横，是人类生息繁衍的理想之地。贾湖遗址属于保存完整、规模较大、文化积淀极为丰厚的新石器时代早期文化遗存。1984—2001 年间这里先后发掘出土了 30 多支骨笛（见图 6-8），这些骨笛距今有八九千年的历史。

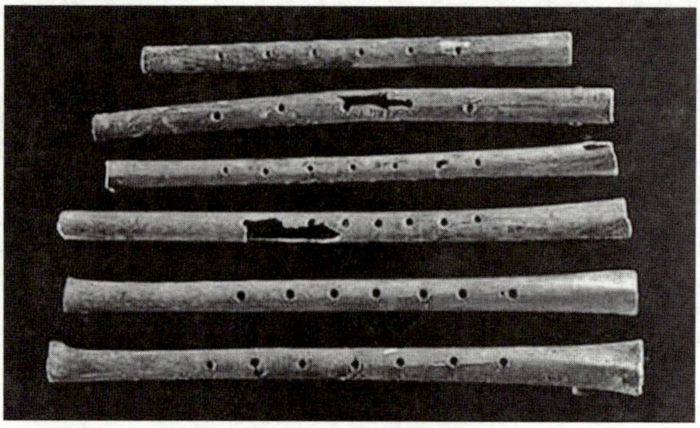

图 6-8 贾湖骨笛

河南舞阳地区曾生活着大量鹤类动物。鹤在中国古代神话和民间传说中被誉为“仙鹤”，是高雅、长寿的象征。同时仙鹤也被人们认为是沟通阴阳两界、人神之间的使者。唐代诗人崔颢有著名的诗句：“昔人已乘黄鹤去，此地空余黄鹤楼。黄鹤一去不复返，白云千载空悠悠。”

骨笛是截取仙鹤（丹顶鹤）尺骨（翅骨）打磨精制而成的，分别有 4 孔、5 孔、6 孔、7 孔、8 孔骨笛，以 6 孔、7 孔居多。经试奏，证明是一种竖吹骨笛，也是后世竖笛或洞箫类乐器的祖型。当时的人们利用此笛吹奏出有节奏的音符，以此表达对生活的感受和对神灵的尊敬。现代音乐家们使用此笛仍能吹奏五声阶的曲子，反映了我国史前音乐文明的高度发达。

贾湖先民就地取材，用鹤类的尺骨做成一支支骨笛，用美妙的声音表达出他们对天、地、人、神的虔诚信仰，在他们心中，音乐是具有神秘魔力的。

贾湖骨笛的横空出世，不仅向人们显示着贾湖先民们创造的人类文明，更为中国音乐与乐器发展史的研究提供了弥足珍贵的实物资料。不仅让我们折服于史前先民那不可思议的创造力，也用不争的事实告诉我们：中国音乐的生命意韵跨越漫长的时空代代传承，生生不息！

雌雄骨笛

贾湖骨笛作为 20 世纪最为重大的出土音乐文物之一，向世界传递着中国远古音乐文化的信息。中国音乐的源头要比黄帝时代大大向前推进，远在八九千年前，我们的先民已经达到了相当高程度的骨管乐器制造水平和较为成熟的音律发展观念。这真是令人难以想象的音乐奇迹！

贾湖骨笛能够改写的，远非整部中国音乐史那么简单。更为重要的是，贾湖骨笛作为罕见的史前“神器”、作为中华民族必须翻越的从蒙昧走向文明的第一座“珠穆朗玛峰”，其对此后闻名于世的中国礼乐制度，土生土长的中国道家、道教文化，乃至整个中国文化、文明的重要影响，恐怕语言文字也就只能略述一二了。

二、感悟先祖的智慧——五音正声、八音克谐

（一）五音正声

1. 五音之名

“五音”名称最早见于距今 2 600 余年的春秋时期，在《管子・地员篇》中，有采用数学运算方法获得“宫、商、角、徵、羽”五个音的科学办法。“五音”，即我国古代五声音阶中的宫、商、角、徵、羽五个音级。五音与古代的所谓阴阳五行、五味、五色、五官、五谷等朴素的理论形式一样，是我国早期整体化的美学观，被西方人看作是整个东方音乐的基本形态。

《左传》中有这样一句话：“为九歌、八风、七音、六律，以奉五声。”意思是说各种各样的歌曲、各个地区的民歌，不论用七音还是六律，都是以“五声”为主。说明自古以来五声音阶在我国一直占有相当重要的地位，称为“正五声”。

2. 五音之源

五音的制定依据大体有以下几种说法：

（1）天文说。它来自古代的天文学，即是从二十八个星宿的名称而来的，如“宫”来自二十八星宿环绕的中心——中宫，其他四音来自不同的星宿名称。

（2）畜禽说。它来自古人驯养的畜禽，说“牛、马、雉、猪、羊”五个字在古代的

读音和“宫、商、角、徵、羽”近似。

（3）图腾说。它来源于古代氏族的图腾。

（4）君臣说。古代的音乐著作《乐记》中的说法为：“宫为君，商为臣，角为民，徵为事，羽为物。”宫音代表国君，商音代表万民……

不论是“天文说”“畜禽说”“图腾说”还是“君臣说”，各种说法都有一定的道理，都给音乐涂上了一层或神秘、或朴素、或带有封建伦理观念的色彩，表达了中国先民不同的音乐观念。

3. 五音之益

（1）五音养生。音乐可以深入人心，在中医心理学理论中，音乐是可以感染、调理情绪，进而影响身体的。在聆听中让曲调、情志、脏气共鸣互动，达到动荡血脉、通畅精神和心脉的作用。而生理学上，当音乐振动与人体内的生理振动（心率、心律、呼吸、血压、脉搏等）相吻合时，就会产生生理共振、共鸣。这就是“五音疗疾”的身心基础。

❖ 知识链接

两千多年前，中医的经典著作《黄帝内经》就提出了“五音疗疾”的观点。认为五音（即角、徵、宫、商、羽）对应五行（即木、火、土、金、水），并与人的五脏和五种情志相连。在《灵枢·邪客》中把五音与五脏匹配：脾应宫，其声漫以缓；肺应商，其声促以清；肝应角，其声呼以长；心应徵，其声雄以明；肾应羽，其声沉以细，此为五脏正音。

据说在古代真正好的医生是不用针灸或中药的，而是用音乐，百病生于气，止于音，一曲终了，病退人安。古代贵族宫廷配备乐队歌者不纯为了娱乐，还有一项重要的作用是用音乐舒神静性、颐养身心。

今天以音乐疗疾、养生，尤其是对心理疾病的治疗已相当普遍，其作用也被中外许多学者所认可。特别是中国古典音乐，曲调温柔，音色平和，旋律优美动听，能使人舒缓情绪，忘却烦恼，减轻压力，从而开阔胸襟，乐观积极，促进身心健康。

（2）五音克敌。古代军事著作《六韬》（又称《太公兵法》）里有一篇《五音》的文章，详细介绍了用五音配合五行来观察和判断敌情的方法。

武王（周武王）问太公（姜太公）说：“从律管发出的声乐中，可以判断军队力量的消长，预知战争的胜负吗？”

太公回答道：“深奥啊！君王所问的这个问题。律管共有十二个音阶，其中主要的有五个，即宫、商、角、徵、羽。这是最基本的声音，千秋万代都不会改变。五行相生相克，神妙无比，乃是天地变化的自然规律、藉此可以预测敌情的变化。金、木、水、火、土五行，各以其相互生克取胜。用兵之道也是以其胜攻不胜啊！”

“古代三皇的时候，崇尚虚无无为，以克制刚强暴虐。当时没有文字，一切都按照五行生克行事。五行相互生克的原理，就是天地演变的自然规律。六甲懒分合是十分微妙的。

运用五音五行的方法是：当天气清明晴朗、没有阴云风雨时，于半夜派遣轻骑前往敌人营垒，在距离敌营九百步以外的地方，都手拿律管对着耳朵，向敌方大声疾呼以惊动他们。这时，就会有来自敌方的回声反应于律管中，这回声非常微弱。如果是角声反应于律管中，就应当根据白虎（西方）所代表的方位从西方攻打敌人；如果是徵声反应于律管中，就应当根据玄武（北方）所代表的方位从北边攻打敌人；如果是商声反应于律管中，就应当根据朱雀（南方）所代表的方位从南边进攻敌人；如果是羽声反应于律管中，就应当根据勾陈（麒麟，位居中央）所代表的方位从中央攻打敌人；所有律管都没有回声的是宫声的反应，应当根据青龙（东方）所代表的方位从东边攻打敌人。所有这些就是五行生克的应验，辅佐制胜的征兆，胜败的关键。”

武王说：“太妙了！”

太公说：“微妙的音律，都有外在的征候。”

武王问：“怎么才能知道呢？”

太公说：“当敌人被惊动时就仔细倾听，听到鼓声是角声的反应，见到火光是徵声的反应，听到金铁矛戟各种兵器声是商声的反应，听到敌人的呼叫声是羽声的反应，寂静无声的是宫声的反应。这五种音律与外界的动静是各有对称、互相符合的。”

运用五音克敌制胜，在战争史上恐怕是不多见的，中国音乐文化的智慧也可略窥一斑。

（二）八音克谐

1. 八音之名

我国的乐器艺术素以丰富多彩著称于世。周代的乐器见于记载的就已经有 70 多种了。《诗经》中明确提到的乐器就有琴、瑟、萧、管、籥（yuè）、埙、篪（chí）、笙、鼓、磬（qìng）等 29 种之多，如“琴瑟友之”“钟鼓乐之”（《周南·关雎》），“我有嘉宾，鼓瑟吹笙”（《小雅·鹿鸣》）等。这说明众多的乐器在古代社会生活中发挥着广泛的作用。如此众多的乐器古人是怎样分类的呢？

《周礼·春官·大师》云：“皆播之以八音，金、石、土、革、丝、木、匏、竹。”《史记·五帝本纪》曰：“诗言意，歌长言，声依永，律和声，八音能谐，毋相夺伦，神人以和。”《三字经》中说：“匏土革，木石金，丝与竹，乃八音。”

可见古人是用八音来对乐器进行分类的，并在周代就已经出现，也即“华夏旧器”，为后世雅乐所专用。

八音是古代依据乐器的制作材料将乐器分成了八个类别，是对乐器的统称。具体包括金、石、匏、土、丝、竹、革、木，用我们现在的话讲就是：金属、石头、葫芦、黏土、丝线、竹子、皮革、木头。

2. 八音之类

（1）金类。金，古代称铜为金，指钲、钟、镈一类打击乐器。主要是钟，钟盛行于青铜时代。钟在古代不仅是乐器，还是地位和权力象征的礼器。王公贵族在朝聘、祭祀等各种仪典、宴飨（xiǎng）与日常燕乐（宴乐）中，广泛使用着钟乐。

敲击钟的正鼓部和侧鼓部可发两个频率音，这两个音，一般为大小三度音程。另外，还有錞（chún）、鑃（diào），基本上都是钟的变形。

湖北随县出土的楚国曾侯乙墓编钟（见图6－9），由大小65个青铜钟组成，悬挂在曲尺形钟架上，连钟架在内重一万余斤。所谓“编”就是一组之意。钟体上刻有2 800多字的篆体铭文，记载了中国先秦时期的乐学理论。

图6－9　曾侯乙编钟

（2）石类。指石磬一类乐器。《正字通・石部》：“石，乐器之磬。”一般用石、玉制成，因大小厚薄不同，而发出高低不同的音响。

各种磬，均上作倨句形，下作微弧形。大小厚薄各异。磬架用铜铸成，呈单面双层结构，横梁为圆管状。立柱和底座作怪兽状，龙头、鹤颈、鸟身、鳖足。造型奇特，制作精美而牢固。磬分上下两层悬挂，每层又分为两组，一组为六件，以四、五度关系排列；一组为十件，相邻两磬为二、三、四度关系。它们是按不同的律（调）组合的。湖北出土的楚国乐器编磬（见图6－10），一组大小共25个。

磬最早用于古代乐舞活动，后用于历代帝王统治者宫庭宴乐、宗庙祭礼、朝聘礼仪活动中的乐队演奏，成为身份地位象征的“礼器”。

（3）丝类。各种弦乐器，有琴、瑟、筑、琵琶、胡琴、箜篌（见图6－11）等。因其弦多以丝为之，故称丝类。

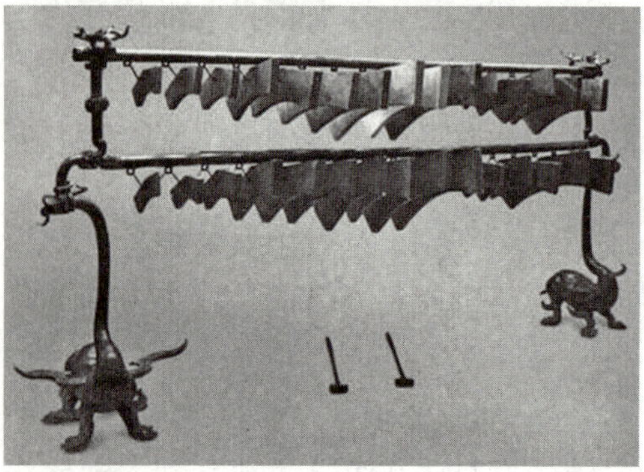

图6－10　编磬

图6－11　箜篌

（4）竹类。竹，是指箫、笛、竽、籥、篪、排箫（见图6－12）、管子、笳（jiā）等竹制吹奏乐器。

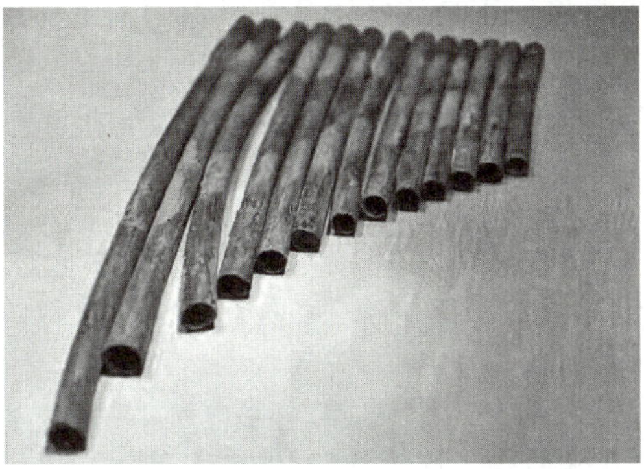

图 6－12 排箫

（5）匏类。匏（páo），是指笙、簧一类乐器。匏是葫芦科植物的果实，晒干后作为笙、簧的垫子，可发出共鸣。

（6）土类。土，是指埙（见图 6－13）、缶（见图 6－14）、陶笛、陶鼓一类乐器。用陶土制成，既可当饮器，又可做乐器。歌唱时击缶为节奏。《史记》中有蔺相如迫秦王击缶的记载。2008 年奥运会开幕式有千人击缶表演，非常震撼。

图 6－13 埙

图 6－14 缶

（7）革类。革，是指鼓类乐器。皮革可制鼓。鼓和钟大都用于祭祀、舞蹈、庆贺、战争等方面，所以钟鼓往往合称。《诗经》中就有“钟鼓乐之”的诗句。

（8）木类。木，是指木制乐器，已经很少见了，有各种木鼓、敔（yǔ）（见图 6－15）、柷（zhù）等，多用于雅乐的起止。柷是古代打击乐器，形如方形木箱，上宽下窄，用椎（木棒）撞其内壁发声，表示乐曲即将起始，用于历代宫廷雅乐。敔也是古代打击乐器，形制呈伏虎状，虎背上有锯齿形薄木板，用一端劈成数根茎的竹筒，逆刮其锯齿发音，作乐曲的终结。亦用于历代宫廷雅乐。

图 6－15 敔

上述八类乐器中，以皮革类的鼓和竹制的吹管乐器数量最多，品种也比较丰富，两者占先秦乐器总数一半以上。铜制的钟类乐器也有着特殊的地位，它们以富于穿透力的音色、精密的音律和宽广的音域体现着时代音乐文化的进步。这三类乐器均以声音响亮、气势磅礴为特色，“钟鼓喤喤，磬筦将将”正是这些乐器在演奏中的生动描绘，体现了上古时期的人们在音乐中的追求。

另外，琴瑟类弹弦乐器的出现，以富于歌唱性的特色和更加细腻的感情色彩反映了我国古代器乐的成熟与发展。

古人3 000年前按照乐器制作材料分类，“八音”的产生，是我国古代音乐文化开始进入一个较高发展层次的反映。

友情提示

1. 了解一下古代还有哪些令人叹为观止的乐器。

2. 了解“金石之声”“金石之盟”“金玉良缘”的含义。为什么都与“金”有关呢？

三、了解音乐的内涵——文以昭德、武以象功

（一）雅乐

雅乐是指古代帝王祭祀天地、神灵、祖先及朝贺、宴飨（xiǎng）等大典时演奏的乐舞。雅乐的体系在西周初年制定。西周雅乐主要内容是带有史诗性质的古典乐舞，是一种由舞蹈、歌唱、器乐结合而成的歌、乐、舞“三位一体”的原始乐舞。周代雅乐是指“六舞”（云门、咸池、大磬、大夏、大镬、大武），前四种属文舞，后两种属武舞。

雅乐分为文舞、武舞两种。“文以昭德”“武以象功”，借以表现一个国家的文化和武力，此后历代相传。若国家以揖让得天下，则先演文舞；若以征伐得天下，则先演武舞。周代的雅乐到了秦代只留传舜乐《大韶》和周乐《大武》。在统治者看来，雅乐是治理国家不可缺少的手段。

（二）俗乐

尽善尽美

俗乐是古代各种民间音乐的泛称。宫廷宴会时所用的俗乐，称为“燕乐”。有著名琴曲《广陵散》《高山》《流水》《梅花三弄》等，琵琶曲《阳春古曲》《平沙落雁》《霓裳曲》，丝竹曲《春江花月夜》，广东音乐《旱天雷》《雨打芭蕉》等，以及大量的寺院音乐、地方乐曲，其中不少是我国传统文化中的珍宝。

俗乐与人们的日常生活关系密切，比雅乐更易于感染人、打动人，因此流行于社会，许多统治者也喜爱俗乐。

礼乐制和郑卫之音

此外，人们常把散乐归为俗乐。散乐即中国的百戏（古代民间表演艺术的泛称）和杂戏，它是由周代的民间乐舞发展而成的曲艺、杂耍和音乐结合成的一种艺术表演形式。

第三节 感悟音乐的力量——乐以养德　德以立人

乐有八音，“金石丝竹，匏土革木”；人有八德，“孝悌忠信，礼义廉耻”。中国传统文化，非常重视礼乐。“礼乐文化”在中华文明史上，创造了人类的辉煌。尽管传统的“礼乐文化”受到商业世俗文化的冲击，已逐渐失去古典纯朴的本质精神，但是在我们坚定文化自信，大力弘扬中华优秀传统文化的当下，“礼乐文化”依然能起到提升品德修养、塑造健全人格、实现自我价值的作用。

与此同时，中国传统音乐还融合了儒释道思想精华，非常注重通过有限的自然形态来传达无限的生命意蕴，因而饱含着隽永的生命品质。这也正是孔子所说“兴于诗，立于礼，成于乐”的道理。一个人的品德修养、人格独立应该开始于诗，建立于礼，而最终完成于乐。也就是说，以诗歌来感发意志，促使个体向善求仁的自觉，以礼来实现人的自立，最后在音乐的教育熏陶下实现最高人格的养成。

重新认识和了解古代那些有着高贵品格、高尚人格，追求崇高的信念和精神的人就显得尤为可贵和必要了。

一、理想人格的化身

汉代韩婴《韩诗外传·卷五》里有这样一个故事：

孔子跟师襄子学琴。师襄子教了他一首曲子后，他每日弹奏，丝毫没有厌倦的样子，手法从生疏渐至熟练。

过了十天，师襄子对他说：“这首曲子你已经弹得很不错了，可以再学一首新曲子了！”

孔子站起身来，恭恭敬敬地说：“我虽然学会了曲谱，可是还没有学会弹奏的技巧啊！”

又过了许多天，师襄子认为孔子的手法已经很熟练，乐曲也弹奏得更和谐悦耳了，就说：“你已经掌握了弹奏技巧，可以再学一首新曲子了！”

孔子说：“我虽然掌握了弹奏技巧，可是还没有领会这首曲子的思想情感！”

又过了许多天，师襄子来到孔子家里，听他弹琴，被他精妙的弹奏迷住了。一曲终了，师襄子长长吁了一口气说：“你已经领会了这首曲子的思想情感，可以再学一首新曲子了！”

孔子还是说：“我虽然弹得有点像样子了，可我还没有体会出作曲者是一位怎样的人啊！”

又过了很多天，孔子请师襄子来听琴。一曲既罢，师襄子感慨地问：“你已经知道作曲者是谁了吧？”

孔子兴奋地说：“是的！此人魁梧的身躯，黝黑的脸庞，两眼仰望天空，一心要感化四方。他莫非是周文王吗？”

师襄子既惊讶又敬佩，激动地说："你说得很对！我的老师曾告诉我，这首曲子叫《文王操》。你百学不厌，才能达到如此高的境界啊！"

《文王操》被古人尊为高雅的作品，是一首可以陶冶人们高尚的情操、净化人们的灵魂的琴曲。北宋琴家成玉涧在《琴论》中称"其声古雅，世俗罕闻"；大文豪苏轼更是发出"江空月出人响绝，夜阑更请弹《文王》"的千古慨叹。

这首一直以来被文人雅士所尊崇所赞叹不已的琴曲，其魅力和价值已远远超出了音乐本身。它不仅以高妙的艺术境界令我们折服，以孔子百学不厌的故事令我们感动，更以其引导我们进入 2 000 年前的时空，呈现给我们一个充满祥和仁爱的美好的理想社会图景、塑造了一个伟大的贤明之君形象而让后人永远追念仰望。而孔子也因其将琴曲中的伟大理想与高贵人格转化注入自身，成为中国传统文化中儒家理想人格的最高化身，成为万古长夜中的一盏永不熄灭的明灯。

二、义士精神的典范

（一）侠肝义胆

春秋战国时期韩国人聂政，为避祸仇家，带着家人到齐国做屠夫。一个名叫严遂的韩国大夫常来拜访他。严遂知道聂政非常孝敬母亲，在他母亲生日的时候奉上黄金百镒（yì，古代重量单位，1 镒为 24 两，一说 20 两）为礼。聂政坚决不要，并问严遂与他结交的原因。严遂说他很欣赏聂政。聂政认为另有缘由，坚决不收黄金，严遂无奈说出了真话：他本是韩国大臣，因得国君赏识，遭国相韩傀（guī）嫉恨。又因在朝堂上直言不讳指责了国相的错误，两人成了仇人。严遂惧被韩傀所害，便逃离韩国，游历各地，欲寻侠士为自己报离乡之恨。后听闻聂政为人仁孝侠义，武功高超，当可结识。

过了几年，聂政的母亲离世，聂政想起严遂，并慨叹自己不过是一市井屠夫，而严遂是诸侯国的重臣，他不远千里来结交我，希望我为他办事，说明他是欣赏、信任我的，我现在无牵无挂了，就要去为赏识我的人效力。

聂政花了一段时间调查，探听到韩王要举办宴会，韩傀也会参加。韩傀因之前遭受过刺杀，非常小心，且宴会防范非常严密，但聂政还是凭智慧混了进去。宴会期间他冲上台阶，拔出剑刺中韩傀，混乱中还刺中了韩王。后来有一个词"白虹贯日"就是用来形容聂政刺杀韩傀的，意即一道白光穿过太阳，只让人觉得眼前一晃，韩傀就被刺死了。后人根据聂政的故事谱写了一首古琴曲《广陵散》。

（二）慷慨赴死

时间是魏晋时期曹魏景三年（公元 262 年）的一天。太阳已经很高了，再过约莫一个时辰，当日过中天的时候，"嵇叔夜之为人也，岩岩若孤松之独立；其醉也，傀俄若玉山之将崩"的嵇康就要问斩东市了！三千太学生蜂拥在司马昭府外的广场上，他们请求赦免嵇康，焦急地等待着晋侯答复。红漆大门打开，太学生们最后一线希望被打得粉碎。忽然，不知哪位大喊一声"快去东市"，话音未落，三千青衿汇成人流向行刑的东市奔去。

他们用失声痛哭和绝望的呐喊与这位一代名士告别。而这位即将与生命告别的名士则低头看了一下日影，缓缓地以出人意料、极其冷静的口吻问道：“可有哪一位带琴来了？”

三千太学生中，竟真的有人把心爱的七弦琴携到了刑场。于是，嵇康饮刀前最后的愿望得到了满足。激昂慷慨的琴声响起，刀戈杀伐的气势、愤懑不平的怨情，还有那如狂潮喷涌的郁郁之气，霎时通过泠泠七弦化作雷霆风雨、化成冲冠之怒、化成刺韩利剑、化成贯日长虹，在刀光剑影中奔突。

一曲未了，午时三刻已到。这位卓尔不群、高贵不羁、恬静寡欢、“多异志，有奇才”的贤者的生命便如琴声一般戛然而止。但这首寄托了嵇康最后的情感、伴随着生命的最后一程的琴曲《广陵散》却绽放出异样的光芒，罩上了一层悲剧性的浪漫色彩。

《广陵散》并非嵇康所作，但却因嵇康成为不朽和绝响。嵇康临行刑前曾说：“《广陵散》于今绝矣！”但实际上《广陵散》并没有成为绝响，一切真正优秀、经典的文化都不会成为绝响的，一代代的文化传承者会千方百计地保护它，并不断地为其注入新的生命活力。

寻求到一个信任和理解自己的知己，这对古代的士人来说是非常重要的。一个士人如果遇到一个有一定抱负和理想的知己，那就可以把性命托付给他。这就叫“士为知己者死”。中国历史上这样的故事太多了，真实的、虚构的都有。比如“刘备三顾茅庐”，诸葛亮之所以被后世如此推崇，一方面是因为他本身的智慧和人格魅力，淡泊明志、宁静致远、鞠躬尽瘁、死而后已等，另一方面是因为他和刘备的彼此信任、相互理解的知己关系。而且这种理解和信任，必须建立在足够的尊重上，因为中国还有一句话叫作“士可杀不可辱”，因而又有一句话叫作“良禽择木而栖，贤臣择主而事”。所以聂政会为严遂付出生命、诸葛亮会为刘备鞠躬尽瘁。当然还有嵇康极有才华也不缺机会，但他就是坚守中国文人的理想，要择良主而事。他愿意辅佐的人必须符合心目中理想主义的形象才行。司马昭想请他做幕僚，他想方设法地拒绝了。后有一个朋友山涛，想推荐他去做官，嵇康不仅拒绝了，还写了一封著名的《与山巨源绝交书》。绝交信里说他愿意守着家教导孩子，偶尔和好友聚一聚，喝点浊酒，弹会儿琴，也不愿意做官。不愿意做官，是因为不愿意说违背意愿的话、做违背意愿的事。这也是他喜欢弹《广陵散》的原因，为没有实现理想的舞台、为没有遇到理解自己的知己，他也渴望为知己者死。这便是中国士人所体现出的一种情操——“士为知己者死”。

三、命运不屈的悲歌

北方，黄沙漠漠，朔风阵阵，驼队逶迤而来，车前马后，胡笳哀哀，日落风停。大漠中，孤烟轻上，毡帐里，一位汉装女子低头弄琴，泠泠七弦琴，滴滴洒泪声，空寂的沙漠中，轻轻的琴声里，夹杂着女子低低的吟唱，一股不可遏制的悲凉凄怆倾泻而下，一曲名垂千古的伟大音乐诞生了。但它的背后却是一个充满了不幸和悲愤乃至绝望的故事。

东汉末年，宦官当权，政治混乱，为除宦官，将军何进召回镇守在外的董卓帮忙，除掉了宦官，但董卓却不走了，为了树立威信召了一些名士，其中就有大书法家、文学家、历史名臣蔡邕。不久董卓也被除掉，董卓死后蔡邕因在王允座上一声叹息，而招来杀身之祸，投入死牢。他当时正在编写汉史，请求刺字砍脚以求不死，但还是死了。

他有个女儿孤苦逃亡，被匈奴所掳，献与左贤王，一待就是 12 年并生两子。在她对回归中原故土绝望之际，统一了北方的曹操因仰慕蔡邕，见他没有子嗣，要花重金将他女儿赎回。可此时，他的女儿却面临着巨大的煎熬和痛苦的抉择，她不能带走两个孩子。经过一番苦苦的内心挣扎，最后决定留下孩子、回到中原。回到中原后，曹操问她父亲留下的古籍还在吗？她说当初有 4 000 余卷，但因战乱流离失所，保存下来的很少，现在能记起来的只有 400 多篇。曹操说派十个人陪她写下来，她说不需要，一人将自己所记下来的古籍内容全部写了下来。

这是一位才情极高的女子。小时候父亲弹琴断了一弦，她立即说了出来，后又换了一根弦，故意弹断，她又脱口说出是几弦，父亲大惊。就是这样一个奇女子，在经受了如此巨大的煎熬苦痛之后，不仅没有消沉萎靡，反而创作出了一套边弹边唱的曲子，还加入了胡人的音调。汉蒙曲调完美结合，毫无雕饰斧削之痕，歌词曲调天衣无缝，旋律抑扬顿挫，将内心的情感发挥得淋漓尽致。一套曲子十八段，结构宏大，气势雄浑，不论文学价值还是艺术价值都堪称罕见的瑰宝，令人叹为观止。这个伟大作品的作者就是蔡文姬。

真正伟大的作品就是这样用苦难酿造和血滴凝成的。

但是当你听曲子时，却没有过度的悲痛和怨恨，只有略带心酸的哀伤，这是内心的自我探索，回忆过往的心酸虽然让人伤感，但这也是一种经历，一种生命的从容。从容面对过往的经历，乃是人生大境界！

友情提示

《广陵散》你渴望听吗？《胡笳十八拍》有打动你吗？

第四节 提升生命的格调——大音希声　宁静致远

哲学家将人生分为四种境界：欲求之境、求知之境、道德之境、审美之境。这与孔子所说的以音乐达成人生的最高修养是一致的。一个懂得审美的人就不止是生存而是生活了。聆听音乐，欣赏绘画，与审美有关，与利益无关，正是这些无用的事才是我们灵魂的构成部分，才是我们作为一个独一无二的个体在芸芸众生中的独特之处。一个不懂审美的人，即使他富甲一方，也是很难获得精神富足的。缺乏了对美的感知和热爱，生活中自然没有了生活品质的追求，二者都是金钱无法弥补的缺陷。

惯于以审美之心观世的人，往往有着独立的人格，会看轻一般人所看重的，也能看重一般人所看轻的。在看轻一件事物时，他知道摆脱；在看重一件事物时，他也知道执着。

一、中正平和

“中和”是儒家“中庸”思想在音乐中的反映。它要求音乐的情感表现要适度而有分寸，在音乐审美时，内在的情感体验应保持“中和”的状态，即“乐而不淫，哀而不伤”“不偏不倚”“无过无不及”。认为典雅纯正、符合“中和”思想的音乐能改变人们的性情，感发人们的心灵，使人们自觉地接受和实行人道，塑造理想的人格。

传统的音乐崇尚中和典雅之美，节奏舒缓轻悠，曲调朴实无华，感情含蓄深沉，虽不会马上产生强烈的愉悦感，但却深沉隽永，值得你反复去听。它是中国文人用来抒发内心情感和情怀的，而不是用来表演给别人听、用来实现商业价值的。这也是中国艺术和西方艺术在某些观念上非常大的区别之一。

尤其是古琴音乐非常接近音乐的本质，是一种情感的自我表达和自我愉悦。带着浮躁的情绪是不容易听进去的，它需要你把自己的情绪沉浸其中，静下心来方才能抵达音乐的世界，领悟音乐的堂奥。

二、大音希声

《礼记·乐记》：“凡音者，生于人心者也；乐者，通伦理者也。是故知声而不知音者，禽兽是也；知音而不知乐者，众庶是也。唯君子为能知乐。”

“声”是自然界的声音，松涛海啸、狼嚎马嘶、虫唧鸟鸣，禽兽都懂；“音”是平庸的歌调，谈不上艺术性、高尚的情操和丰富的精神内涵；“乐”是堪称艺术品的音乐，只有有修养的“君子”才能理解。乐对欣赏者提出了比其他艺术更为苛刻的要求，要有音乐的耳朵，更要有文化修养。

老子的“大音希声，大象无形”告诉我们：最完美、最完善的音乐是无状之状，无物之象，是作为“道”的音乐，这种附合“道”的最美、最好的音乐是无法用声音去实现的。它追求“独与天地精神往来”的自由精神境界，是要求用心去聆听的音乐。

最好、最高级的音乐是听不到声音的，最好、最高级的绘画是没有形的，这种完全超脱了物质羁绊、带有神秘色彩又带有丰富的辩证法的美学观，庄子更是发挥得淋漓尽致。他把声音分成三种：“人籁”“地籁”“天籁”（籁：孔穴里发出的声音；一种排箫乐器）。

人籁，指丝竹之声，人工的声音，不是音乐；地籁，是风吹众窍发出的声音，因风而发声，借助外力，亦非至乐；天籁指“众窍自鸣，完全自然，完全自发，完全自由，至乐。外部形态不能用感官感触到。听之不闻其声，视之不见其形，充满天地，包裹六极”。“无”不是什么都没有，而是无所不包的“无”，你听不到，但却能靠微妙的精神共鸣与它融为一体，也即虽无言而心悦。

这些伟大的哲学家所阐发出的音乐理论，在公元前 5 世纪就非常成熟地呈现在世界的东方，或上穷下极，包蕴天地，或汪洋恣肆，浩浩荡荡，如高山嵯峨，大川飞泻，今天仍闪烁着无穷的智慧之光。

三、生命留白

中国古典美学艺术，较少喜欢“圆满”，更讲究“留白”。山水画中青山隐隐处即是留白，古琴声中若有若无，起承转合处皆是留白，声音与寂静同在。书法、诗词、建筑莫不如此。汉字一字一音，在断断续续之间出现空白。

古人云：“善画者留白，善乐者希声，善言者忘语，善书者缺笔，大贤者若痴，大智者若愚。”对中国人而言，留白不仅仅是艺术创作的审美境界，更是生命追求的至高境界。绘画留白，妙在无墨处的空灵；诗词留白，味在不着一字尽得诗意的风流；音乐留白，美在此时无声胜有声的境界。生命留白，是花未开、全月未满的修养。未全开的花，未全满的月，会使我们的内心仍有所期待，有所憧憬。所以无论做事、做人都需要一个度，而这个度就是我们生命所需要的“留白”。

空白给中国音乐空间感，譬如水墨画的留白，留白不空，留白不白，以无胜有，以少胜多，因为空，所以无限。“留白”是智者的生存方式，是一种经历俗世后方能拥有的大道至简的大智慧。于今人而言，只有学会留白，学会放弃一些欲与不欲，给自己的人生和心灵腾出一些空隙、空间、空当，才能安然自在地享受生命最曼妙的风景。

在今天，美的教育，尤其需要审美能力的培养和提升。一个人与其在外表上费尽心思，不如把投资用在修炼气质和内涵上。真正的魅力不是华服，而是风骨融于我们的血脉。缺少审美的人幸福少，缺少审美的人成功难，缺少审美的人破坏力大。

大音希声！

最宏大的声音只能在寂静中被感悟到，这也就是我们为什么要听雪的原因。艺术教育的终极目标，应该是健全独立之人格，提升生命之格调！

友情提示

你喜欢音乐吗？你觉得音乐对你有哪些影响？

经典诵读

1. 谁家玉笛暗飞声，散入春风满洛城。（唐・李白《春夜洛城闻笛》）
2. 吴丝蜀桐张高秋，空山凝云颓不流。（唐・李贺《李凭箜篌引》）
3. 此曲只应天上有，人间能得几回闻。（唐・杜甫《赠花卿》）
4. 引之于山，兽不能走。吹之于水，鱼不能游。（唐・牛殳《琵琶行》）
5. 一声已动物皆静，四座无言星欲稀。（唐・李颀《琴歌》）

第七讲

翰墨丹青耀千秋

——书画艺术

薪火相传

有一种陪伴叫书画相随，不管你是日理万机还是闲暇无事，不管你心情如何，那跌宕起伏的线条与墨色变幻中的深邃意境，总会伴随着你、我、他。

书画艺术作为中国传统文化的精髓之一，既是中国传统文化的重要载体，也是中国历代文人对于自然、社会及与之相关的政治、哲学、宗教、道德、文艺等各方面认识的生动体现。综观流传下来的书画作品，既有崇山峻岭般的浑厚高远，又有溪流大河般的空灵与奔放，这不仅是中国民族艺术的骄傲，还是世界文化艺术瑰宝中不可或缺的一朵奇葩。

中华民族的书法与绘画艺术源远流长，书法和绘画有着共同的工具和审美需要，两者水乳交融，亲密结合。也正因如此，中国的书画艺术才独具特色。

第一节 成就书画的“文房四宝”

“文房四宝”指的是“笔、墨、纸、砚”。“文房”之名，起源于南北朝时期，专指文人书房。笔、墨、纸、砚为文房所使用，因此被誉为“文房四宝”。

一、“四宝”之笔

综观世界文化史，在林林总总的书写工具——笔类制品中，毛笔是中国的独创，而且影响到日本、新加坡等亚洲国家，成为汉字系统的专用书写与国画的绘画工具。

毛笔不仅是古人必备的文房用具，而且在表达书法、绘画的特殊韵味上，具有与众不同的魅力。

虽然迄今为止尚未见西周前毛笔的实物，但从发现的史前彩陶花纹、商代的甲骨文等上面，已经寻觅到了古人使用毛笔的迹象。从新石器时期彩陶上面的花纹图案来看，笔的产生还可以追溯到5 000

毛笔的发明

多年以前。到春秋战国时期，诸侯国开始制作使用书写用笔了，而笔的名称繁多：吴国叫“不律”，燕国叫“弗”，楚国叫“聿”（yù），秦国才叫“笔”。毛笔的发明者就是秦国大将蒙恬。由于毛笔易损，不好保存，故留传至今的古笔实属凤毛麟角。

❖ 知识链接

笔

唐·李峤

握管门庭侧，含毫山水隈。霜辉简上发，锦字梦中开。

鹦鹉摛文至，麒麟绝句来。何当遇良史，左右振奇才。

从湖北省随县出土的曾侯乙墓中发现的春秋时期的毛笔，据说是迄今发现的最早的笔。另外，湖南省长沙市左家公山出土的战国笔、湖北省云梦县睡虎地秦墓区和甘肃省天水市放马滩出土的秦笔，以及湖北江陵县凤凰山出土的汉笔等，都是上古时代遗存的不可多得的宝贵资料。

毛笔的品种较多，从笔毫的原料上分，有兔毛、白羊毛、青羊毛、黄羊毛、羊须、马毛、鹿毛、麝毛、獾毛、狸毛、貂鼠毛、鼠须、鼠尾、虎毛、狼尾、狐毛、獭毛、猩猩毛、鹅毛、鸭毛、鸡毛、雉毛、猪毛、胎发、人须、茅草等；从笔管的质地分，有水竹、鸡毛竹、斑竹、棕竹、紫檀木、鸡翅木、檀香木、楠木、花梨木、况香木、雕漆、绿沉漆、螺细、象牙、犀角、牛角、麟角、玳瑁、玉、水晶、琉璃、金、银、瓷等。

毛笔最常用的分类方法，是依笔毛弹性强弱来分类，可分为硬毫、软毫和兼毫三种。硬毫以狼毫（黄鼠狼尾）为代表；软毫以羊毫（山羊须）为代表。羊毫柔软，而狼毫刚健，兼毫介于软、硬毫之间，因而柔中带刚。根据写字绘画的种类以及个人习惯的不同，用笔也就不一样。湖州之湖笔、宣州之宣笔，以及江西进贤之笔，被书画家们称为上品。

二、“四宝”之墨

墨是中国书画艺术中不可或缺的材料。只有借助于墨这种独创的材料，那种奇幻的艺术氛围与美妙的艺术意境，才能体现得淋漓尽致。

墨的制作过程非常讲究，选料需纯正，加工要精细。上等的墨极为细腻，而细腻的程度主要取决于加工时捣杵的次数，捣杵次数愈多愈细腻。

在人工制墨之前，一般将天然墨或半天然墨用作书写材料。彩陶纹饰、甲骨文、竹木简牍、缣（jiān）帛书画等，都留下了原始用墨的遗痕。

文献记载，古代的墨刑（黥面）、墨绳（木工所用）、墨龟（占卜）也均用墨，至汉代开始出现了人工墨品。这种墨原料取自松烟，最初是用手捏合而成，后来用模制，墨质坚实。据东汉应劭《汉官仪》记载：“尚书令、仆、丞、郎，月赐愉糜大墨一枚，愉糜小墨一枚。”愉糜在今陕西省千阳县，靠近终南山，当地的山古松用来烧制成墨的烟料，极为有名。从制成烟料到最后完成出品，还要经过入胶、和剂、蒸杵、模压成形等多道工序。墨的造型大致有方形、长方形、圆形、椭圆形、不规则形等。

经典诵读

1. 瓦池研灶煤，苇管书柿叶。（宋·苏轼《孙莘老寄墨》）
2. 绿蚁滟樽芳酝熟，黑蛟落纸草书颠。（宋·陆游《醉书山亭壁》）
3. 山中老僧忧石泐（lè），印之以纸磨松煤。（宋·欧阳修《石篆诗》）
4. 蜀纸麝煤沾笔兴，越瓯犀液发茶香。（唐·韩偓《横塘》）
5. 贵价市珍煤，风前试寒泓。（宋·文同《谢杨侍读惠端溪紫石砚》）

墨分“油烟”和“松烟”两种，油烟墨是用桐油烧烟加工制成；松烟墨是用松枝烧烟加工制成。古代徽州所产之墨，历来为文人所喜爱，徽墨有“金不换”的美称。

三、“四宝”之纸

纸，是我国古代的四大发明之一。西汉初年，政治稳定，思想文化十分活跃，人们对传播工具的需求旺盛，纸作为新的书写材料应运而生。东汉的蔡伦改进了造纸术，使得书写工具得以普及，为世界文化的传播做出了卓越的贡献。

传统书画的用纸种类广泛，尤其以宣纸种类多，如宣州的宣纸、四川的皮纸、河南禹县的布纸等。宣纸产量高、品质好、价格便宜，而且能将书画作品所要求的笔墨神韵恰如其分地发挥出来，因此，宣纸几乎成为传统书画用纸的代名词。

宣纸分生宣和熟宣两种。熟宣是用矾水加工过的，水墨不容易渗透，在上面可以工整细致地描绘，反复地上色，因此熟宣适合画工笔画。生宣则是没有经过矾水加工的，水墨容易渗透，落笔为定，无从更改，而且墨汁渗透开来，能产生丰富的变化，所以写意画多用生宣。

四、“四宝”之砚

砚就是砚台，用来磨墨的。砚的名贵程度取决于三个因素：一是以石质为贵者；二是以精雕细琢为贵者；三是以名人用之为贵者。安徽歙（shè）县的歙砚、广东端溪的端砚、甘肃的洮砚，以及山西的澄泥砚，被称为“中国四大名砚”。

绿沉泽腻话洮砚

端砚硬度较软，所以发墨更好；而歙砚硬度较硬，所以下墨更好。宋代欧阳修在《砚谱》中评价道：“歙石出于龙尾溪，其石坚劲，大抵多发墨，故前世多用之。以金星为贵，其石理微粗，以手摩之，索索有锋芒者尤佳。”洮砚的硬度介于端、歙之间，下墨优于端砚而发墨优于歙砚，如老坑洮砚（见图 7－1）。

除笔、墨、纸、砚之外，另有印章、印泥、笔架、笔洗、笔筒、文镇等相关书画用具，因此，广义的“文房四宝”也包括印章、印泥、笔架、笔洗、笔筒、文镇等。

图 7-1 老坑洮砚

躬行践履

1. 参观非遗洮砚大师工作室，了解砚台的制作过程。
2. 了解文房四宝与历代书画大师的一些典故。

第二节 群星璀璨的书法艺术

书法是中国传统文化中经典的民族符号，有着强烈的吸引力、仪式感和大众参与性。在中华五千年文明史中，各时期书法代表人物灿若星河。

一、书法历史与字体的演变

商代中后期的甲骨文和金文，这些最早的汉字已经具有了书法形式美，比如线条美、单字造型的对称美、变化美以及章法美、风格美等。

从商代后期到秦统一中国，汉字演变的总趋势是由繁到简。在字体和字形的嬗变之中，西周晚期的金文是趋向线条化的，而战国时代民间的草篆则向古隶发展，这都大大削弱了汉字的象形性。然而，汉字书法的艺术性却随着汉字字体的嬗变而愈加丰富起来。

秦国宰相李斯在小篆创造和推广方面发挥了很大作用，唐代书法理论家张怀瓘(guàn)称其书法为："画若铁石，字若飞动，作楷隶之祖为不易之法。"

汉代普遍使用的书体是隶书。汉代隶书又称"分书"或"八分"，不但笔法日臻纯熟，而且书体风格多样。到东汉时，隶书进入了形体娴熟、流派纷呈的阶段。在隶书成熟的同时，两汉时期又出现了破体的隶变，后发展演变为章草、行书。

马王堆帛书

这个时期的金文、小篆字体，由于实用面越来越小而渐趋衰微，但在两汉玺印、瓦当和嘉量上还使用，促使了篆刻艺术的繁荣发展。康有为曾说："秦汉瓦当文，皆廉劲方折，体亦稍扁，学者得其笔意，亦足成家。”

魏晋时期既是汉字完成书体演变、承上启下的重要历史阶段，又是篆、隶、真（楷）、行草诸体俱臻完善的时代。

二、书法五体（真草隶篆行）的定型

真（楷）书、隶书、草书的定型是在魏晋年间，它们的定型与美化，无疑是中国书法史上的又一巨大变革，也造就了两个承前启后的书法家——钟繇（yáo）和王羲之。

王羲之的《兰亭集序》

钟繇的《荐季直表》

历代对钟繇的书法作品评价极高，梁武帝曾经撰写了《观钟繇书法十二意》，称赞钟繇的书法“巧趣精细，殆同机神”；庾（yǔ）肩吾将钟繇的书法列为“上品之上”，说“钟天然第一，工夫次之，妙尽许昌之碑，穷极邺下之牍”；张怀瓘（guàn）更将钟繇的书法作品列为“神品”。

钟繇首定楷书，对汉字的发展也有重要的贡献。陶宗仪《书史会要》记载：“钟王变体，始有古隶、今隶之分，夫以古法为隶，今法为楷可也。”许多书法家竞相学习钟体，如王羲之、王献之父子就有多种钟体临本。后来的张旭、怀素、颜真卿、黄庭坚等在书体创作上，都从各方面吸收了钟体之长、钟论之要。

南北朝时期的书法进入北碑南帖时代，以魏碑最胜。魏碑就是北魏以及与北魏书风相近的南北朝碑志石刻书法的泛称，是汉代隶书向唐代楷书发展的过渡时期书法。

而整个唐代书法，对前代既有继承又有革新，初唐书家有虞世南、欧阳询、褚（chǔ）遂良、薛稷、陆柬之等，此后还有李邕（yōng）、张旭、颜真卿、柳公权、怀素、钟绍京、孙过庭。唐太宗李世民和诗人李白在书法史上的地位也不容小觑（qù）。

真（楷）书、行书、草书的发展，到唐代都跨入了一个新境界，时代特点十分突出，对后代的影响远远超过了以前任何一个时代。

颜真卿是继王羲之后成就最高、影响最大的书法家，被誉为“楷书四大家”之首。他的行草传递出沉着痛快、豪迈洒脱的大师气象，颜真卿以“颜体”缔造了一个独特的书学境界。

知识链接

唐朝天宝年间，楚金禅师夜诵《法华经》时，仿佛有多宝佛塔呈现眼前，他想把幻觉中的多宝佛塔变为现实。楚金禅师的这份诚意感动了唐玄宗，于是赏赐钱帛，并亲题塔额。经过4年的努力，多宝佛塔终于在天宝十一年（752年）建成。

当时，朝廷选择44岁、时任武部员外郎的颜真卿书写碑文（见图7-2）。颜真卿的书法风格承接“二王”、欧、虞、褚余风，而又与唐人写经有明显的相似之处。

图 7-2　颜真卿书《多宝塔碑》(局部)

欧阳询是著名的“楷书四大家”之一，他对书法有独到的见解，还著有书法“八诀”。其书法成就以楷书为最，笔力险劲，结构独异，被后人誉为“欧体”。

❖ 知识链接

欧阳询所写的《皇甫诞碑》(见图 7-3) 用笔紧密内敛，刚劲不挠，点画重在提笔刻入，此为唐初未脱魏碑及隋碑的瘦劲书风所特有的笔法特点。

图 7-3　欧阳询书法《皇甫诞碑》(局部)

此碑用笔研润，虽为欧阳询早年作品，但已具备了“欧体”严整、险绝的基本特点。

明王世贞云：“率更书皇甫府君碑，比之诸贴尤为险劲。是伊家兰台 (欧阳通) 发源。”

杨宾在《大瓢偶笔》中说：“信本碑版方严莫过于《邕禅师》，秀劲莫过于《醴泉铭》，险峭莫过于《皇甫诞碑》，而险绝尤为难，此《皇甫碑》所以贵也。”

经典诵读

书法八诀

唐・欧阳询

点如高峰之坠石，竖弯钩，似长空之初月；横若千里之阵云，竖如万岁之枯藤；斜钩劲松倒折，落挂石崖；横折钩如万钧之弩发；撇利剑截断犀象之角牙；捺一被常三过笔。

澄神静虑，端己正容，秉笔思生，临池志逸。虚拳直腕，指齐掌空，意在笔前，文向思后。分间布白，勿令偏侧。墨淡则伤神彩，绝浓必滞锋毫。肥则为钝，瘦则露骨，勿使伤于软弱，不须怒降为奇。四面停匀，八边具备，短长合度，粗细折中。心眼准程，疏密敧正。筋骨精神，随其大小。不可头轻尾重，无令左短右长，斜正如人，上称下载，东映西带，气宇融和，精神洒落，省此微言，孰为不可也。

张旭以草书著名，他的草书作品与李白诗歌、裴旻剑舞，被称为唐代艺术“三绝”。他的诗作亦别具一格，以七绝见长，与李白、贺知章等人共列“饮中八仙”。张旭与贺知章、张若虚、包融号称“吴中四士”，其书法与怀素齐名，传世书迹有《肚痛帖》（见图 7－4）和《古诗四帖》等。

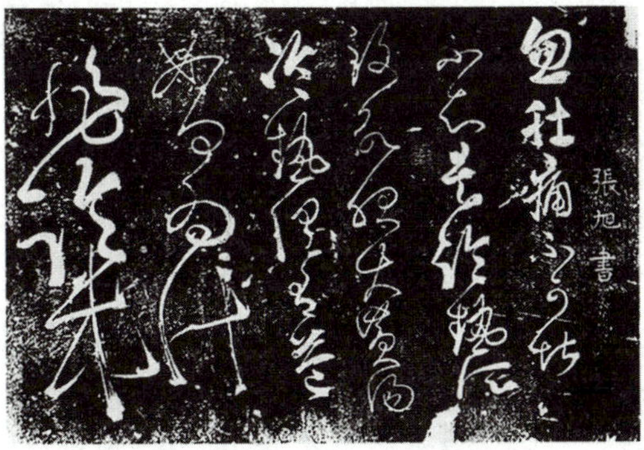

图 7－4　张旭《肚痛帖》

“大历十才子”之一钱起的外甥怀素，史称“草圣”，字藏真，僧名怀素，永州零陵人，自幼出家为僧。怀素经禅之暇，锐意草书，与张旭齐名，合称“颠张狂素”，形成唐代书法双峰并峙的局面，也是中国草书史上两座高峰。

《肚痛帖》

怀素的草书，笔法瘦劲，飞动自然，如骤雨旋风，随手万变。书法率意颠逸，千变万化，法度具备（见图 7－5）。北京大学教授李志敏评价：“怀素的草书奔逸中有清秀之神，狂放中有淳穆之气。”

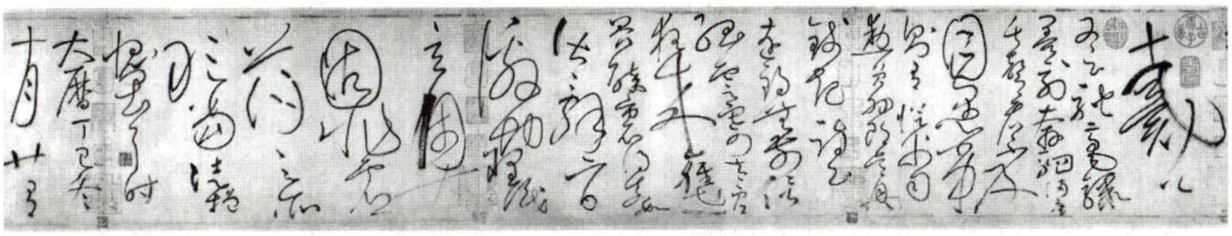

图 7－5　怀素书法（局部）

“楷书四大家”之一的柳公权，官至太子少师，世称“柳少师”，他吸取了颜体和欧体之长，在晋人劲媚和颜真卿书法雍容雄浑之间，形成了以骨力劲健见长的“柳体”，后世有“颜筋柳骨”的美誉（见图 7－6）。柳公权的书法在唐朝久负盛名，民间更有“柳字一字值千金”的说法。

五代十国时期，在书法上值得称道的当推杨凝式，他的书法在书道衰微的五代可谓中流砥柱。苏东坡在评及五代十国书法时曾说：“自颜、柳氏没，笔法衰绝，加以唐末丧乱，人物凋落，文采风流，扫地尽矣。独杨公凝式，笔迹雄杰，有‘二王’、颜、柳之余，此真可谓书之豪杰，不为时世所汩没者。”

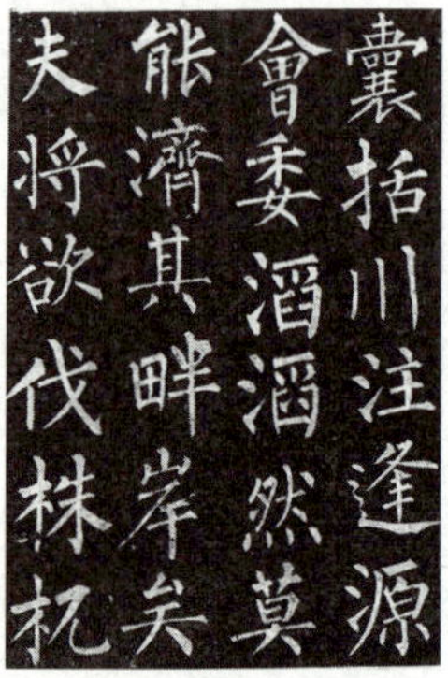

图 7－6 柳公权《玄秘塔碑》（局部）

三、帖学大行的宋元明清书法

宋朝书法的发展比较缓慢。帖学大行和以帝王的好恶、权臣的书体为转移的情势，影响和限制了宋代书法的发展。宋代为后世所推崇者有苏轼、黄庭坚、米芾和蔡襄四大家。“宋四家”之外，宋徽宗赵佶（jí）独树一帜，亦堪称道（见图 7－7）。

米芾是“宋四家”之一，擅篆、隶、楷、行、草等书体，长于临摹古人书法，达到乱真程度，其书体潇洒奔放，又严于法度。“宋四家”之首苏轼，擅长行、楷书，用笔丰腴跌宕，有天真烂漫之趣。自云：“我书意造本无法。”《黄州寒食帖》是苏轼行书的上乘之作，被称为“天下第三行书”（见图 7－8）。

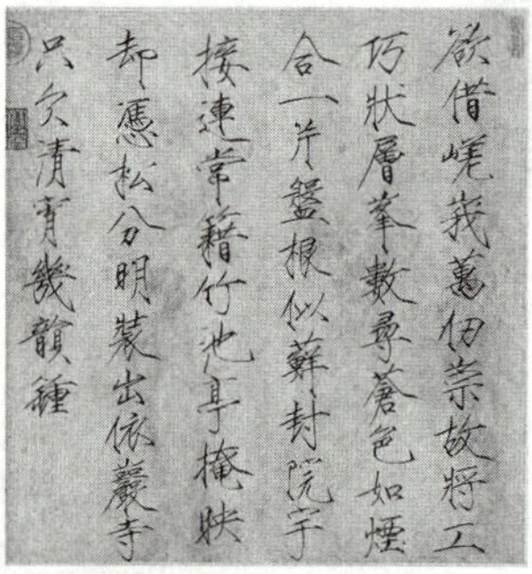
图 7－7 宋徽宗赵佶瘦金体书法

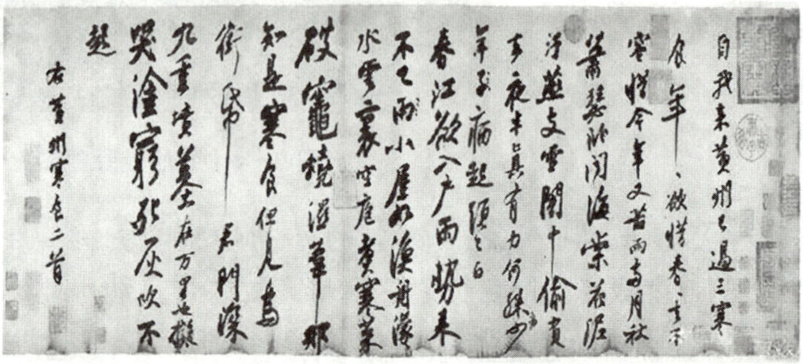
图 7－8 苏轼《黄州寒食帖》

《黄州寒食帖》

纵观元代书法，成就大者还在真（楷）、行、草书方面。至于篆隶，虽有几位名家，但并不怎么出色。这种以真（楷）、行、草书为主流的书法，到了清代才得到改变。赵孟頫有元一代书风，是这一时期书法的代表，又是书法史上最后一位“楷书四大家”。

明代虽然也出现了一些有造诣的大家，但纵观整朝没有重大的突破和创新。所以，近代丁文隽在《书法精论》中总结说：“有明一代，操觚谈艺者，率皆剽窃摹拟，无何创制。”其代表书法家有：董其昌、文徵明、祝允明、唐伯虎、王宠、张瑞图、宋克。

清代书法由继承、变革到创新，挽回了宋代以后江河日下的颓势，其成就可与汉唐并驾，各种字体都有一批造诣卓著的大家，可以说是书法的中兴时期。其代表人物有：

傅山、石涛、朱耷、郑燮、金农、邓石如、伊秉绶、陈鸿寿、何绍基、吴熙载、赵之谦、吴昌硕、李瑞清、康有为、刘墉、王文治、王铎、包世臣。

晚清民国时期艺术大师吴昌硕，集“诗、书、画、印”为一身，融金石书画为一炉，被誉为“石鼓篆书第一人”“文人画最后的高峰”，在绘画、书法、篆刻上都是旗帜性人物，在诗文、金石等方面均有很高的造诣。正如北京大学教授李志敏所说：“与同时代艺术大家比，吴昌硕是承前启后、比较全面的一位巨匠。”吴昌硕热心提携后辈，齐白石、王一亭、潘天寿等均得其指授。

吴昌硕的书法作品以篆书、行草为主，晚年所书隶书，结体变长，取纵势，用笔雄浑、饱满，具有篆书痕迹，将篆、隶融为一体，形成独特面貌（见图 7 - 9）。

图 7 - 9　吴昌硕书法

四、波澜壮阔的近现代书法

近现代时期的中国书法是中国传统文化情境的产物，同样经历了承继传统、开启现代的重要转型期，是一个群星璀璨的时代，是中国书法史上的大时代。其代表人物有：于右任、沈尹默、林散之、沙孟海、赵朴初、启功。

于右任临终之谜

赵朴初是著名作家、诗人和书法大师，他对中国古典文学有着十分精湛深入的研究，在诗词曲和书法方面都达到了很高的造诣。他的诗词曲作品先后结集为《滴水集》《片石集》。

赵朴初的书法由北碑入手，取颜真卿书体雄健宽博之长，博李北海、苏东坡笔法，集米南宫“稳不俗、险不怪、老不枯、润不肥”之精髓。他精通多种书体，尤以楷、行书久负盛名，作品风格俊朗神秀，在书法界久负盛名（见图 7 - 10）。

启功是当代著名学者、画家和书法家，他的书法作品，无论条幅、册页、屏联，都能表现出优美的韵律和深远的意境，被称为“启体”（见图 7 - 11）。

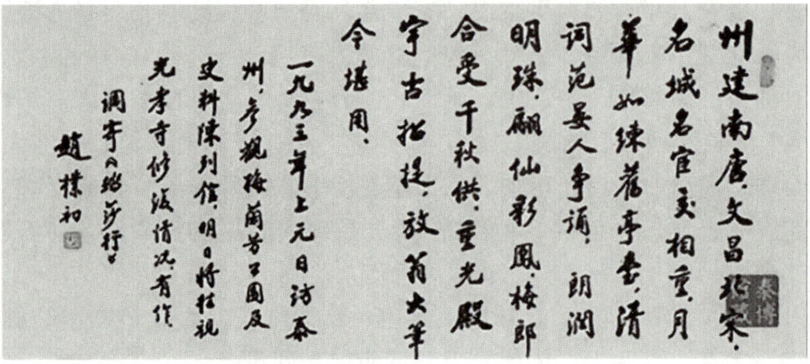

图 7-10　赵朴初书法

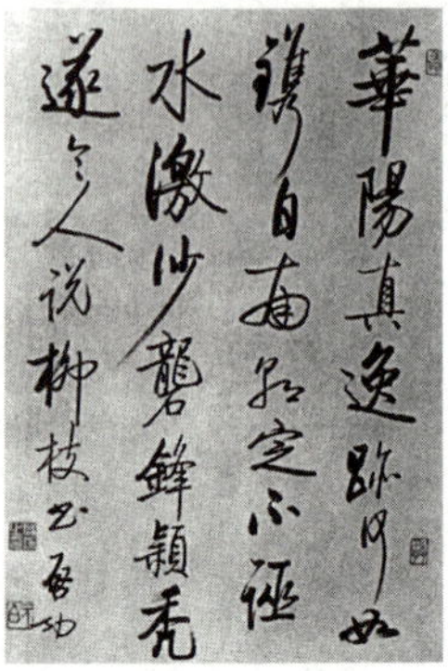

图 7-11　启功书法

第三节　秀外慧中的国画艺术

中国画简称“国画”，是我国的传统绘画形式，即用毛笔蘸水，融墨、彩，作画于丝绢或宣纸上。

国画的工具和材料有毛笔、墨、颜料、宣纸、绢等。国画在古代一般被称为“丹青”，是历代文人所具备的“琴棋书画”四艺之一，在世界美术领域中自成体系。

一、国画题材发展与分类

国画的创作主要运用线条和墨色的变化，以钩、皴、点、染，浓、淡、干、湿，阴、阳、向、背，虚、实、疏、密和留白等表现手法，来描绘物象与位置；取景布局，视野宽广，其呈现形式有壁画、屏幛、卷轴、册页、扇面等，再辅以传统的装裱工艺进行装潢。

人物画从晚周至汉魏、六朝渐趋成熟；山水、花卉、鸟兽画等到隋唐之际才独立形成国画题材；五代、两宋时期书画流派竞相出现，山水画随之盛行；文人写意画在宋代已有发展，而至元代大兴，画风趋向写意。

国画强调“外师造化，中得心源”，要求“意存笔先，画尽意在”，强调融化物我，创制意境，达到以形写神、形神兼备、气韵生动之效。另外，书画同源，两者在达意抒情上，都与骨法用笔、线条运行紧密相连，因此国画、书法、篆刻相互影响，形成了显著的艺术特征。近现代的画作，在继承传统和吸收外来技法上，有所突破和发展。

国画讲求“以形写神”，追求“妙在似与不似之间”的感觉；讲究笔墨神韵，笔法要求平、圆、留、重、变，墨法要求墨分五色，焦、浓、重、淡、清；讲究“骨法用笔”，不讲究焦点透视，不强调环境对于物体光色变化的影响；讲究空白的布置和景物的“气势”。

国画讲究形式美，构图不受时间、空间限制，也不受焦点透视的束缚，画面空白的运用独具特色。多采用散点透视法（即可移动的远近法），使视野宽广辽阔，构图灵活自由，画中的物象可随意列置，冲破了时间与空间的局限。

国画营造的空间多种多样，但其中最主要的有三种：全景式空间、分段式空间和分层式空间。

二、国画流派与代表人物

国画按表现题材分为人物、山水、花鸟三大科；按绘画技法和表现形式又分为写意和工笔两大类。用细致的笔法制作，着重线条美且一丝不苟，是工笔画的特色；心灵感受、笔随意走，写意画不重视线条，重视意象，这与工笔的精细背道而驰，因此写意画的生动性往往胜于工笔画。

（一）工笔画的典范“黄派”

在中国花鸟画史上占有重要地位的黄派，又称“黄筌画派”“黄家富贵”，是五代花鸟画两大流派之一。成熟于五代后蜀的画家黄筌，善于取熔前人轻勾浓色的技法，是两宋时占统治地位的花鸟派别。黄派代表了晚唐、五代、宋初时西蜀和中原的画风，成为院体花鸟画的典型风格。黄派代表人物黄筌，所画禽鸟造型正确，骨肉兼备，形象丰满，赋色浓丽，勾勒精细，几乎不见笔迹。

黄筌花鸟作品

（二）“徐熙野逸”称之的徐派

“徐熙野逸”，简称“徐派”，是五代花鸟画两大流派之一。代表画家为南唐的徐熙。他的作品注重墨骨勾勒，淡施色彩，风格潇洒（见图 7－12）。徐熙的笔墨技巧对后世影响很大，后经张仲、王若水，到明代沈周、陈道复、文徵明、徐渭等人加以发展，成定型的水墨写意花鸟画，从而与黄筌画派并峙，影响了宋、元、明、清千余年的国画花鸟画坛。

图 7－12　徐熙作品

（三）海派画家的前驱吴门画派

由于画派主要代表人物如沈周、文徵明、唐寅、仇英、张宏等都是吴郡（今苏州）人，因苏州有“吴门”之谓，亦称“吴门画派”。

在吴门画派崛起之前的明代初期，在江南苏州、无锡地区已经有一批画家，如杜琼、刘珏、陈汝言、徐贲（bēn）等人，他们不仅精于绘画，还擅长诗文，有较高的文学修养。在绘画上主要继承元代黄公望等以笔情墨趣为主的文人画。他们的艺术给吴门派的开宗人沈周以直接或间接影响。

吴门画派始于沈周，成于文徵明，加上唐寅（其作品见图 7－13）和仇英，就是“吴门四家”，或称“明四家”。明代中期以后“吴派”逐渐取代宫廷绘画和“浙派”的地位，在社会上，尤其是在文人士大夫当中受到重视。吴派中后期，社会经济空前繁荣，赏画成为人们生活的一部分，画家的地位进一步提高，带有浓厚生活气息的作品出现在画坛，形成新的面貌。其他代表人物有文嘉、张宏、周之冕、仇珠、陈淳等。创作风格迥异，精彩纷呈，为吴门画派注入了新的活力。

图 7－13　唐寅传世名画

（四）北宗与南宗山水画派

山水画至北宋初，开始分北方和江南派系。北方山水画派亦称“北宗山水画派”，以其特有的笔墨技巧作为状物及传情达意的表现手段，以点、线、面的形式描绘对象的形貌、骨法、质地、光暗及情态神韵（见图 7－14）。

图 7－14　北方山水画派作品

这里的笔墨既是状物、传情的技巧，又是对象的载体，同时本身又是有意味的形式，体现了中国书法的意趣，具有独立的审美价值。郭若虚在《图画见闻志》里记载：“画山水唯营丘李成、长安关同、华原范宽，智妙入神，才高出类，三家鼎寺，百代标程。”“夫气象萧疏，烟林清旷，毫锋颖脱，墨法精微者，营丘之制也；石体坚凝，杂木丰茂，台阁古雅，人物幽闲者，关氏之风也。”李、关、范的画风，风靡齐、鲁，影响关、陕，实为北方写意山水画派的宗师。

南方山水画派，亦称“江南山水画派”或“南宗山水画派”。北宋沈括《梦溪笔谈》记载：“有北苑使董源善画，尤工秋岚远景，多写江南真山，不为奇峭之笔；其后建业僧巨然，祖述董法，皆臻妙理。”米芾《画史》也说：“董源，平淡天真多，唐无此品。”此派以董源和巨然为一代宗师，世称“董巨”。惠崇和赵令穰（ráng）的小景，为此派支流。米芾父子的“米派云山”，画京口一带景色，再显此派新貌。

❖ 知识链接

董源的山水画

董源的山水画（见图 7－15）曾得到南唐中主李璟的垂青。据说李璟年轻时曾在庐山修建别墅，将山泉林园胜景融为一体。他为了能时时看到庐山景致，特地派董源画了一幅《庐山图》。董源将五老奇峰、云烟苍松、泉流怪石和庭院别墅巧妙地绘入一图。李璟观后，称赞不绝，爱不释手，命人挂在卧室里，朝夕对画观赏，犹如长居庐山中。由此可见董源构思的巧妙和写景艺术的高超。

还有一次，忽然下了一场大雪，铺天盖地，京都呈现出一片银白的世界。李璟见此雅兴大发，召集群臣登楼摆宴、赏雪赋诗；并招来当时的画坛高手董源、高太冲、周文矩、朱澄、徐崇嗣等人。他们各有所长，分工合作，由高太冲画中主像，周文矩画侍臣和乐工侍从，朱澄画楼阁宫殿，董源画雪竹寒林，徐崇嗣画池塘鱼禽。

董源画的雪竹寒林是这幅画中直接描绘雪冬之景的，他对景勾画，将积雪压竹、丛林寒瑟的景象传神地描绘出来。这次活动和《赏雪图》被北宋的美术评论家郭若虚记述在他的《图画见闻志》里，遗憾的是该图未能流传下来。

图 7－15　董源作品

（五）题材各异与地域特色的国画流派

以竹为表现对象，以宋朝时的文同和苏轼为代表的湖州竹派著称。明代僧人莲儒作《湖州竹派》，专门记述了从北宋至明代的画家共有 25 人之多。画墨竹始于唐玄宗李隆基，吴道子、王维、李昂、萧悦等也善画竹。白居易曾作《画竹歌》诗作盛赞萧悦，到文同时画竹技艺大进，且文氏毕生画竹。

以地域为名的还有常州画派，此派以花卉、草虫写生为胜，而所绘花卉，不用墨线勾勒，直接用彩色描绘。浙江派由明代画家戴进开创，戴进取法南宋画院体格，擅山水、人物、花果、翎毛，画艺很高，风行一时，从学者甚多。后江夏（今湖北武昌）人吴伟，学戴进而更为豪放，也有不少人追踪画风，又形成浙江派的支流——“江夏派”，著名画家有张路、蒋三松、谢树臣、蓝瑛等。以广东籍画家组成的岭南画派，创始人为高剑父、高奇峰、陈树人，简称“二高一陈”。他们在传统国画的基础上，融合东洋、西洋画法，自创一格，着重写生，多画中国南方风物和风光，章法、笔墨不落陈套，色彩鲜艳，学者甚众，又与京津派、海派三足鼎立，成为 20 世纪主宰中国画坛的三大画派之一。高剑父画作现藏于中国美术馆（见图 7－16）。

以清初画家罗牧为代表的江西画派，擅长画山水，笔意空灵，林壑森秀，墨气凉然，颇具韵味，时称妙品。秦祖永评其画云：“稳当有余而灵秀不足。”黄公望的代表作《富春山居图》（见图 7－17）对该流派影响深远，被称为“中国十大传世名画”之一。

图 7－16　高剑父画作

图 7－17　《富春山居图》

三、书画作品中的文人篆刻

书画作品中一般展现的名章，泛指作者姓名、字号等代表作者身份的印章，用于作者落款之后。一幅作品若有两方名章时，需大小相近，间隔至少一个章的空位。名章有时也可作手章使用，因其意义比较严肃，固以方形为主。

闲章是为了丰富画面、完善构图而用的章。内容多是与作者的喜好、作品的内容有关的词句或形象，如座右铭、作画时间、作画时的心情、作品寓意等。根据用印的位置，将闲章分为三类：引首章、压角章和腰章。

收藏章，则用于私人收藏。一般方形、圆形都可，偶尔也有随形，印面要小，以免造成对藏品的破坏。

国画画法口诀

齐白石既是书画界的翘楚，又是制印名家。齐白石擅画花鸟、虫鱼、山水、人物，笔墨雄浑滋润，色彩浓艳明快，造型简练生动，意境淳厚朴实。所作鱼虾虫蟹，天趣横生；书攻篆隶，取法于秦汉碑版，行书饶古拙之趣，其书法笔力雄厚、朴拙劲正；他的制印意境来源于诗，刀法来源于书法，章法来源于绘画，诗、书、画、印均汇众家之长，自成特色（见图 7－18）。

曾经霸桥风雪　齐白石　　中国长沙湘潭人也　齐白石

图 7－18　齐白石篆刻

“试笔消长日，耽书遣百忧；余生得如此，万事复何求?”让我们在优秀传统文化的氛围中，用心去感悟书画，用实践去研习、去传承，陶冶心性，美化心灵。

躬行践履

陇原书画界灿若星辰，甘肃通渭被命名为“中国书画之乡”。请同学们列举各自家乡的书画名人。

第八讲 云想衣裳花想容
——服饰文化

薪火相传

俗话说，“民以食为天”，可见“食”的重要性；俗话又说“衣食住行”，“衣”又排在了“食”的前面。“食”是人生存的本能需求，“衣”却在满足人保暖等基本生存需求之外更进一步，与“礼”直接相关，而“礼”是中国传统文化的核心理念。中国古代，从国家典制到日常生活，无不贯穿、体现着“礼”。很多古代的服饰是出于“礼”的需要而不是实用的考虑进行设计和规范的。

第一节 一种风流吾最爱——古代服饰

中华民族又被称为“华夏民族”。“华夏”二字可见于《春秋左传》：“裔不谋夏，夷不乱华。”孔颖达《春秋左传正义》将其解释为：“中国有礼仪之大，故称夏；有服章之美，谓之华。”“华夏”二字，不仅是地理名词，更具有丰沛的文化意义，彰显着礼仪之大与服饰之美的深刻内涵。

《周易·系辞下》记载：“黄帝、尧、舜垂衣裳而天下治。”中国的冠服制度在夏商时期初步建立，周时逐步趋于完善，春秋战国之交正式纳入礼治，《周礼》记录了完整、系统的衣冠礼制。从商周秦汉到唐宋明清，虽然每次改朝换代都会进行“改正朔、易服色”的历法和衣冠服制改革，其间不乏传统服饰传承几近断裂的时期，但总体上，传统服饰的形制外在、文化内涵在千年变迁中都展示了顽强的传承性，还更进一步传播、影响周边的国家和地区。“礼仪之邦”“衣冠上国”，就是古代中国的代名词。

❖ 知识链接

先秦诸子百家有很多涉及服饰美学思想的内容：儒家提到“宪章文武”“约之以礼”“文质彬彬”，荀子指出“冠弁（biàn，一种古代的帽子）衣裳，黼黻（fǔ fú，泛指礼服上所绣的华美花纹）文章，雕琢刻镂皆有等差”；道家主张“被褐怀玉”“甘其食，美其服”；墨家认为要“节用”“尚用”，不必豪华，“食必常饱，然后求美，衣必常暖，然后求丽，居必常安，然后求乐”。

服饰是文化的直接表现，中国服饰史就是一部有形有色、声味俱备的中国文化史。

一、服饰之“形”

“形”，指服饰的形制。从襦裙到深衣，从袍、衫到各类首服、足服，从发型、发饰到手饰、耳饰，其形制都蕴含着、反映着中国传统文化的诸多观念。

以足服为例，秦汉时男性穿方头鞋履，表示阳刚从天（尊天方地圆说）；女性穿圆头鞋，表示温和圆顺从夫。自古女性穿鞋不只为走路，讲究的是“足下生辉”。魏晋时期开始流行高头履，高头履鞋头上翘，鞋头又被称为鞋翘，鞋翘与鞋底连为一体，鞋底鞋帮不易开裂，更结实耐穿；从实用的角度来说，鞋翘可托住拖地长裙，方便行走。鞋翘款式众多且各有名称，如凤头、高齿、重台、聚云、五朵等，人们认为这样的鞋头款式有步步高升的吉祥寓意，蕴含着对生活的美好期许（见图 8－1）。

图 8－1　高头履鞋翘样式

清朝时，“八旗妇人履底厚三四寸，圆其前，外衣通长掩足”，这些鞋的细节不尽相同，有鞋底中间高出数寸、中间微细的“高底鞋”；有上细下宽、前平后圆，外形和印痕像马蹄印的“马蹄底”；还有鞋跟上敞下敛，呈倒梯形花盆状的“花盆底”。这些木底高跟一般高 5～10 厘米，最高达 25 厘米。鞋帮饰以蝉、蝶等刺绣纹样或装饰片，木跟不着地部分用刺绣或串珠装饰，鞋尖饰有丝线穗子，长可及地（见图 8－2）。穿用者为十三四岁以上的满族贵族女子，因鞋底厚而面积小，走路时必须慢且稳当，莲步轻移间尽显女性的婀娜多姿、端庄秀美。

图 8－2　高底鞋（清）

二、服饰之“色”

“色”，指服饰的色彩。中国古代服饰的色彩极为丰富。《诗经·郑风·出其东门》有这样的句子："出其东门，有女如云。虽则如云，匪我思存。缟（gǎo，白色）衣綦（qí，浅绿色）巾，聊乐我员。"白衣飘飘的女子在人群中如此醒目，自然是出于作者的偏爱，但同时也反衬出其他女子服装的色彩缤纷。马王堆汉墓出土的丝绸与刺绣所用的丝线，可以辨认的色彩就有 36 种之多。

素纱禅衣

服饰色彩具有特殊意义或特殊用途。北周时兴起品色服，用服装的颜色来区分人的身份、等级。其中最典型的就是皇家专用的黄色。

中国古代对黄色的尊崇并非自古皆然。战国末哲学家、阴阳家邹衍用五行相生说建立五德终始说，附会社会历史变动和王朝兴替，新朝天子得位是因为顺应了五行中的某一德，等到这一德衰败，就由另一德取而代之，又一新朝天子上位，于是改朝换代、周而复始。邹衍列黄帝为土德、禹是木德、汤是金德、周文王是火德，沿用到秦，秦得水德而尚黑。待汉灭秦，按土克水之说，就是以土德胜水德，五行中土对应黄色，于是黄色成为高级服色，为皇帝朝服正色，不过未禁民用。唐代以后，黄色逐步由限用到禁用，所包含的等级意味日趋浓厚，这就是"礼"的物化与影响，正如《朱子语类》所说："衣服无章，上下混淆。"

黄色因五行相生说、体现皇权获得重视，紫色则因稀有而被赋予特殊意义。在古代中国，织物染色主要有两种途径，分别是取自植物染料的草染和取自矿石染料的石染。"青，取之于蓝而胜于蓝"，说的就是用蓝草提取靛青染料。紫色染料是从紫草根部萃取出来的，其原料并不稀缺，但染制后容易褪色，需要通过多重工序进行固色，繁复费力，价格高昂。《韩非子·外储说左上》中曾有"五素不得一紫"的记载，物以稀为贵，紫色也因此具有了极高的地位。

三、服饰之"声"

"声"，指穿用服饰时发出的声响。这些声音，贯穿了古代服饰从制作到使用的全过程。

李白《子夜吴歌·秋歌》吟诵道："长安一片月，万户捣衣声。秋风吹不尽，总是玉关情。何日平胡虏，良人罢远征。"宋元以前的中国，棉花栽种尚未普及，贵族穿用昂贵的丝织品，寻常人家只能穿用葛麻。葛麻织品纤维太硬，穿着不舒服，做成衣物前需要先进行处理，这个处理程序就是"捣衣"。"捣衣"又叫捣练，就是将织好的葛麻布帛放好后，用木棒捶断植物纤维，使布帛变得柔软，再拿去裁制衣物。张萱的《捣练图》就生动描绘了从捣练到缝纫再到熨烫的完整过程（见图 8－3）。至于人们要在秋天时集中捣衣，"飞鸿影里，捣衣砧外，总是玉关情"，是因为唐朝实行"寓兵于农"的制度，士兵戍边要自备衣物武器，秋天时家乡的人们捣衣、做棉衣，再送棉衣到边关成为普遍现象。捣衣只是做衣服的一道程序，但捣衣的声音，不仅刻画了当时人们的劳动场景，还表达了家人对戍边将士的牵挂和戍边将士的思乡之情。

图 8－3　张萱《捣练图》

经典诵读

越调·凭栏人·寄征衣

元·姚燧

欲寄君衣君不还，不寄君衣君又寒。寄与不寄间，妾身千万难。

中国古代，玉饰是重要的装饰品（见图 8－4）。“君子以玉比德”“君子无故，玉不去身”“鸣玉以行”，形容的就是古人腰间佩戴玉饰，行动间玉佩相击发出清越、悠远的声响，“听己珮鸣，使玉声与行步相中适”，以铿锵和谐的玉声配合节奏适当、沉稳从容的步伐。“环佩”则是古代女子的代名词，因为女子动则环佩叮当，这些声音起到提醒、规范女子行为的作用。有种叫“禁步”的饰品就是将各种不同形状的玉佩用彩线连成一串系在腰间，行动符合礼仪规定时，发出的声音缓急有度，轻重得当；如果节奏杂乱，会被认为是失礼。古人对这一点的关注，反映的就是对礼的重视。

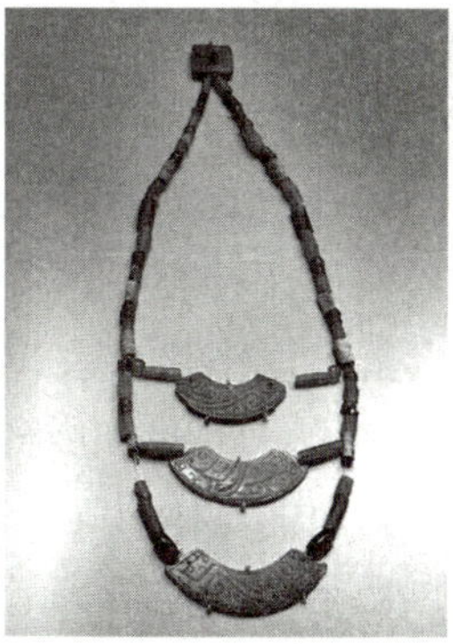

图 8－4　玉佩（西周中期）

四、服饰之“味”

“味”，指服饰的味道。古代服饰获取香味的方式多种多样。“身上春衫香薰透”，是通过给衣物熏香，使“贵香入衣”，数日不散；“紫锦香囊金屑暖”，是系在肘腋之间、藏于襟袖之内的香囊暗香盈袖；“罗帷绮箔脂粉香”“暗娇妆靥笑，私语口脂香”是膏泽脂香，是衣香鬓影，是吹气胜兰；还有的女子在内衣中夹藏香粉、干花，有意无意间就散发出幽幽香气。

古代服饰的香味，与现代人理解的脂粉香、幽香不尽相同。有些香味来自药香，还有些香味来自果香。比如北宋仁宗宠爱的张贵妃创制的“阁中香”，选用荔枝壳、松子膜、苦楝花这样的简朴材料制作香品，香气迥异他人，名动一时。

中国传统服饰可谓内外兼修，外在有形有色、声味俱备，内在则蕴含着“礼”的丰富内涵，从而使其中体现的传统文化也显得丰富多彩、生动活泼。

第二节 深衣楚楚有古意——古代服装

中国的冠服制度首先代表的是等级符号，以服饰标识人的身份、等级、地位，穿衣戴帽都要遵循“礼”的规范。

一、上衣下裳

《说文解字》说：“衣，依也。上曰衣，下曰裳。”上衣下裳的形制，周正庄重，雍容典雅，符合中国传统的主流审美观。东汉荀爽《九家易》说：“衣取象乾，居上覆物，裳取象坤，在下含物也。”乾为天，坤为地，其中寓意不言而喻，由此也可见衣裳所蕴含的思想与秉持的法度。上衣下裳的典型例子就是作为礼服的冕服和女子日常穿的襦裙。

（一）冕服

《论语·卫灵公篇》中“颜渊问为邦。子曰：‘行夏之时，乘殷之辂（lù，古代一种大车），服周之冕，乐则《韶》《舞》。放郑声，远佞人，郑声淫，佞人殆’。”

依《论语》所说，冕服始于周，也有人说始于黄帝。以甲骨文中即有“冕”的相关记载推论，冕服在商周时期就已存在，其使用基本贯穿了中国古代历史，成为沿用时间最长的中国古典服饰。冕服的形制从先秦到秦几经变迁，到汉代基本固定下来，虽经过历朝历代对一些细节的调整，但总体变化不大，保持了汉代定下的基本规制。成套冕服包括冕冠、衣、裳、中衣、袴（kù，裤的异体字）、袜、舄（xì，鞋），还包括腰带、蔽膝、佩玉、绶、圭、剑等饰品。冕服的每一个组成部分都有其专属的名称、相对固定的式样，反映着古人对自然的认识、对哲学的思考以及政治制度等方面的若干理念。

按郑玄对《周礼》的注疏，冕服的颜色有统一的规定：上衣用玄色，下裳用纁（xūn，浅红）色，玄衣象征未明之天，纁裳表示黄昏之地。因为上为天，也就是阳，要用正色，玄是彩色之中最贵者，是天色；下为地，也就是阴，要用间色，纁是赤黄之杂，是地色。具体来说，纁和绯、绛同属赤色而略浅；玄是赤黑色，黑中带红。《周礼》还规定了染制玄色和纁色的具体时间，认为四季之中，夏季最适合染制这两个颜色，“夏纁玄”。

除了色彩之外，《虞书·益稷》还明确了冕服上装饰的纹样，也就是十二章纹（见图 8－5）。十二章纹作为最高级别礼服的装饰，在历史传承中基本保持了一致，只有个别纹样有过短时间的更替。古人认为，衣服上的纹样具有“德”的象征意义，综合历代学者对十二章纹的解读，其象征意义可以归纳如下：

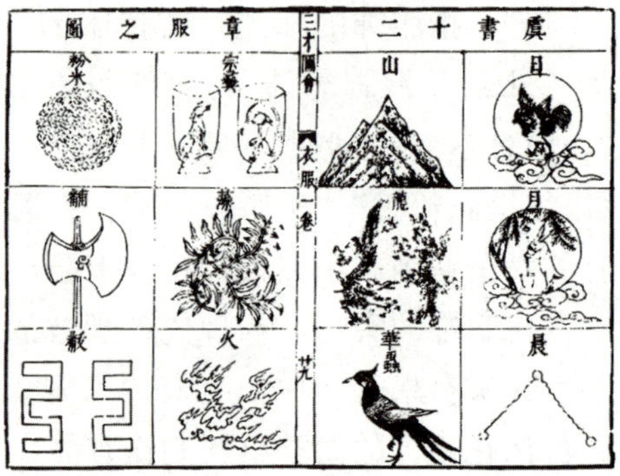

图 8－5　明《三才图会》十二章纹

> 日（日中有乌，彩云托之）、月（月中有玉兔捣药，下彩云护之）、星辰，为最富神灵的天神，列于十二章纹第一之义，取其照临，

有光照大地、天下祥和之寓意；山（山岳一座），取其稳重；龙，取其灵变、祥瑞；华虫（彩羽雉鸟），取其文丽；宗彝［祭祀礼器，绘虎、蜼（wěi，长尾猿）］，取其忠孝、智猛、辟邪；藻，取其洁净；火，取其兴旺、光明；粉米，取其洁白、养人；黼（斧形），取其决断，临事能决；黻（常作两兽相背形），取其明辨。

十二章纹的色彩也有具体要求。根据典籍记载，日、藻、粉米用白色，月、山、龙用青色，星辰、华虫为黄色，宗彝为黑色，火为红色，黼为半黑半白色，黻为半黑半青色。

冕服下裳上有几个数字别具深意。裳的幅数为前三后四，奇偶的数字对应着阴阳。腰带下佩的蔽膝，源自上古服制中遮蔽下体的市（fú，古代一种系于腰间、遮于官服或礼服下裳前的服饰）。《礼记》记载蔽膝上广一尺，表示天一，是奇数；下展二尺，表示地二，是偶数；长三尺，表示“三才者，天地人”。这些数字，都体现了古人对世界的哲学性认知。蔽膝的颜色也很有讲究，天子用纯朱色，诸侯用黄朱色，大夫用赤色。《诗经·斯干》说“朱芾斯皇，室家君王”，形容的就是天子的市色典雅辉煌（见图 8－6）。

图 8－6　阎立本《历代帝王图》（局部）

帝王在重要场合戴十二旒的冕冠，穿绣有十二章纹的冕服，王公贵胄、文武百官的冕冠及冕服上的章纹根据身份等级依次递减，明确体现了服饰“别等级，明贵贱”的作用。

（二）襦裙

冕服是礼服，在普遍性、实用性方面十分有限。从日常穿用的情况来看，女装中的襦裙是应用更普遍的上衣下裳的代表。根据战国中山王墓的文物（见图 8－7）可知，上衣下裳的形制在当时已经出现。古人描述女性穿衣打扮常说“三绺梳头，两截穿衣”，所谓“两截穿衣”，指的就是上衣和下裳，也就是襦裙。《离骚》中也有“制芰（jì，菱角）荷以为衣兮，集芙蓉以为裳”的诗句。

图 8－7　战国中山王墓玉人

襦裙的上衣是短襦或衫，叫作“襦”，一般长不过膝，魏晋南北朝以后借鉴胡服元素，添加披帛、半臂；下裳是长裙，有齐腰裙、高腰裙、齐胸裙等不同款式，腰间束带。受经济、政治、审美等因素的影响，在不同的历史时期，襦裙领型、袖型、裙型、上下比例等经常发生变化，以达到最理想的审美效果。《簪花仕女图》中的女子就是上身穿抹胸，下身束裙，裙摆宽大，臂挂绕帛（见图 8－8）。

图 8-8　周昉《簪花仕女图》(局部)

短襦长裙的基本搭配一直延续到明末清初。清军入关后推行剃发易服，要求换穿满族长袍，上衣下裳的形制遭遇到了最大危机。经过汉族女性长期的斗争，女装保留了襦裙的基本形制。满族女性受到汉族女装的影响，也开始穿上下分离的袄裙，并最终实现了汉族与满族女装的融合，上衣下裳的基本形制也得以保存、延续。

二、深衣

在历史上，还有一种可与上衣下裳相提并论的基本服制，即“被体深邃”。甘肃辛店彩陶纹饰中剪影式人物长衫及膝，腰间束带，远看像连衣裙，其形制应该属于贯口衫类（见图 8-9）。这是原始社会各类服饰形态的最初探索。

图 8-9　甘肃辛店彩陶纹饰

“被体深邃”的典型代表是春秋战国时期出现的“深衣”，其形制特点是将上衣下裳并为一体，如同连身服。其实深衣并没有彻底摒弃上衣下裳的传统，在裁剪时要先裁出上衣和下裳，缝制成衣时再将上下相连。这是对衣裳形制的继承，也是对祖制的遵从。

深衣

深衣的影响十分深远，战国之后各种各样的连身服，如东汉的直裾深衣、隋唐的圆领长袍，都只是它的变体。唐时，圆领长袍已成为正式的官服，但其本质仍是上衣下裳，因为在袍的膝盖处有一道叫“横襕”（lán，古代上下衣相连的服装，即长衫或袍）

的接缝。这道“横襕”，就是上衣下裳形制的象征：横襕以上为衣，以下为裳。宋代男子日常穿“直裰”(duō，古代长袍便服)，沈从文在《中国古代服饰研究》中认为，直裰从古时僧人的中禅演化而来，最大特征就是保有华夏衣冠的标志：交领右衽（rèn,衣襟）。

第三节 云鬓花颜金步摇——古代配饰

服饰包括服装和饰品，饰品包含衣物上的各种配饰，也包括发饰、手饰、耳饰等。这些主要起装饰作用的饰品，可以由小见大，从细节处反映出各个时代的风貌。

一、发饰

成汤剪发祈雨感动上天，曹操割发代首取信于军，杨玉环断发谢罪得玄宗谅解，陶侃母典发待客成贤母典范，这些故事足以说明古人对头发的重视。古人对发型、发饰的重视，使古代中国成为发型、发饰最丰富的国家。众多文物中的人像造型，揭示了古代女性发型的多样。人们从原始社会进入文明阶段不再蓬发，基础的剪发、编发就出现了。甘肃大地湾彩陶壶口的女子头发披下，脑后的头发长度与耳垂齐平，额前短发修剪整齐，简洁利落，与现代发型相比也毫不逊色（见图 8－10）。陕西仰韶红陶人头壶的少女脑后梳着精致细密的发辫，排列得整整齐齐，煞是可爱（见图 8－11）。

图 8－10 甘肃大地湾人头型彩陶壶

图 8－11 陕西仰韶红陶人头壶

（一）发之型

发型能修饰脸型，增加仪容的俊美，是女性头部的重要装饰。古人不能随意剪发，这样的头发长度为发型的多变提供了条件。中国古代女性发型变化富丽多姿，唐代《髻鬟品》记载的发型名称不下百种，朝云髻、芙蓉髻、涵烟髻、望仙髻……发型名称充满诗意与美感，引人遐思（见图 8－12、图 8－13）。

《采兰杂志》记载：“甄后既入魏宫，宫廷有一绿蛇，口中恒有赤珠，若梧子大，不伤人，人欲害之，则不见矣。每日后梳妆，则盘结一髻形于后前，后异之，因效而为髻，巧夺天工，故后髻每日不同，号为‘灵蛇髻’。宫人拟之，十不得一二也。”图 8－14、图 8－15 中的女性发型都是灵蛇髻，宛转妩媚又欲凌波飞去，正合了灵蛇髻轻灵善变的特点。

图 8-12 《寄锦图》中的惊鹤髻

图 8-13 李爽墓壁画中的双环望仙髻

图 8-14 《洛神图》(局部)

图 8-15 《杜秋娘图》(局部)

古代女子发型依据各类梳编法，采用髻、鬟、盘、绾（wǎn，盘绕，系结）、叠、拧、结等方法，根据朝代、身份、年龄、个性等灵活组合运用。“春天暖日会妃嫔，各个梳头出样新”，描写的虽是后宫佳丽争宠的场面，却也描绘出女子们费尽心思做出各种发型以争奇斗艳的盛景。如果发长、发量不够，还可以佩戴假发，“髢”（dí，假发）是局部假发或发丝编成的假髻；《周礼》分得更细，“副”是有饰假发，“编”是无饰假发，“次”是用假发与自己真发合编起来的髻。西周的王后、君夫人等上层社会贵族妇女，在参加祭祀等重大活动时，都要佩戴副、编、次等。

经典诵读

假髻曲奉许天爵

明·张弼

东家美人发委地，辛苦朝朝理高髻。西家美人发及肩，买妆假髻亦峨然。金钗宝钿围珠翠，眼底何人辨真伪。夭桃窗下来春风，假髻美人归上公。

（二）发之饰

精心梳理的发型还需要进行极具巧思的装饰，发饰应运而生。

《山海经》中的西王母“蓬发戴胜”，大概是发饰最早的记载了。考古发现的最早发饰是山顶洞人头骨上的四颗石珠，石珠用石灰岩精心磨制并穿孔，可以戴在头上。发饰中用的最多的是簪与钗，区别在于簪是一股，钗是两股。簪就是笄，《事物纪原》引《二仪实录》：“燧人始为髻，女娲之女以荆杖及竹为笄以贯发，至尧以铜为之，且横贯焉。舜杂以象牙、玳瑁，此钗之始也。”传说汉武帝头痒，用李夫人的玉簪搔头发，因此簪还被叫作“搔头”。

簪与钗之外，古代女子装饰头发的还有步摇、头绳、巾帼、梳篦、胜、兵佩、鸟羽、凤冠等，采用金、银、玉、绢、花草、宝石等各种材料制成。

从佩戴者的身份来说，凤冠无疑是发饰中的最高等级（见图 8－16）。《清稗类钞》就说：“凤冠为古时妇人至尊贵之首饰。”宋代开始将凤冠正式确立为后妃的礼服冠，凤、鸾、翟（dí，长尾的野鸡）等与皇室后妃的身份一一对应，显示出明显的等级意味。在这之前，周朝就有羽冠，后来还有各种花冠、金冠；按《中华古今注》的说法，秦始皇时宫女们“以金银作凤头，玳瑁为脚”，就是最早的凤钗。当各种大典仪式对贵族女子发饰规定越来越细致、凤鸟形象也越来越高贵的时候，二者结合，凤冠就出现了。凤冠制作考究，工艺繁复，材质贵重，按服制规定，只有一定等级的贵族女子才能戴用，且有礼服冠、燕服冠之别，又有凤鸟、翟鸟之分。因其（价格）贵（分量）重，贵族女子也只有在特定的重大场合才搭配礼服使用，日常是不戴的。

图 8－16　明代孝端皇后的九龙九凤冠

虽有服制规定，平民女子也有戴上凤冠做“一日诰命”的机会，满足女子对富丽堂皇的凤冠的向往之情，那就是出嫁时新娘子的“凤冠霞帔”。不过，这个举动本身就是“摄盛”，也就是逾制，所以新娘子头戴的凤冠只能是借名，并不能真的使用凤的造型，最多也只能用翟，贫困者甚至只能戴花冠。

浙江女子尽封王

戴用发饰还有一种特殊情形，就是节令时的发饰选用。整个春天，女子都会佩戴应季鲜花，发间鬓旁春意闹，“小楼一夜听春雨，深巷明朝卖杏花。”清明戴柳、夏至楝叶、立秋红叶、重阳菊花，每个节庆时令都有相应的发饰。这正是李渔所说“簪珥之外，所当饰鬓者，莫妙于时花数朵”（见图 8－17）。

图 8－17　宫女头上的花冠汇聚一年各季花朵，名“一年景”

古代男性也是长发，且意义极为重大，《国语·晋语》评点人物，“贤”的首要标准就是“美鬓长大”。受到“礼”的制约，男性要束发、戴巾帻或其他首服，发饰相对简单，主要是用簪固定发冠。男性头部的主要装饰是各类首服，从巾帻到梁冠，从幞（fú，古代男子束发用的头巾）头到瓜皮帽，弁、帽、盔、笠、巾……花样层出不穷。扎巾方便，戴帽取暖，冠则主要起装饰作用。古人要配合不同场合的礼节和仪式，根据身份、等级戴用不同冠帽，可以通过冠帽辨识一个人的官职、身份、等级等。

饰品的设计、制作与佩戴，都是当时经济、思想、工艺等文化元素的直接体现。就饰品所采用的材质而言，从玉石到贵金属，反映了历代矿物开采、金属冶炼技术、加工技术的不断提升；从其制作工艺来说，历朝历代都有传承、创新与发展（见图 8－18）；从造型来说，中国传统纹样在饰品中得到普遍应用，尤其是充满吉祥寓意的图案，如葫芦、石榴、五福捧寿等（见图 8－19）。有才能的女子还会根据自己的需要，别出心裁，设计、定制饰品，比如以飞雁为钗头寓意“雁塔题名”，祈愿男性家人科举能蟾宫折桂，显示出古人丰富的想象力和创造性，表达了人们对生活的美好期许。

图 8－18　累丝金凤簪（明）

图 8－19　老银烧蓝石榴如意结发簪（清）

二、耳饰

与发饰、颈饰、手饰等相比，耳饰非常特别。佩戴耳饰会毁损耳朵，这与传统中“孝”的观念背道而驰。《孝经》开宗明义就说“身体发肤，受之父母，不敢毁伤，孝之始也”，儒家、法家、道家等都认为穿耳以佩戴耳饰是对身体的伤害，甚至是德行的损失，因此从先秦到盛唐，耳饰的使用在汉族中并不普遍，而在广大的少数民族地区较流行。其间汉族人发明了一类特殊的耳饰，称为“瑱”（tiàn，古人冠冕上垂在耳两侧的玉饰）。瑱原本佩戴在男子的冕冠上，后来成为宫廷上层女性朝服的必配之物，流行于汉晋时期，称为“簪珥”。簪珥不是佩戴在耳垂上，而是系于簪首、悬于耳旁，用以提醒佩戴者谨慎自重、勿听妄言。

穿耳之饰在中国汉族中真正风行始于宋，汉族女子开始普遍戴用耳饰，男子则不会佩戴，在很长时间里，耳饰都是汉族男女之别的重要标志。少数民族男性使用耳饰则并不罕见，历史典籍中屡见记载。最初流行的是各种款式的耳环。耳坠容易随意晃动，耳环则显得端庄又不失华贵。明朝晚期心学普及，反对宋儒的禁欲主义，再加上清朝贵族对繁缛装饰的喜好，耳坠才开始风行。

与服装相比，各类饰品虽然体量小，主要起点缀、装饰作用，却能以小见大，在千年流转、流光溢彩中，映射出中国传统文化的源远流长、博大精深。

服饰是一定历史时期文化的综合反映，其演变缘由、过程同政治、经济、军事、意识形态、生活习俗、科技发展状况甚至各民族之间以及各国之间的文化交流等方面都密不可分。学习、了解、欣赏中国传统服饰，不仅要欣赏其外在的美，更要通过外在的形、色，畅想其声、味，品味其蕴含的深刻文化内涵，于细微处见精神，于琐碎中见精彩。

躬行践履

梳一款古代发型：百合髻

第一步：将长发扎成两个间距较近的高马尾。

第二步：将两个马尾都均分成三等份。

第三步：以其中一等分为基准，将另一等分绕一个竖立的环，第三等分围绕这两等分绕圈，然后固定住。

第四步：绕完后，将基准那股再盘于双马尾的基底部，形成发髻。

第五步：另一边同样扎法，发髻完成。

失落的文明·汉服运动

经典诵读

1. 九日龙山饮，黄花笑逐臣。醉看风落帽，舞爱月留人。

（唐·李白《九日龙山饮》）

2. 荷叶罗裙一色裁，芙蓉向脸两边开。乱入池中看不见，闻歌始觉有人来。

（唐·王昌龄《采莲曲》）

3. 桂布白似雪，吴绵软于云。布重绵且厚，为裘有余温。

（唐·白居易《新制布裘》）

4. 青袂蒙头作野妆，轻移莲步水云乡。裙翻蛱蝶随风舞，手学蜻蜓点水忙。（明·戴良《插秧妇》）

5. 乡里小儿狐白裘，美人赠我锦绣段。五陵衣马自轻肥，楚人四时皆麻衣。（明·王世贞《彭城道中夜得上古王中丞遗余成制锦裘不知余尚未御此服也走笔集古诗句为谢》）

第九讲

一席人间烟火气

——饮食文化

薪火相传

过春节，中国人要吃饺子；元宵节，汤圆必不可少；清明节，有时令的青团；端午节，悠悠粽叶飘香；中秋节，有象征团圆的月饼；过腊八，家家户户要喝一碗腊八粥。在中国，人们很讲究吃，满足口腹之欲的同时，还要获得视觉的享受，甚至要感悟人生哲理，因此才会有“吃在中国”之说。中国被誉为“烹饪王国”，成为东方饮食文化圈的轴心，中国饮食文化直接影响日本、韩国等国。

第一节 中国饮食文化概述

一、中国饮食文化的定义及特征

（一）中国饮食文化的定义

饮食文化是指食物原料开发利用、食品制作和饮食消费过程中的技术、科学、艺术，以及以饮食为基础的习俗、传统、思想和哲学，即由人们食生产和食生活的方式、过程、功能等结构组合而成的全部食事的总和。

中国饮食文化涉及“饮”与“食”两个方面。饮，主要指代表酒精饮料的酒和非酒精饮料的茶。食，是以五谷为主食，蔬菜、肉类为副食的传统饮食结构。中国饮食文化包括饮食观念、民情风俗、物产原料、烹饪技术、饮食器具、饮食礼仪、食疗养生及有关人物轶闻、文献典故等诸多方面的知识。

（二）中国饮食文化的特征

1. 烹饪技艺精湛

中华美食诸多菜品不但滋味绝佳，而且能满足人们的审美享受。烹饪者刀工绝妙，可以通过不同的刀法将食材处理成块、段、条、丝、片、丁、茸等形状；同时，还讲究造型及色彩，充分体现了色香味俱全的特点（见图 9－1）。

图 9-1　中华美食的刀法与色彩

中国厨师的精湛技艺还体现在他们可以物尽其用，甚至“化腐朽为神奇”。如动物内脏、鸡脚猪脑等边角料，外国厨师通常是不会费心烹饪的，而中国厨师能烹制成风味独特的佳肴。中国人的餐桌上食材多样、庞杂，几乎难以穷尽，这极大地拓宽了中国人烹饪的思路，丰富了菜肴的花色品种。

2. 地域饮食差异大，食谱异常丰富

我国幅员辽阔，地大物博，地理条件和气候条件的多样性造成了各地的食物原料和口味差异很大。地域饮食习惯上素有“南甜、北咸、东辣、西酸”之说，主食方面北方以小麦为主，南方多食稻米，不同地域依据当地物产选用食材，菜品各具特色。此外，某些地区饮食还融入了民族习惯、历史文化的传承等因素，因此，各地饮食习惯也有所不同。

中国烹饪的一大特色是用同一原料可以烹调出口味迥异的菜肴，一条鱼可以清蒸、可以红烧，可以做酸菜鱼、可以做水煮鱼，甚至可以演变出一席全鱼宴。一料多吃使得我们的食谱异常丰富，既反映了中国人在吃方面的精细讲究，也体现了食物有限时的智慧。

3. 饮食内涵丰富，寓意深刻

中国的饮食内涵丰富，其一就体现在给菜肴起名字很讲究，或暗合绝句妙语，或融入一段美丽的传说，或包含一个历史典故，以此提升菜肴的文化品位。一般给菜肴命名主要根据料、味、形、色、时令、烹饪技法、地名、人物、典故等。譬如“松鼠鳜鱼”有形有料。宴会也有各种名称，或以原料命名，或以缘由命名，充分彰显文化的底蕴，如“全鸭宴”“迎春宴”“千叟宴”等。

古人在享受美味的同时，也在追求“食之外”的精神境界，逐步赋予饮食以政治、哲学、人文、美学、道德修养等种种内涵，如譬喻治国之道、体现人生理想、谈论修身养性。此外，中国人借用食物讨口彩，寄寓人们对生活的美好憧憬。除夕年夜饭，每家每户的餐桌上必然会有一条鱼，而且不能吃光，取“年年有余”之意。

二、中国著名的“八大菜系”

菜系，也称“帮菜”，是指在选料、切配、烹饪等技艺方面，经长期演变而自成体系，具有鲜明的地方风味特色，并为社会所公认的菜肴流派。

早在春秋战国时期，中国饮食文化中南北菜肴风味就表现出差异。到唐宋时，南食、北食各自形成体系。发展到清代初期，鲁菜、苏菜、粤菜、川菜成为当时最有影响的地方菜，被称作“四大菜系”。到清末，浙菜、闽菜、湘菜、徽菜四大新地方菜系分化形成，共同构成中国饮食的“八大菜系”。八大菜系大都有它们各自发展的历史，不仅传承了精湛的烹饪技艺，而且承载着富含人文内涵的传说典故，成为我国饮食文化的重要组成部分。

（一）鲁菜

鲁菜即山东菜。山东地处胶东半岛，位于渤海和黄海之间，境内沃野千里，粮食、蔬菜、水果的产量均居全国前列，畜禽蛋和水产品以及历史悠久的酿造业都为鲁菜的发展提供了丰富的原料。而且，山东作为我国古文化发祥地之一，历史文化源远流长，鲁菜也因此被推为“八大菜系”之首，它由齐鲁、胶辽、孔府三种风味组成。

齐鲁菜清香、鲜嫩、味纯，尤重制汤，用高汤调制是一大特色。代表菜有糖醋鲤鱼（见图 9－2）、九转大肠、汤爆双脆。

胶辽菜起源于福山、烟台、青岛，以烹饪海鲜见长，口味以鲜嫩为主，比较清淡。葱烧海参（见图 9－3）是其招牌菜，香气浓郁，兼具食疗保健功能。

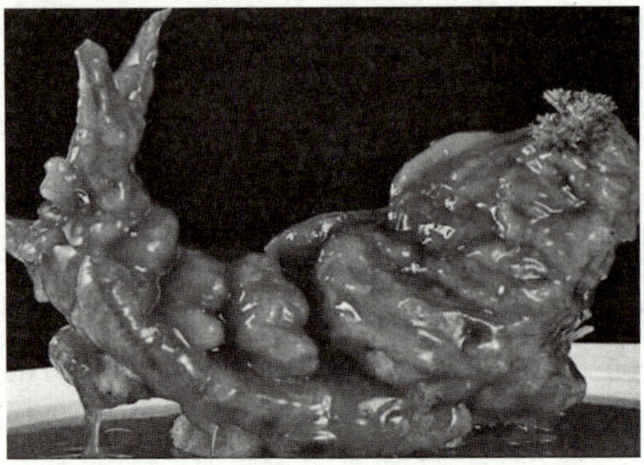

图 9－2　糖醋鲤鱼

图 9－3　葱烧海参

孔府风味以曲阜菜为代表，秉承孔子“食不厌精，脍不厌细”的饮食主张，其用料之讲究、筵席之丰盛堪比宫廷御膳。代表菜有翡翠虾环、燕窝四大件、一品豆腐、寿字鸭羹。

（二）川菜

川菜即四川菜。四川自古享有“天府之国”的美誉，境内江河纵横，四季常青，山珍野味、鱼虾蟹鳖、禽畜蔬菜品类繁多，此外，还有自贡井盐、郫（pí）县豆瓣、茂汶花椒等品质超绝的调味品，为川菜的兴起提供了良好的物质基础。

川菜作为中国八大菜系之一，发源于我国古代的巴国和蜀国，它历史悠久，地域风味浓厚，菜品丰富、味道多变，素有“七滋八味”之说。“七滋”指甜、酸、麻、辣、苦、香、咸；“八味”即鱼香、酸辣、椒麻、怪味、麻辣、红油、姜汁、家常。在口味上川菜享有“一菜一格，百菜百味”之美誉，同时因为川菜色、香、味、形俱佳，以致烹饪界流传有“食在中国，味在四川”的赞叹。川菜名菜有麻婆豆腐（见图 9－4）、灯影牛肉、夫妻肺片、鱼香肉丝、宫保鸡丁等。

图 9-4　麻婆豆腐

麻婆陈氏尚传名，
豆腐烘来味最精。
万福桥边帘影动，
合沽春酒醉先生。
——（清）冯家吉
《锦城竹枝词》

麻婆豆腐八字箴言：麻、辣、烫、香、酥、嫩、鲜、活。

（三）粤菜

粤菜即广东菜。广东地处亚热带，临南海，雨量充沛，四季常青，物产丰饶。因此，广东的饮食一向得天独厚。粤菜起步较晚，但它善于在模仿中创新，取百家之长，选料时令性强且奇异广博，烹调技艺多变，菜肴讲究清而不淡、鲜而不俗、嫩而不生、油而不腻，有“五滋”（香、松、软、肥、浓）“六味”（酸、甜、苦、辣、咸、鲜）之说。著名的粤菜有龙虎斗、烤乳猪（见图 9-5）、盐焗鸡、白灼虾、烧鹅等。

图 9-5　烤乳猪

色同琥珀，又类真金。入口则消，壮若凌雪，含浆膏润，特异凡常也。
——（北魏）贾思勰《齐民要术》

（四）苏菜

苏菜即江苏菜。江苏为鱼米之乡，饮食资源十分丰富，长江三鲜、太湖银鱼、阳澄湖大闸蟹、高邮麻鸭都是餐桌上的佳品。苏菜用料广泛，以水产为主，刀工精细，烹调方法多样，菜品追求本味且形质清雅。苏菜可以细分为徐海风味、淮扬风味、金陵风味和苏南风味。“镇扬三头”（扒烧整猪头、清炖蟹粉狮子头、拆烩鲢鱼头）、“苏州三鸡”（叫花鸡、西瓜童鸡、早红橘酪鸡）以及“金陵三叉”（叉烤鸭、叉烤鳜鱼、叉烤乳猪）都是具有代表性的苏菜。

高邮咸蛋

除日常饮食外，江苏还有独具特色的“三筵”，其一为船宴，其二为斋席，其三为全席，如全鱼席、全蟹席等。

（五）闽菜

闽菜发源于福州。闽菜选料讲究，刀工精细，重火候，重调汤，善用佐料，口味多样。福建依山傍海，山珍野味及海鲜佳品可以常年供给。闽菜厨师擅长制作海鲜，在蒸、氽（cuān）、炒、煨（wēi）、爆、炸等方面独具特色，并形成了闽菜三大特色：一是刀法讲究；二是汤菜居多；三是调味奇特。

闽菜中有 40%是汤菜，在福建有“一汤十变，百汤百味”之说。闽菜厨师能在一种原汤的基础上加适当的辅料，使原汤衍生出无数美味。

闽菜的招牌当属“佛跳墙”（见图 9－6），此外，鸡汤氽海蚌、淡糟香螺片、荔枝肉也别具风味。福建小吃也很有特色，如锅边糊、扁肉燕、沙茶面等。

佛跳墙

图 9－6　佛跳墙

（六）浙菜

浙菜即浙江菜。浙江东濒大海，有著名的舟山渔场。省内河道遍布，淡水资源丰富，鳜鱼、鲫鱼、青虾、湖蟹等产量极大。西南为山地，山珍野味历来有名。举世闻名的西湖龙井茶叶、绍兴老酒，都是烹饪中滋味绝佳的上乘原料。

浙菜富有江南特色，历史悠久，文化色彩浓厚。菜品丰富，菜式精巧，有清、香、脆、嫩、爽、鲜的特点。浙菜主要由杭州、宁波、绍兴、温州四个流派组成，特色名菜有西湖醋鱼（见图 9－7）、东坡肉、龙井虾仁、雪菜大汤黄鱼、西湖莼菜汤。

西湖醋鱼

图 9－7　西湖醋鱼

（七）湘菜

湘菜即湖南菜。湖南省气候温暖，雨量充沛，阳光充足，四季分明。境内有洞庭湖平原，盛产鱼虾和湘莲。湘西多山，盛产笋、蕈（xùn）和山珍野味。这些丰富的物产为湘菜的烹制提供了精美的原料。

依托地域特质，湘菜以湘江流域、洞庭湖区和湘西山区三种地方风味为主。湘江流域的菜制作精细，用料广泛，油重色浓；洞庭湖区菜以烹制河鲜、禽畜见长，芡大油厚，咸辣香软；湘西山区菜则擅长制作山珍野味、烟熏腊肉和各种腌肉，口味侧重咸香、酸辣，有浓厚的山乡风味。湘菜的代表菜有腊味合蒸、剁椒鱼头（见图 9-8)、麻辣仔鸡。

图 9-8 剁椒鱼头

（八）徽菜

徽菜指徽州菜。徽州雨量充足、气候适宜，物产尤其丰富，山珍野味成为徽菜的重要食材。徽菜的烹制重油、重色、重火功。主要名菜有火腿炖甲鱼、臭鳜鱼（见图 9-9)、黄山炖鸽、毛豆腐等。

图 9-9 臭鳜鱼

徽菜主要特色有四：其一，就地取材，以鲜制胜。山珍野味、河鲜家禽，就地取材保证食材的鲜活。其二，善用火候，火功独到。根据食材采用大火、中火、小火烹调。其三，娴于烧炖，浓淡相宜。徽菜烹调擅长烧、炖、蒸，而爆、炒较少。其四，注重天然，以食养身。徽菜继承了祖国“医食同源”的传统，讲究食补，这是徽菜的一大特色。

躬行践履

1. 家乡美食我来说。
2. 探讨地域饮食差异形成的原因。

第二节 茶文化与酒文化

一、茶文化

手捧一杯清茶，细品人生五味，苦后回甘，甜中藏涩，于是心中释然，随心而为，学会放下，不以物喜，不以己悲。

（一）茶的起源

中国是茶的故乡，茶树原产于中国，茶的饮用也始于中国，其历史可追溯至远古时代。《茶经》载："茶之为饮，发乎神农氏。"相传，为了发现治病救人的草药，神农尝百草。一日，神农被毒晕在一棵茶树下，碰巧叶片上的露水滴入神农口中，才得以起死回生，因而发现茶的药用价值。由此，我们可以推论出，茶的发现大致发生在原始氏族社会晚期。

东晋常璩撰写的《华阳国志·巴志》记载："武王既克殷，以其宗姬封于巴，爵之以子……上植五谷，牲具六畜。桑、蚕、麻、纻（zhù）、鱼、盐、铜、铁、丹、漆、茶、蜜……皆纳贡之。"这一记载表明在周武王伐纣时，巴国就已经以茶与其他珍贵产品纳贡了。这一史料证明中国茶树的栽培历史距今已有 3 000 多年。

六朝时，有识之士提出"以俭养廉"的主张，于是出现了陆纳、桓温以茶代酒的举动。

在中国，茶很早就被认识和利用，随后被种植和采制。但是据考证，茶在各阶层中成为生活必需品，大致是在唐代陆羽《茶经》传世以后，宋代梅尧臣《宛陵集》诗云："自从陆羽生人间，人间相学事春茶。"

（二）饮茶方式的演变

1. 煮茶

从汉代开始至今，煮茶之法一直沿用，尤其是汉魏六朝到唐初，煮茶是当时饮茶的主要方式。

煮茶不挑茶叶，鲜叶或是加工过的各类茶叶，都可以用来烹煮。团饼类茶叶一般需要先敲碎碾成末再煮。唐代以前没有专门的煮茶器具，往往茶器和食器混用，唐之后有了釜（fǔ）、铫（diào）、铛、盏等。煮茶法，顾名思义，就是将茶与水混合置于炉火上煮沸，也可加入盐、姜、椒、桂等调饮。

2. 煎茶

煎茶法萌芽于西晋，在唐代成为主要饮茶方式。唐代的茶叶不论何种形态，都需碾成末煎用。末茶若经过长时间的熬煮，茶味、汤色和香气都会有折损，所以人们在煮茶法的基础上进行了改进。煎茶法主要有备茶、备器、择水、取火、候汤、煎茶、酌茶、品茶等步骤，煎茶是在水二沸时投茶末，以竹夹搅之，可以加盐调味，待水三沸时茶煎成，之后舀至茶碗趁热饮用。由于煎茶时间比较短，茶汤色味俱佳。

煎茶法在北宋之后逐渐消逝。

3. 点茶

点茶法始于唐末五代，流行于宋元。点茶法主要有备茶、备器、择水、取火、候汤、熁（xié）盏、点茶、品茶等步骤。点茶时要把茶研磨成极细的茶粉，预先将茶盏烤热，用茶匙取适量茶粉放入茶盏中，注入少许汤，调成膏状，然后边注汤边用茶筅（xiǎn）（见图 9－10）搅动，称为“击拂”（见图 9－11），待盏面茶末上浮形成粥面即可饮用。茶筅是一种用细竹制作的工具，可以使茶末与水充分交融，是点茶必备的茶具。点茶法制成的茶适合清饮，不加额外的佐料调味。点茶法在明朝前期还流行，之后逐渐被泡茶法取代。

图 9－10 茶筅

图 9－11 击拂

4. 泡茶

泡茶法始于明中期并流行至今，成为一种主流饮茶方式，体现了茶艺的简约化。泡茶法还可细分为壶泡和撮泡。各种茶叶均可泡，紧压茶需要敲碎后取用。茶器主要有炉、铫、壶、盏，其中紫砂壶和盖碗是典型茶具。壶泡法在壶中冲泡，然后分注入茶盏饮用，而撮泡法则是一人一杯，直接在杯中续水，方式更便捷。

经典诵读

茶经·五之煮（节选）

唐·陆羽

其水，用山水上，江水中，井水下。其山水，拣乳泉石地慢流者上，其瀑涌湍漱勿食之，久食令人有颈疾。又多别流于山谷者，澄浸不泄，自火天至霜郊以前，或潜龙畜毒于其间，饮者可决之以流其恶，使新泉涓涓然酌之。其江水，取去人远者，井取汲多者。

（三）茶与文人

“茶，香叶，嫩芽，慕诗客，爱僧家……”唐代元稹的《茶》诗道出了文人自古以来爱茶嗜茶的情缘。所谓“文人七件宝”就是指“琴棋书画诗酒茶。”中国文人饮茶，注重一个“品”字。“品茶”不但是鉴别茶的优劣，也带有神思遐想和领略饮茶情趣之意。泡上一壶香茶，在幽静处自斟自饮，提神益思、激发创作激情的同时，也可以在细啜慢饮间增进心性修养。因此，品茶成为文人不可或缺的生活日常，不少传世之作便是在这悠悠茶香中酝酿而生的。

谈及文人茶语，最有名的应该算唐代卢仝（tóng）的《走笔谢孟谏议寄新茶》，也被茶友昵称为《七碗茶诗》。卢仝出身名门望族，是“初唐四杰”之一卢照邻的嫡系子孙，他淡泊名利，因为厌恶官场的昏暗而拒绝科考入仕，一直隐居山野。韩愈因为欣赏卢仝的才学和高洁的情操，对卢仝时有接济并与之成为挚友。《七碗茶诗》就是卢仝邀约韩愈、贾岛等人在桃花泉煮饮时所作：

> 一碗喉吻润，两碗破孤闷。三碗搜枯肠，唯有文字五千卷。四碗发轻汗，平生不平事，尽向毛孔散。五碗肌骨清，六碗通仙灵。七碗吃不得也，唯觉两腋习习清风生。蓬莱山，在何处？玉川子乘此清风欲归去。山上群仙司下土，地位清高隔风雨。安得知百万亿苍生命，堕在颠崖受辛苦。便为谏议问苍生，到头合得苏息否？

卢仝的茶歌描述了喝下七碗茶的不同体会。第一碗润喉解渴，第二碗破除心理的孤寂之感，一连喝了七碗，喝完第七碗后则两腋习习清风生，直觉飘飘欲仙。随后笔锋一转为民请命，直呼高高在上者品尝香茗之时，是否想到这杯中之物是多少茶农冒着生命危险、攀缘在悬崖峭壁之间采摘的。卢仝为底层人民鸣不平，体现了诗人更为深刻的人生感悟。

明徐文长《秘集致品》中，描绘了一幅幅美妙的品茗图景：“茶宜精舍，宜云林，宜瓷瓶，宜竹灶，宜幽人雅士，宜衲子仙朋，宜永昼清谈，宜寒宵兀坐，宜松月下，宜花鸟间，宜清流白云，宜绿藓苍苔，宜素手汲泉，宜红妆扫雪，宜船头吹火，宜竹里飘烟。”清苦幽香的茶，空灵诗意的景，与三五好友论理说道，心中块垒疏散，还有什么是放不下的？明代戏曲剧作家汤显祖是爱茶之人，万历十九年（1591 年），汤显祖因触怒皇帝被贬为徐闻典史，后调浙江遂昌任知县，在仕途遇阻不顺之时，汤显祖没有一蹶不振，而是时常邀上三五好友择一处幽静雅致的处所亲自煮茶。“不羡荆卿夸酒人，饮中何物比茶清。”品一盏香茗，欣赏嫩绿的叶片在滚水中沉浮、舒展，之后才能完全释放茶香，人生也如这般，需要经历一番磨砺，才能成就非凡的人生。益思凝神的茶汤也激发了汤显祖创作《牡丹亭》的灵感。《牡丹亭》作为汤显祖的代表作，提到茶有 20 多次，其中《劝农》更是描写了采茶、咏茶、泡茶、敬茶等情节。

中国名茶

赵朴初先生有诗云：“七碗爱至味，一壶得真趣。空持百千偈，不如吃茶去。”希望同学们也可以手捧一杯清茶而烦恼全消，在四溢的香气中感悟生活的美好。

二、酒文化

在中国，酒是一种文化的载体，酒文化源远流长。在几千年的历史长河中，酒几乎渗透到了人们生活的方方面面，它可以呈于庙堂之上，成为权谋的道具，也可以现于江湖之中，成就一段荡气回肠的豪情，还可以现于市井小巷，促成邻里的一团和气。

（一）酒的起源

中国是酒的故乡，中华民族 5 000 年的历史浸染着酒香。关于酒的起源，现在比较流行以下几种说法。

1. 上天造酒说

李白有诗云“天若不爱酒，酒星不在天”，“酒星”是我们的祖先凭借丰富的想象力幻化出来的酒的发明者。关于“酒星”的记载最早见于《周易》。“酒星”又称“酒星旗”，《晋书》也有关于“酒星旗”的记载：“轩辕右角南三星曰酒旗，酒官之旗也。”

2. 猿猴造酒说

在我国古代典籍中，有不少印证“猿猴造酒”的文字，综合来说有两点：第一，猿猴机敏不易捕得，但可以用酒诱之，猿猴嗜酒；第二，猿猴居处常有酒香，人们可于“石岩深处得猿酒”。猿猴造酒应该纯属“无心插柳”，果子摘多了没吃掉，堆积多日酿成果酒。

3. 仪狄造酒说

《吕氏春秋》《战国策》中都有关于“仪狄作酒”的记载。禹“饮而甘之”并断言“后世必有饮酒而亡国者”，于是“疏仪狄而绝旨酒”。还有一种说法是：“酒之所兴，乃自上皇，或云仪狄。”也就是说，在三皇五帝时代就开始酿酒，仪狄将前人的酿酒技术加以总结精进并发扬光大。

4. 杜康造酒说

“何以解忧，唯有杜康。”杜康造酒在《吕氏春秋》《战国策》《说文解字》《珊瑚钩诗话》中都有提到，杜康也作为中国的酒祖被祭拜。据记载，杜康一次把剩饭倒在空桑之中，饭在树洞里发酵，生成了酒并散发出酒香，杜康饮之感觉甚美，于是发明了酒。

也有一说，认为黄酒始于仪狄，高粱酒则源于杜康。

（二）文人与酒

酒既是一种物质饮料，又具有一种精神文化价值，它从一产生起，就与中国文化结下了不解之缘，并随着历史的演进，被赋予不同的含义。酒可以激发文人的创作激情，可以纾解胸中的阴郁，可以放大已有的欢愉，无论何种情绪都可以浓缩于诗词歌赋之中，从此文坛便弥漫着浓浓的酒香。

酒的种类

魏晋南北朝是一个动荡的年代，政权的对峙与频繁更替，篡权者的有恃无恐，致使魏晋文人精心避祸的同时又要强行接受，行为难免怪诞不经，而饮酒则成为他们避祸忘忧的法宝。被誉为文坛“竹林七贤”（见图 9－12）的阮籍、嵇康、刘伶等人，个个堪称酒中豪杰，他们生活上不拘礼法，常聚于竹林中饮酒长啸，借以纾解心中的积郁。阮籍不愿与司马氏联姻，只得大醉两个月，提亲者没有机会开口，亲事只得作罢。嵇康酒后“若玉山之将崩”，醺醺之态醉出了美感。刘伶更是因酒而流传千古，他的存世之作不多，但一篇《酒德颂》却广为人知，他自称“一饮一斛，五斗解酲（chéng）”，酒量还真是大得吓人。

图 9-12　竹林七贤

唐代文人不似魏晋那般压抑与绝望，觥筹交错之间品味人生、抒写情怀，诗酒生活中便多了几分豪气与豪情。杜甫的《饮中八仙歌》，将盛唐长安城中身份迥异的八位好酒者描摹得栩栩如生，他们中有诗人、书法家、王爷、高官，也有普通百姓。“知章骑马似乘船，眼花落井水底眠”“张旭三杯草圣传，脱帽露顶王公前，挥毫落纸如云烟”。八人中最耀眼的当属酒仙李白，“李白斗酒诗百篇，长安市上酒家眠，天子呼来不上船，自称臣是酒中仙”，酒已经成为李白生命的一部分，“烹羊宰牛且为乐，会须一饮三百杯”，高兴了必须喝个痛快，不醉不归；“古来圣贤皆寂寞，惟有饮者留其名”，失意之时也只有杯中浊酒才能消解心中不快。

宋代较唐朝多了几分内敛与哲思，但宋代文人对酒依然深爱。苏东坡的酒量不如李白，但他诗词中的酒味丝毫不比李白的寡淡，大醉而作“明月几时有，把酒问青天”终成中秋赏月的传世之作。在宋代喝酒不是男人的特权，一代才女李清照也是爱酒之人，与闺中密友相约，喝到尽兴而归却发现“沉醉不知归路”。嫁给了爱情但也有小别，酒水无疑可以排解独守空闺的寂寞，“昨夜雨疏风骤，浓睡不消残酒”“东篱把酒黄昏后，有暗香盈袖”。南渡之后国仇家恨，在“三杯两盏淡酒”中抒写自己悲凉愁苦的心绪。赏读李清照的词文，阵阵酒香扑鼻而来。

翻开中国文学史，赫然发现那些流芳百世的文人墨客大都与酒有着不解之缘。文人离不开酒，文学亦离不开酒。

（三）民间酒俗

1. 祭祀酒俗

古人由于认知局限，无法科学地解释自然界、人世间的各种现象，于是演绎出一套神鬼之说，并以祭祀这种仪式渴求神鬼和祖先庇佑。“国之大事，在祀与戎”，可见祭祀在古时的重要程度。

在祭祀时，酒作为祭品，成为沟通人神的媒介。酒未产生之前，祭祀用水或血，所谓“玄酒”其实就是水。后来逐渐发展至五齐三酒。仪式中祭祀者恭敬肃容，手持杯盏，默念祷词，以酒酹（lèi）地。

中国古代对于饮酒有许多禁忌，特别是周朝管控甚是严格，但祭祀饮酒却不受限制。所以祭祀仪式完成之后，往往会有一个场面盛大的宴饮。

由于国家重视祭祀礼仪，渐渐便深入民风习俗，进而发展成节日时令，如清明祭祖、中秋祭月，这些祭祀活动都离不开酒。

2. 婚丧酒俗

在今天，“喜酒”已成为婚礼的代名词。《仪礼·士昏礼》记载：“昏有六礼，纳采、问名、纳吉、纳征、请期、亲迎。”在整个婚娶环节中，酒是必不可少的。订婚仪式要喝“会亲酒”，意味着婚姻契约已达成，双方不可反悔。结婚时夫妻同饮合卺（jǐn）酒，唐代称之为“交杯酒”，取“永结同心”之意。三朝回门，娘家设宴款待，喝“回门酒”。

在江浙一带，有一种女儿酒，其实就是绍兴黄酒。家里的女儿满月之时，父母会张罗给女儿酿酒数坛，酒坛外面还要绘制漂亮的图案，之后埋于地下，等女儿出嫁之日，将酒取出宴客或是作为陪嫁。

丧礼，对于逝者意味着已走到人生的终点，生者要表达对死者的哀思，一杯水酒不可或缺。古时丧礼用酒主要包括祭奠用酒和出殡下葬时宴客用酒。小敛奠和大敛奠，都需要摆放香烛、果品、佳酿，还要用酒奠酹，以表达对死者的哀悼和敬意。祭奠完毕，准备酒菜宴客，称为“纳福宴”。古时下葬，死者生前享用的物件也要随葬，在长沙马王堆汉墓中就发掘有酒作为陪葬品。

3. 节日酒俗

我国的传统节日是反映社会生活、文化传承的一面镜子，而节日饮酒也是自古流传下来的一种风俗习惯，我国几个重要的传统节日，都有相应的饮酒活动。

（1）春节饮屠苏酒、椒柏酒。农历正月初一，这是民间最隆重、最盛大的传统节日，这一天要由幼及长依次饮用屠苏酒，寄寓驱邪安康之意。“屠苏”原是草庵名，昔日有人居草庵之中，每年除夕他都会送给邻居一包药，嘱咐邻居泡在井水里，春节用此水兑酒举家同饮，可以防疫祛病，之后这种酒被称为“屠苏酒”。椒柏酒是用川椒和侧柏叶泡制而成的酒，饮之可趋避一切疫疠（lì）不正之气。

（2）端午饮雄黄酒、菖蒲酒。农历五月初五端午节，这一天老百姓除了要吃粽子以纪念屈原之外，还要辟邪、除虫、解毒，所以有饮用雄黄酒、菖蒲酒的传统。把雄黄泡在酒中，挥发的气味可以驱虫辟邪。现代科学研究表明，雄黄含砷，有一定的毒性，因此现在很多人不再饮用雄黄酒，而是把雄黄酒涂抹在孩子的额头、面颊上，还会用雄黄水洒扫庭院，以更健康的形式传承传统习俗。

（3）中秋饮桂花酒。农历八月十五中秋节，是中国人团圆的节日，这一天一家人围坐、赏月、饮酒、抒怀。饮酒首选桂花陈酿。有文献记载，八月桂花飘香，精选花骨朵酿成美酒，入坛密封三年始成，酒香醇厚。

（4）重阳饮菊花酒。农历九月初九重阳节，据《西京杂记》载：“九月九日，佩茱萸，食蓬饵，饮菊花酒，云令人长寿。”秋高气爽之时，登高、赏菊、饮酒、作诗，也成为文人墨客的风雅之举。《本草纲目》有菊花酒方：“用甘菊花煎汁，同曲、米酿酒，饮之。”

（四）酒令雅趣

在我国，自古宴饮的主要目的在于联络、增进感情，而不仅仅是为了喝酒吃饭，所以在宴会上会开展行酒令、唱曲听戏、讲故事等活动，以增加宴会的趣味性，延长时间。

酒过三巡，情绪正高，人们喜欢行酒令助兴，所谓当筵必行令，随着酒文化的发展，酒令日渐丰富。

1. 雅令

雅令即行令时“须引经据典，分韵联吟，当筵构思”，因而对参与者的文化素养要求很高，虽不至于博古通今，但也要熟读经史子集。雅令一般包括作诗、联句、拆字、改字等。

拆字令

比如行“春”字令，要求在座每人吟七言诗一句，第一人“春”字居首，接下来第二个字为“春”，依次而降。若有第八个人就从头再来。

2. 通令

通令指通行之令，俗不伤雅，一般会借助骰（tóu）子、牙牌等器具，游戏性比较强，没读过多少书的人也可以参与。

比如“拍七令”，合席从一数到四十九，若遇七、十七、二十七……称为“明七”，用右手敲桌面；若遇“暗七”，即十四、二十一、二十八……则用左手敲桌底。违者罚酒。

3. 筹令

顾名思义，筹令是需要借助“筹”才能行令。“令筹”多在市集有售，一般用竹片制成，上面用小楷写一句唐诗、宋词、元曲名句或是名人轶事，并注明饮酒条件。抽到令筹依令饮酒，此令最能活跃酒席气氛。

如：天生旧物不如新（将婚者饮），独看松上雪纷纷（须白者饮），千呼万唤始出来（后来者饮三杯）。

此外，诸如访西施令、访黛玉令，还会依据人物关系设计令约，很是有趣。如：妙玉（斟茶递与宝玉），王夫人（禁宝玉酒并赐食）。

躬行践履

巧思善辩之茶酒之争

明代冯梦龙编《广笑府》卷8云：“茶谓酒曰：‘战退睡魔功不少，助成吟兴更堪夸，亡家败国皆因酒，待客如何只饮茶。’酒答茶曰：‘瑶台紫府荐琼浆，息讼和亲意味长。祭祀筵宾先用我，何曾说着淡黄汤？’”

第三节 中华美食与历史文化

试想，如果中华美食缺少了历史文化、名人掌故的加持，一道道佳肴是否会因之失色、失味？剥开粽叶，也无非是糯米、小枣，抑或有一粒提味的咸蛋黄，但普普通通的粽子因为与苦求真理最终自沉汨罗的诗人屈原联系在一起而变得不普通，流传了2 000多年，成为我们端午节的传统食品。菠菜凉面是清热消暑的妙品，若把菠菜换做槐叶，同样碧绿消暑，此外，还有个雅致的名字“槐叶冷淘”，杜甫的诗歌同样给看似寻常的食物注入灵魂。所以中华美食的魅力不仅仅来自其美妙的味道，更在于美食背后深厚的文化底蕴。这样的美食，在我们中华大地上比比皆是。

一、孔府家宴

“孔府”又被称为“衍圣公府”，是孔子及其后代居住的地方。在中国封建社会，孔府既是公爵之府，又是圣人之家，被誉为“天下第一家”。自汉代确立儒家思想的主流地位之后，历代统治者都把孔子的后裔封为“圣人”，所以孔府也成为我国历史最久、家业最大的世袭贵族。这个家族传承 2 000 多年，至今已有 83 代传人。所谓“三辈子做官，方懂得穿衣吃饭”，充足的经济来源，又没有过度的禁忌和束缚，加之世代经验的积累，造就了孔府精细讲究的饮食生活。

论及孔子的饮食思想，那句“食不厌精，脍不厌细”历来被作为饮食名言代代相传，孔府子孙秉承老祖宗的饮食主张，孔府厨役也多为累代相传，在众人的精工细作和奇思妙想之下，创制了文化气息浓郁且菜品考究的孔府家宴。

孔府家宴名目繁多且等级森严，主要分为寿宴、喜宴、丧宴、迎宾宴和家常宴。根据接待宾客的身份、宴会设置的缘由等，会对宴席的规格、菜肴的档次甚至器皿的贵重程度做相应的调整，但一以贯之地体现重礼制、讲排场、奢华的特点。

迎宾宴是孔府内档次最高的宴席，当然也会被分为不同的等级。第一等是用于接待皇帝和钦差大臣的“满汉宴”，这完全是以清代国宴的规格设置的，餐具要用到 404 件，上菜 196 道。宴席档次稍低还有“鱼翅四大件”和“海参三大件”，干鲜果品及大件行菜的上菜顺序很是讲究。

孔府宴席的寿宴很有仪式感，在宴席上要先上四个“高摆”，即用江米做成的圆柱体，外面用各种干果组成图案和吉言，如“寿比南山”“福寿绵长”等，摆在银盘上。“高摆”是孔府高级寿宴特有的装饰品，庄重典雅。喜宴、丧宴也都严格依照礼制。

孔府的“家常菜”，食材未必高端，但经过孔府厨师的精心烹制，遵循“精菜细作，细菜糖炒”的原则，也会成为佳肴美馔。比如豆芽，去芽去根，清油快炒，口感爽脆，据说曾受到乾隆皇帝的赞赏。寻常人家都会做的炒鸡蛋，孔府厨师加工时，蛋清蛋黄要分开，蛋清内加入剁碎的荸荠末，蛋黄内调以海米末，搅匀分别摊成两个饼，之后叠在一起入锅调味。食材普通，技法独特，菜品不俗。

孔府家宴中有不少菜品的名字很值得深究，如“诗礼银杏”“带子上朝”“一品豆腐”，无不彰显了这个家族深厚的文化底蕴和文臣之首的特殊地位。

二、红楼遗鲞

细读过《红楼梦》的同学想必对“茄鲞（xiǎng）”印象深刻，普普通通的茄子，竟然经过贾府厨师繁复又精细的烹饪摇身一变成为一道不同凡响的红楼名菜。曹雪芹是我们公认的大文学家，同时也是当之无愧的美食家。《红楼梦》中大大小小名目各异的宴会有很多，据红楼研究者不完全统计，或详或略，或随文而出，前后共介绍了 180 多种食物。曹雪芹在塑造众多栩栩如生的艺术形象的同时，还描绘了品种繁多的佳肴美馔，所以有学者认为，在中国古典文学和中国饮食文化之间，《红楼梦》架起了一座桥梁。

“白玉为堂金作马”“珍珠如土金如铁”，贾府生活的奢华可见一斑，体现在饮食上，首先是用到的食材。《红楼梦》中有一份乌庄头向贾珍递交的账单，其中有“鲟鳇鱼二个”，鲟鳇鱼在当时非常珍贵，属“贡品”之列。清人裕瑞批评《红楼梦》：“写食品处处不离燕窝，未免俗气。”“燕窝”一直被认为是滋补养颜的珍品，价值亦是不菲，但却是贾府小姐夫人的寻常食材。

在贾府，看似普通的食材，也可以被制作成精致的肴馔，比如“茄鲞”“莲叶羹”。在《红楼梦》第35回中，宝玉被父亲责打受伤，贾母、凤姐去怡红院探望，询问宝玉想吃点什么，宝玉说想吃“那一回做的小荷叶儿、小莲蓬儿汤”，于是贾母即刻派人去做。所谓“莲叶羹”，主要食材是面粉和鸡汤，但做法着实精巧。首先是和面，并把面印在特有的器具中做出形来，之后放在荷叶上蒸熟，借点清香，最后汆入鸡汤中煨成羹。这特有的器具是“四副银模子，都有一尺多长，一寸见方，上面凿着有豆子大小，也有菊花的，也有梅花的，也有莲蓬的，也有菱角的，共有三四十样，打的十分精巧”。薛姨妈看过都自言“不认得”，直道贾府“想绝了”。

曹家作为清朝的官宦之家，又久居江南，所以《红楼梦》中既体现了满族人的饮食风俗，又有不少江南风味的美食。史湘云提议烤鹿肉，简单质朴的烹饪方式很符合满族饮食的喜好。而宝玉痛喝了几碗的“酸笋鸭皮汤”，芳官吃的“酒酿蒸鸭子、胭脂鹅脯”，还有凤姐让赵嬷嬷品尝的“火腿炖肘子”，则充分体现了江南美食的精致、清淡、滋补。

茶是中国最主要的饮料。贾府作为“鼎食之家”，喝茶的规矩不少，比如第一盅用于漱口，第二盅才开始品茶。《红楼梦》中提到了很多种茶，如贾母最喜欢喝老君眉，宝玉偏爱枫露茶，黛玉常饮雅致的龙井。除了茶，茶具也很讲究，大有非名器不用之嫌，贾母花厅上摆设着万蜜十节小茶杯就很是精巧。

在《红楼梦》第41回中，更是借妙玉论茶展示了曹雪芹这个茶道行家的吃茶之法。“名茶还须好水泡”，古人视集露水、雨水和雪水沏茶为雅趣。妙玉给贾母沏茶，用的是旧年蠲（juān）的雨水，请宝玉、黛玉、宝钗喝体己茶，用的则是五年前住蟠香寺时收的梅花上的雪，贮存在罐子里埋于地下。雪与梅花均为高洁之物，用于烹茶甘冽醇香。关于喝茶，妙玉认为“一杯为品，两杯即是解渴的蠢物，三杯就是饮牛饮骡了”。所以当刘姥姥尝了贾母的半盏茶，直道“好是好，就是淡些”，这里就反映了不同阶层饮茶习惯和需求的差异。

《红楼梦》中三日一小宴，五日一大宴，有宴必有酒，还都是酒中精品，如合欢酒、屠苏酒、金谷酒和惠泉酒。酒器有汝窑美人瓤、什锦珐琅杯、乌银梅花自斟壶、海棠冻石蕉叶杯等，都是精美绝伦的珍品。此外，曹雪芹饶有意趣地描写了大量猜拳行令的场景，展现了清代贵族诗酒文化的风雅之姿。

三、东坡美食

若论及中国文人中的美食家，苏东坡一定位列前茅，他不仅会吃，而且会做，有美食传世，有饮食著述，还有不少逸闻趣事。以东坡命名的菜肴就有不少，最有名的当属东坡肉，此外，还有东坡鱼、东坡豆腐、东坡肘子。常说“人见人爱苏东坡”，除却他面对逆境时的乐观豁达，还缘于他身上浓浓的烟火气。

宋神宗元丰二年（1079 年），43 岁的苏东坡因为“乌台诗案”被指控其诗文诽谤朝廷，身陷囹圄 103 天后被贬黄州。朝廷新秀沦为贬谪之臣，何以解忧？唯有美食。可是素菜不顶饱，羊肉买不起，那就另辟蹊径，一首《猪肉颂》成就了留香千年的东坡肉。“净洗铛，少著水，柴头罨（yǎn）烟焰不起。待他自熟莫催他，火候足时他自美。黄州好猪肉，价贱如泥土。贵者不肯吃，贫者不解煮，早晨起来打两碗，饱得自家君莫管。”酒足饭饱之余，苏东坡畅游山水之间激扬文字，于是便有了《前后赤壁赋》、《念奴娇·赤壁怀古》以及赫赫有名的《黄州寒食帖》。

“蒌蒿满地芦芽短，正是河豚欲上时”“日啖荔枝三百颗，不辞长作岭南人”，苏东坡热衷研究烹饪技艺，还善于把美食与文化结合起来，他历任江浙、中州、南粤各地官员，遍尝各地美食的同时，展现佳肴名馔（zhuàn）的诗文也随之问世，如《菜羹赋》《豆粥》《老饕赋》，堪称中国古代美食家。

苏东坡爱美食，也爱美酒，他的诗词中涉及酒的不少，《水调歌头·明月几时有》序文中写道：“丙辰中秋，欢饮达旦，大醉，作此篇，兼怀子由。”醺醺然有了“明月几时有，把酒问青天”的飘逸超然。《和陶己酉岁九月九日》一诗中“持我万家春，一酬五柳陶”，“万家春”是苏东坡亲自酿造的一种酒，可见他还是美酒酿造的高手。

美食家苏东坡面对珍馐（xiū）也讲究饮食有度，《东坡志林》曰：“东坡居士自今日以往，不过一爵一肉。有尊客，盛馔则三之，可损不可增。有召我者，预以此先之，主人不从而过是，乃止。一曰安分以养福，二曰宽胃以养气，三曰省费以养财。”“养福”“养气”“养财”正符合苏东坡的饮食之道。苏东坡生于四川眉山，这里物产丰饶，但最让他念念不忘的却是小时候和弟弟苏辙常吃的“三白”饭，“食之甚美，不复信世间有八珍也”。所谓“三白饭”，即一碗米饭、一碟白萝卜、一撮盐，由此可见，苏东坡真正热爱的美食是如此朴实无华。

躬行践履

讲故事：分享更多文化名人的食闻食趣。

第十讲

千年万载永留根
——姓氏文化

薪火相传

中华姓氏源于上古，延续至当代。在历史发展的长河中，中华姓氏发展演变、延续传承、升华凝练，形成了一种内涵丰富、体例完备、超越历史时空、包容社会各个层面的文化体系，并以其人人皆知的普及性、世代传承的持续性、兼容并包的统一性、博大精深的系统性，纵贯了中华文明的进程，涵盖了中国社会的各个层面。从某种意义上讲，5 000 年的华夏文明，就是不同血缘姓氏的宗族在各个历史时期繁衍生息、播迁交融、兴衰更替的总汇。

第一节 文明的印记——姓氏起源

姓氏，是我们每个人一生中最重要的身份符号之一，也是我们日常生活中不可离开的生活要素。

中华民族的姓氏文化，从上古时期流传到现在，其历史之悠久、内涵之深广非其他国家和民族所能匹敌。以血缘姓氏为脉络的姓氏谱系，具体载录了各姓氏宗族的渊源世系、兴衰荣辱及其历史功业和文化特色，是中华文明进化的轨迹与社会历史发展的缩影，成为传承文明、解读历史、透视社会的独特视角和窗口。

一、姓氏的产生和发展

（一）姓氏萌芽阶段

姓是标志家族系统的称号，是人们进行社会交往的先决条件，涉及千家万户，关系到每一个社会成员。中国人在三皇五帝以前（距今约 5 000 年），就有了姓。

姓是什么意思呢？许慎在《说文解字》中说："姓，人所生也。古之神圣母感天而生子，故称天子；从女从生，生亦声。"（见图 10－1）《左传·隐公八年》中说："天子建德，因生以赐姓。"姓，甲骨文＝（生，产育）＋（女，母），表示生母。这些说明，"姓"的本义是"生"。因此认为，姓最初是代表有共同血缘、血统、血族关系的种族称号，简称族号。

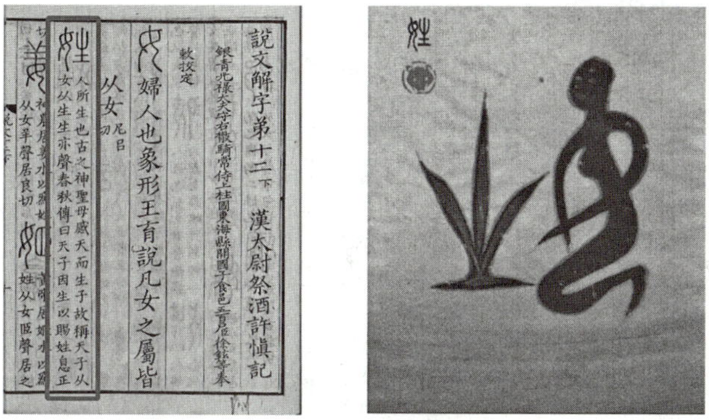

图 10－1　姓

姓是怎么来的？对姓的来源有不同的说法，人们推测，姓的来源与祖先图腾崇拜有关。在“圣人皆无父，感天而生”的蒙昧时代，人类生存环境恶劣，生产力水平低下，对大自然及自身不了解，认为自然界的万物都有灵魂，都有生命，认为氏族的繁衍是图腾作用的结果，如果氏族中的女性与图腾发生了神秘的接触，就会受到图腾的感应，便可以“感而受孕”。氏族部落不但对图腾奉若神明，而且把它作为本氏族统一的族号。商周时期青铜器铭文中发现了大量的族号（见图 10－2），在原始部落中，图腾、族号和祖先名常常是一致的，各部落、氏族都有各自的图腾崇拜物，久而久之，图腾的名称就演变成同一氏族全体成员共有的标记“姓”。

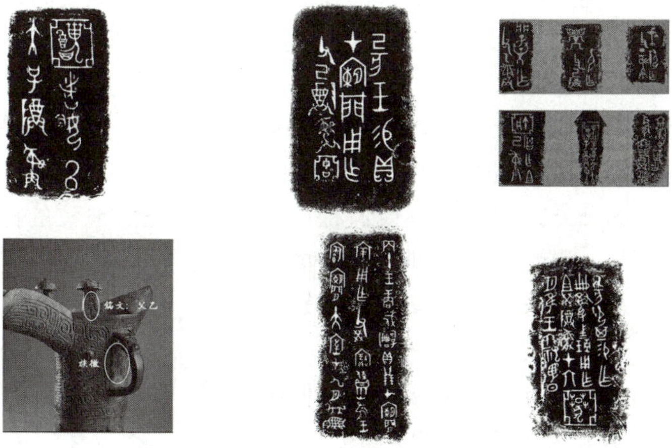

图 10－2　族号

《史记·五帝本纪》中说黄帝“教熊、罴（pí）、貔、貅、貙、虎，以与炎帝战于阪泉之野”。其中的“熊、罴、貔、貅、貙、虎”实际上是指以野兽命名的六个氏族。这些野兽就是六个氏族的图腾。《后汉书·南蛮西南夷列传》记载：“夜郎者，初有女子浣于遯水，有三节大竹流于足间，闻其中有号声，剖竹视之，得一男儿，归而养之。及长，有才武，自立为夜郎侯，以竹为姓。”这种图腾崇拜的特点是“相信人们的某一血缘联合体和动物的某一种类之间存在着血缘关系”。可见，中国的姓氏同样萌芽于原始社会的图腾崇拜。

（二）姓氏分化阶段

姓氏源于上古，但姓与氏在先秦时期是不同的概念。姓是生的意思，用以区分血缘。那么氏是什么意思呢？氏，甲骨文（见图 10－3）加长了“人”的下垂手臂。金文在下垂的手臂上加一圆点指事符号，表示手垂至地。造字本义：低头垂手抵地。篆文将圆点写成短横，字形略有变化，“氏”的本义消失，被假借为“宗族根底”的意思沿用至今，所以“氏”表示一个人的宗族根脉。姓、氏，都显示一个人的生命背景信息。

图 10－3　“氏”的文字演变

那么，氏是怎么来的？又和姓有什么关系呢？

从时间上来讲，姓起源于母系氏族。在母系氏族社会，人类实行群婚制，子女与父亲的关系不能确定，只能按母系来确定人的血缘身份和氏族归属。姓的不同，表示拥有不同的女性祖先，古文献中所见到的最古老的一批“姓”，大都带有“女”字。许多古姓都从女旁，如姬、姜、嬴、妘（yún）、妫（guī）、姞（jí），可见我们祖先经历过母系氏族公社的痕迹。姓是由母权制社会中女性的社会地位决定的，其作用是便于通婚与鉴别子孙后代的归属，即姓具有典型的“明血缘”的作用。

氏则是同姓衍生的分支，源于父系氏族社会，最初是身份地位的标志。在父系氏族社会，随着人口的繁衍，男性在生产和战争中的优势不断凸显，氏族群体中出现了强有力的男性首领，男性首领带着自己的支系迁到别的地方形成新的部落，迁走的这个就叫氏。一个姓底下人太多了，同一个姓的子孙繁衍，分出很多支系。氏便越来越多，甚至于远远超过原来姓的规模（见图 10－4）。

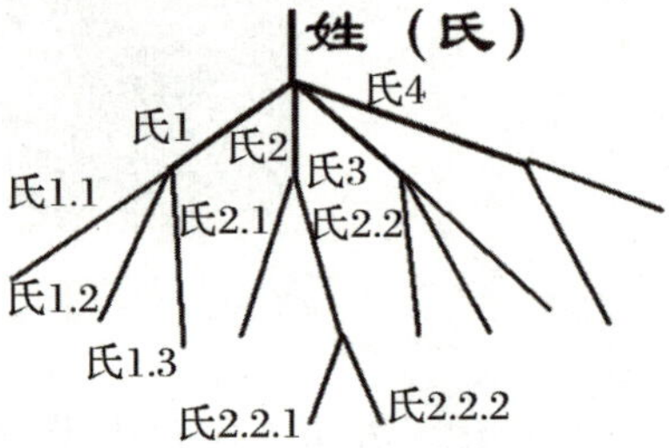

图 10－4　姓的分支为氏

氏的产生，最大量、最频繁的时代是周朝。周朝初年，大规模地分封诸侯。周武王、周公旦和成王，先后把土地分封给兄弟、亲戚及异姓功臣等，建立了 71 个封国，而这些诸侯国的后人即以封国名为氏。经过层层分封，以封国、封邑名称为氏的如雨后春笋般出现。自周朝后，氏的繁衍滋生越来越多，数量远远超过了姓的数量。

氏的出现是人类历史的脚步在迈进阶级社会。

（三）姓氏的合一阶段

《通鉴外纪》说："姓者统其祖考之所自出，氏者别其子孙之所自分。"说明二者的关系，"姓"是不变的，"氏"是可变的。顾炎武说"氏一再传而可变，姓千万年而不变"。秦汉之前，姓和氏在不同场合使用，哪些人有姓，哪些人用氏有严格规定。

郑樵《通志·氏族略》中记载："三代之前，姓氏分而为二，男子称氏，妇人称姓。氏所以别贵贱，贵者有氏，贱者有名无氏……姓所以别婚姻，故有同姓、异姓、庶姓之别。氏同姓不同者，婚姻可通，姓同氏不同者，婚姻不可通。三代之后，姓氏合而为一，皆所以别婚姻，而以地望明贵贱。"这段话将姓和氏产生的时间（三代之前）、作用（"别婚姻""明贵贱"）说得很清楚。夏商周三代，"姓"的社会职能是区别血缘，而"氏"是区别子孙，即不同地域的子孙，也区别高低贵贱。氏源于封号，所以贵者有氏，"庶人"百姓有名无氏。 "男子称氏，妇人称姓"。如屈原和商鞅，他们并不姓"屈"和"商"，"屈"和"商"只是他们的氏，实际上屈原是楚国公族，姓芈（mǐ），商鞅是卫国公族，姓姬。

到了战国时期，封建宗法制度崩溃，人们的个性意识有了提高，氏族贵族日趋瓦解，姓氏制度随之衰落，氏不再作为标榜贵族身份的标志，逐渐失去了"明贵贱"的作用，姓与氏之间的区别逐渐消失，一般平民开始有了自己的姓氏。又随着世代的不断推移和人口的繁衍生息，同姓的人们共同的血缘成分也越来越少，同姓不婚的规定已不重要，姓"明血缘、别婚姻"的作用逐渐消失。姓与氏在意义上已不存在区别。秦汉以后，我国的姓氏制度基本趋于稳定，到了汉代，姓与氏合一，不再区分，通称为姓，我们现在的姓就是从那时沿袭而来。

二、中国姓氏文化研究的重大意义

姓氏文化是反映中国古代社会结构的一种文化视角，它是包含了权势、地位、尊卑、贵贱等特质和家国一体的社会构建。

中华姓氏历经多个朝代不断传承变迁，留存至今姓氏数量就有一万多个，形成了博大精深的姓氏文化。它可以解读中国古代社会结构、标记历史人口迁移、反映时代文化特征、增强中华民族凝聚力，还是一种特殊的经济资源。

（一）时代文化特征的反映

由于社会历史发展时期的不同，姓氏受到不同的社会综合因素的影响，反映出不同社会时代的文化特征。姓氏在其产生之初是标志氏族或者社会血缘关系的识别符号。但随着历史的发展，它承载了关于血缘图谱、家族演变以及时代沿革的大量信息。

在现代社会，姓氏文化随着社会文化的发展不断发展变化，有些旧有的姓氏已经消失，一些新的姓氏逐渐产生。姓氏文化在现今表现出了由先前的男尊女卑到现在的男女平等意识的转变。当然，子承父姓的习俗依然盛行。但男女平等的小家庭已成为当今社会的基本细胞，子女的姓氏有了新的选择，后代无论是男是女，既可以从父姓，也可以随母姓，有时是父母姓的组合，甚至可以根据自己的意愿新起一个姓。

（二）中华民族凝聚力的纽带

"参天之木，必有其根；怀山之水，必有其源。"寻根问祖、落叶归根、祭祀祖先是中华民族的历史传统，充分表现了中华民族文化的向心力和凝聚力。“四世同堂、五世其昌”，姓氏文化是传统大家族的精神纽带和文化标志，血缘是任何政治势力和意识形态都无法阻隔的纽带。

中国人的寻根意识和对自身归属感的强烈需求，推动着海内外华人对中国这个“家”和“根”的眷恋和认同。千千万万的游子身在异乡，在他们的内心深处，姓氏谱系不是简单的文化符号，是他们与同宗族人的血脉见证，是他们的心灵归属。世界各地的华人用各种形式寄托着对祖国的怀念和尊祖敬宗的情怀，越来越多的华人归国“回家”。中华民族的血脉相承，认祖归宗，正是中华民族凝聚力的具体体现。

（三）解读中国古代社会结构的钥匙

在上古时期，生活资料大部分从采集或狩猎中获得，人类群居生活可以抵御来自凶猛动物的攻击，繁衍后代成了远古时代人们的重要任务，掌控生育大权的女性便以“氏族首领”的身份居于崇高地位，形成了女性掌权的母系氏族社会。从“女”的“姓”字和古姓中大量的“女”字旁，是母系氏族社会中女性至高地位的标志。

三国两晋以来的门阀制度使姓氏有明确的高低贵贱之分，“上品无寒门，下品无士族”，望族大姓可左右政治、世代高宦。这些豪门世族还耻于与庶族通婚，大批出身寒微而富有才学的士人被拒于上层政权之外。隋唐时期开始施行科举取士制度，家族的权力靠个人读书进举获得，世袭的家族社会地位逐渐衰弱，但这种门第观念，仍然在相当长的时间内存在。

唐五代时期，是中国古代赐姓制度发展的重要时期。古代统治者为了维护和加强统治，便用赐姓的方式笼络人心或震慑臣民。必要时皇帝对异姓臣民赐以皇族姓氏，或者赐予他姓，以褒奖他们建功立业的功绩，具有明显的政治意义。赐国姓是帝王对臣民的一种莫大礼遇，通常是为了安抚降将、宣示恩宠。当然也有因避讳而赐他姓，或出于贬损而赐恶姓等。

唐五代的赐姓相当一部分是赐给当时少数民族权贵的。唐出于开疆拓土、安抚番邦的政治需要，常向内附的少数民族权贵赐姓。这些民族内附后，与汉族人杂居生活，一些权贵家族得到当时统治阶级的特殊礼遇，获帝王赐姓，其家族或部落纷纷改从汉姓，这在一定程度上促进了各民族的交流交融。武德七年（624 年），东突厥可汗颉利遣夹毕特勤阿史那思摩入见高祖，得以赐姓李氏，当是唐代赐国姓于番族权贵的最早记载。唐初有契丹酋长窟哥、奚族酋长可度者、靺鞨（mò hé）酋长突地稽、黑水靺鞨酋长倪属利稽等率其部内附，皆被赐姓李氏。赐姓对唐初政权的迅速稳定、巩固和收揽人心功不可没。后唐庄宗就曾多次给后梁旧将赐以姓名，如赐朱友谦为李继麟、张从楚为李绍文、温韬为李绍冲。

姓氏神话

中国的姓氏诞生至今已有 5 000 年的历史，历史之悠久在世界文化史上极为罕见。中国姓氏是传统文化中生命力、凝聚力、感召力最强的人文情结，是认同中国传统文化的伟大基石。

躬行践履

1. 请查阅自己姓氏的来源。
2. 找找与自己的姓有关的故事及名人。

第二节　世系的传承——家谱字辈

一、家谱起源与发展

（一）什么是家谱

在上古时期，生产力并不发达，为了更好地适应环境，人们往往聚集在一起，合理分工。随着时间的推移，人们的生存标准并不只是简单的生存，而是要更好地发展，于是形成了以血缘亲族为纽带的人群聚集在一起，“宗族”由此产生。而周朝时期以“家天下”为目的的宗法制就是家族模式的版本。在人口急速膨胀的阶段，保证宗族延绵不绝成为首要任务，此时出现的最重要的维系工具就是我们所知的“家谱”。

家谱又称族谱、家乘、祖谱等，是一种以表谱形式，记载一个以血缘关系为主体的家族世系繁衍和重要人物事迹的特殊图书体裁（见图 10－5）。据专家考证，家谱的历史可以上溯至夏朝甚至更早。

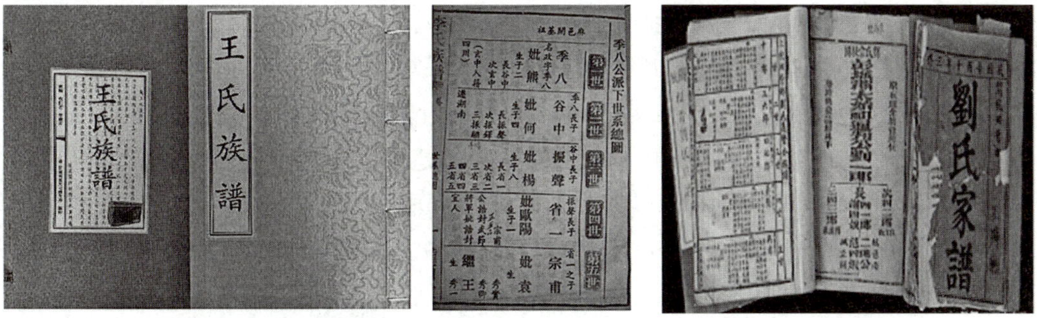

图 10－5　家谱

“国家修史，地方修志，家族修谱。”家谱承载的是一个家族的生命线索。其中最基本构成单位就是个人。中国人重视传统道德，以孝为尊。家谱就起到饮水思源之用，家谱不仅记载了家族的来源，更有历史上整个家族变迁的过程。家谱，是一个家族的生命史。

（二）家谱的组成部分

主要由三部分组成，即谱头、正文、附录。

1. 谱头

第一部分俗称“谱头”，内容主要记载姓氏源流、迁徙、分布、墓葬、祠堂、祭礼图等。

2. 正文

第二部分为主体，即正文，俗称“谱堂”，包括“总世系图”和“世系年表”。年表按“生卒葬娶”四要素，分别介绍各人的字号、父讳、行次、时代、职官、封爵、享年、卒日、谥号、婚配等。这些介绍性的文字，长者50余字，短者仅二三字，实际是人物小传。使人知其本源，而世系表也因此更加完整。

3. 附录

第三部分为附录，俗称“谱尾”，包括“文传”和“文艺”。“文传”记载已故先人典型的事迹，是用来记述家族中有名望、有功绩人的事迹的文体，是一种正式的传记，包括“恩荣录”在内，登载皇帝对家族成员及其亲属的封赠、褒奖文字等；“文艺”记录家族文人的诗词歌赋、文章等，收录族人著述、诗词、奏疏等，这部分的内容更加丰富，涉及史学、文化、经济、宗教等许多领域，在形式上甚至可与“经典史料”媲美。

从字面来看，宗谱、族谱和家谱有很多不同，顺序上也是从大到小的，但是随着历史的发展，三者的概念也越来越模糊，许多时候都已经将其视为同一件事物了。

虽然在记载内容多少方面，家谱之间也会有所差别，但是其格式大抵如此。而其中最重要的部分则论属姓氏源流、世系及族规家法。当然，还有别具特色内容的，如字辈谱和族产。

姓氏源流极为重要，是宗族传承的重要依据。古时，战乱、灾情频发，朝代更迭也较为频繁，极容易发生因避灾避难而带来的人口迁徙，或是避讳改姓的情况。而姓氏源流则主要用来记载本姓来源，即使姓氏发生更改也会记载其中。

而世系与其相搭配，主要以文字方式记载祖先的重要事迹。世系是家族世代相承的系统，也叫世系表。世系表记载始祖至撰修该谱时本家族各世代成员的姓氏、生卒年月、科第、妻室、子女、葬地等，是家谱中最重要、最本质的内容，往往占到一部家谱的大部分篇幅，是寻根的主要依据。其内容大多以叙事为主，并不掺杂土话及表格等形式。今人翻阅家谱，从这两方面足以解决“我是谁”的世纪难题。

家训，又称族规家法（见图10-6），内容包括忠君、孝亲、祭祖、禁赌、财产继承等，是宗族家族成员共同制定的、用以约束和教化族人的宗族法规，是家谱中的重要组成部分。

图10-6　家训

除了上述三个比较重要的部分，备受关注的当为字辈谱，此部分又称派语、派行诗、排行等，当前常见的按字辈排名则来源于此。

经典诵读

家范

为人母者，不患不慈，患于知爱而不知教也，古人有言曰："慈母败子。"爱而不教，使沦于不肖①，陷于大恶②，入于刑辟③，归于乱亡。非他人败之也，母败之也。自古及今，若是者多矣，不可悉数④。

注释：①不肖：品行不好。②大恶：大罪过。③刑辟：犯了死罪。④悉数：一个一个列举。

躬行践履

1. 请同学们尝试为自己的家庭制作家规。
2. 讲述"我的家风故事"。

（三）修编家谱的目的

1. 寻根留本

古人云："谱牒，身之本也。"意思是家谱能告诉你，你是谁？你从哪来？通过修谱追根溯源，你就会知道你从哪里来。人呱呱坠地，在世上几十年以至百年有余，但总要静静地离开人世。"雁过留声，人过留名。"这个"名"就是人之本，若干年之后自己的子孙连祖先是谁都不知道，那么，子孙也就失去了根本。而几千年"谱书之风，代代相传"，从远古至历朝历代，乃至到今天，先祖的名字流传至今，这就是修谱的作用。

2. 清源备查

古人云："子孙不知姓氏所从来，以昧昭穆之序者，禽兽不如也。"意思是说，姓氏是一种血缘关系的标志，人兽之别，就在于他们对于有血缘关系的本族人，有一种寻源意识，使这个大家庭有强大的凝聚力和生命力。有很多后裔都不知其先祖，更有不少族人家谱中均无记载，所以家谱续修，意义重大。

3. 教育后人

儒家思想认为："养不教，父之过。"家谱是很好的教材，引导后代族人当如何立志、如何敬业、如何治学、如何治家、如何做人等。家谱能很好地陶冶我们的情操，鼓舞我们热爱生活，奋发向上，为国贡献，为族争光。

有梦的家

4. 承前启后

这里有双重含义，一是上对先祖，二是下对后人。先祖千辛万苦创业、育人，为社会创下了丰功伟绩，不能从我们这一代丢掉，必须通过修谱，为他们立传，把他们的精神一代一代地传下去，作为永久的纪念，这是我们这一代人的历史使命。

对后人来说，我们应该给他们留点什么。先人只能留给后人文化、精神财富、思想财富，留给他们好的品德，这样儿孙们才能健康发展。这些都溶聚在我们的谱书之中，留给后人，代代相传。

二、字辈谱

字辈是一个家谱中不可替代的部分，同时是一个家族历史上的足迹，族人通过字辈可以将不认识的人们团结起来，增强家族凝聚力。字辈谱又称排行、行第谱，是记载家族世系人名的排行用语。后代族人在为子孙起名字时，一般要遵循字辈谱的顺序规定，这样才能世次不乱、辈分分明。

字辈不是与家谱同时产生的，在汉代有了一些苗头，出现了一些名家用字上反映出同辈关系的共同用字。隋唐时期在某些家族已出现了同辈人在取名时使用共同用字的现象。专家研究，真正意义的字辈，是从宋代开始的。宋太祖赵匡胤，为其后代规定了 13 个字辈，同自己的“匡”字一共 14 个字，构成一副对联“匡德惟从世令子，伯师希与孟由宜”，这是人们见到的最早的正式的字辈谱。宋代，家谱已经从皇室殿堂走进了民间千家万户，十分盛行，几乎家家户户有家谱。

在阶级社会，字辈也同家谱一样，首先是皇室提倡，而后推广到民间。中国历代王朝，往往推崇儒学为正宗。汉高祖刘邦于“自淮南还，过鲁，以太牢祀孔子”（太牢，猪、牛、羊三牲全备）。汉武帝“罢黜百家，独尊儒术”以后，儒家思想更是处于统治地位。所以，孔子家谱中的字辈是皇帝赐的。孔孟后人取名正式定出行辈，是从孔子第 56 代开始的。明太祖朱元璋洪武二十三年（1390 年），因孔子第 58 代嫡孙孔公鉴袭封衍圣公时，朱元璋赐孔氏 8 个字的字辈“公彦承弘闻贞尚胤”供起名用。当时的“公”字辈是孔门第 58 代。

因为孔姓第 56 代孙孔希学及第 57 代孙孔讷也曾在明初先后袭封衍圣公，所以把他们两个名字当中的“希”和“讷”的偏旁“言”也加上去，放在前面，共为十个字，即希、言、公、彦、承、弘、闻、贞、尚、胤（清代为避帝讳，将“弘”改为“宏”，“胤”改为“衍”）。清初顺治皇帝在第 65 代衍圣公孔衍春入朝祝贺时，钦赐字辈 10 个：“兴毓传健广，昭安庆繁祥。”至乾隆皇帝又加赐字辈 20 个：“建道敦安定，懋（mào）修肇（zhào）彝（yí）常；裕文焕绵瑞，永锡世绪昌。”

在民间，大多仿效皇室、贵族、士大夫家谱使用字辈谱的做法，各个家族都有自己家族的字辈谱。字辈的目的是家族内部分长幼高下，理顺世系次第。一般家族都要在撰修家谱中通过辈分的划定，达到“辨尊卑、序长幼”的目的。因此，辈分谱更是人们自认为成其一族的主要标志，它既可使族人能够清楚地确知自己在族中的地位，又可明白长幼尊卑的伦常之分，符合伦常秩序的宗族组织原则。

通天家谱

《红楼梦》人物取名艺术

第三节 文化的符号——人名系统

一、名字的历史

（一）什么是名

“名”就是一个人的称谓。许慎在《说文解字》中对“名”字的解释是：“名，自命也，从口从夕。夕者，冥也，冥不相见，故以口自名。”意思是说，两个人在晚上相遇，由于看不清楚，为了让对方知道自己是谁而用口说出的对自己的称呼。中国的“名”，从古至今，一般都由一个字或两个字组成。在“姓”与“氏”合一之前，“名”只与“氏”联用，姓氏合一之后，“名”与“姓”并称就成为人们互相称呼的一种习惯。

中国故事

施耐庵、徐悲鸿之名由来

《水浒传》的作者施耐庵，原名施彦端。他创作《江湖豪侠传》时，写到“石秀智杀裴如海”一章，感到笔不流畅，难于卒章，于是弃笔掩卷，不愿再写下去。友人得知此事，给他讲了一个和尚潜心念经、端坐庵内30年，居然把木鱼敲了个深坑的故事，对他颇有启迪。他便写了“耐庵”两字贴在书房，作为座右铭，告诫自己潜心创作。之后他干脆更名为耐庵。

我国著名画家徐悲鸿，原名徐寿康。有一次，他到一个亲友家去吃喜酒，许多有钱的子弟都穿着绸衣，而徐悲鸿却穿了一件布大褂，遭到别人的冷落，从此他愤世嫉俗，立志不穿绸衣。为了在社会上谋生立足，他想进“洋学堂”读书，但父亲拿不出钱。于是他便去向别人借钱，可是谁也看不起他这个穷小子，这使他深感前途的渺茫、世态的炎凉，不禁悲从中来，犹如鸿雁哀鸣，从此改名为“悲鸿”。此后他一直以悲鸿自诩，并发愤图强，终于成了艺术大师。

一个人出生后第一个名字就是乳名，又叫小名，是在襁褓中由父母命定的。乳名的特点有二：一是鄙俗性；二是随意性。上至帝王将相，下至黎民百姓，在乳名的运用上并无差别。

中华民俗有专为孩子起低贱、丑陋小名的习惯，称为“贱名易养”。据说给新生儿取一个贱名，就可以保佑孩子。

乳名是父母对子女的昵称，是父母慈爱之情的自然流露，一般以动物、植物、物品命名。例如，魏武帝曹操乳名为“阿瞒”，蜀汉后主刘禅乳名为“阿斗”。

现代人的乳名更是形形色色，例如蔡元培乳名“阿培”，鲁迅乳名“阿张”。郭沫若在《少年时代》中写道：“我母亲说我受胎的时候，梦见一个小豹子突然咬着她左手的虎口，便一觉醒了。所以我的乳名叫文豹。”

乳名一般只在家庭内部使用，最多扩大到亲戚和少年时的朋友里。上学时的正式名字才是正名，又叫学名或大名，以示与乳名、小名的区别。当然，也有终生以乳名为大名的，如汉武帝刘彻的皇后阿娇、光武帝刘秀等。

在宗法专制时代，妇女地位很低，往往是没有名字的，出嫁之后，其姓也要附着在夫家的姓之后。比如，姓陈的女子嫁给姓王的男子以后，“王陈氏”便成为她日后的“名字”了。

（二）什么是字

古人除了“名”之外，还有“字”。“字”又叫“表字”。今人把“名”与“字”合称为“名字”表示一个人的姓名。而在从前，“字”是“名”之外的另一种称谓，“名”和“字”并不是同时命定的，二者既相互联系又相互区别。

古人之所以“名”外取“字”，主要是为了别尊卑。古时，人们认为“名”是少、小、卑、劣的称呼，只能用于面对长辈、平辈时的自称，或者是长辈对小辈的称呼，小辈对长辈甚至是平辈说话时，直呼其“名”是不尊重的表现，只能呼“字”。南宋以后，平辈之间互相称“字”，对长辈不仅不能叫“名”，甚至不能呼“字”。古人取“字”还要经过“资格审查”，《礼记·檀弓上》曰：“幼名，冠字。”根据周朝礼制，新生儿出生三个月，由父亲为他命名；《礼记·曲礼上》云：“男子二十，冠而字……女子许嫁，笄（jī）而字。”就是说，男子只有到了二十岁举行冠礼之后才能取“字”；女子只有经过笄礼才能取“字”。所谓“冠礼、笄礼”就是今天的成人仪式。可见“字”是成人的重要标志之一。

古人取“字”也是非常讲究的，要求“字”与“名”有一定的联系。

（三）“名”和“字”的区别

《颜氏家训》曰：“名以正体，字以表德。”就是说：“名”是一个人的称谓代号，是用来辨正名分的；“字”是对“名”的解释或补充，与“名”互为表里，相辅相成。因此，“字”又称为“表字”。

屈原《离骚》开头自述父亲为自己取名命字：“名余曰正则兮，字余曰灵均。”“正则”就是“平”，“灵均”就是“原”。屈原名“平”、字“原”。

古人的“名”和“字”有意义上的联系，分为三种情况：一是“名”与“字”意义相同。如东汉科学家张衡字子平，“衡”与“平”同义。二是“名”与“字”意义相关联。如三国张飞字翼德，“飞”与“翼”意义相关。三是“名”与“字”意义相反。如清代作家管同字异之，“同”与“异”是反义。

古人取“字”，只限于士大夫或知识分子阶层，就是有地位、有文化的社会中上层群体；而平民百姓则往往有名无字。姓、名、字三者连称时，则是名先字后，如孔门弟子仲由字子路、颜回字子渊等。

“名”与“字”的联系

中国素称礼仪之邦，对礼节礼貌十分讲究，例如旧时名和字就分别用于不同的场合，具体说有三点：第一，称别人时用字不用名，表示尊重；第二，称自己时用名不用字，表示谦逊；第三，尊长者对卑幼者只称其名而不称其字。

二、号的历史

“号”是除了“名”“字”以外的又一种称谓。早在周朝时，人们就已经开始取号。对此，《周礼·春官·大祝》解释说，号为“尊其名更为美称焉”，意思是说，号是人在名、字之外的尊称或美称。

古人的号比较复杂，是其心境心态的展现，或与彼时有关，或与彼地有关，或与心绪有关，或与所遇有关，大都能体现其思想、志趣、爱好、倾向等。号是一种固定的别名，又称“别号”，分为“自号”与“人号”。

（一）自号

“自号”就是根据自己的志趣、爱好而对自己的一种雅称。自号一般都有寓意在内。据记载最早拥有自号的，是春秋末期越国大夫范蠡，他帮助越王勾践实现霸业后，归隐民间为商贾，自号“陶朱公”。自号一般有三种情况：

1. 居住地环境自号

东晋诗人陶渊明，因住宅旁侧有五棵柳树，自号“五柳先生”。李白自幼生活在四川青莲乡，故自号“青莲居士”。苏轼，自号“东坡居士”。辛弃疾，自号“稼轩居士”。明武宗朱厚照，自号“锦堂老人”。

2. 旨趣抱负自号

北宋文坛巨擘欧阳修中年自号“醉翁”，晚年自号“六一居士”。所谓“六一”，就是“六个一”：一万卷图书、一千卷古代金石文献、一张琴、一局棋、一壶酒，再加上他本人一老翁——“以吾一老翁老于此五物之中，是岂不谓‘六一’乎?”南宋著名诗人陆游自号“放翁”。所谓“放”，就是不拘礼法、放荡不羁的意思，体现了个人的旨趣。

3. 生辰年龄、文学意境、形貌特征，甚至惊人之语自号

辛弃疾自号“六十一上人”。清末辜鸿铭是学贯中西的著名学者，早年留学英、法、德等国，曾任北京大学教授，自号“东西南北人”。所谓“东西南北”，即“生在南洋，学在西洋，婚在东洋，仕在北洋”，是对其半生特殊经历的浓缩。明末秀才徐树丕自号“活埋庵道人”。

（二）人号

“人号”也就是“赠号”，是别人所起或后辈对前人的称号，一般含有尊敬、仰慕的含义。别人赠号主要有三种情况：

1. 以其轶事特征为号

如李白，人称“谪仙人”。宋代贺铸因写了“一川烟草，满城风絮，梅子黄时雨”的好词句，人称“贺梅子”。张先因写了“云破月来花弄影”“浮萍断处见山影”“隔墙送过秋千影”三句带“影”字的好诗，人称“张三影”。

2. 以官职或出生地为号

比如，王羲之曾做过右军将军，故而人称“王右军”；“竹林七贤”之一的阮籍曾任步兵校尉，世称“阮步兵”；嵇康曾官拜中散大夫，世称“嵇中散”；南朝宋诗人鲍照曾

任临海王前军参军，世称“鲍参军”；柳宗元，祖籍河东，人称“柳河东”；汤显祖，祖籍临川，人称“汤临川”；康有为，广东南海人，称“康南海”；孔融，曾任北海相，人称“孔北海”；顾炎武，江苏昆山亭林镇人，人称“顾亭林”。

3. 以封爵、谥号为号

这类属于尊称，别人或后人使用这类称呼，是为了表示对被称呼者的尊崇和敬仰。但被称呼者本人却不可使用。谥号是古代对死去的帝王、大臣、贵族按其生平事迹评定后，给予褒贬或同情而加给的称号。如诸葛亮被封忠武侯，人称武侯；司马光，被封温国公；岳飞，谥号武穆；徐达追封的爵位是中山王，谥号武宁，全称是“中山武宁王”。

别号最长的是清代的成果和尚，自取别号云：“万里行脚僧/小浮山长/统理天下名山风月事/兼理仙鹤粮饷/不醒乡侯”。这个别号由五个称谓组成，达 28 字。可见文人在别号拟制上，在内容和形式两个方面都享有广阔的自由空间。

查一查

诸葛亮的谥号是什么？什么样的人死后能得到这样的谥号？

第四节 远祖的荣光——姓氏楹联

中华楹联，是中国独有的传统文化之一，承载了丰富与厚重的历史文化信息。作为一字一音的中华语言独特艺术形式，中华楹联于 2005 年被列入第一批国家非物质文化遗产名录。而在当代收藏界中，古代楹联收藏亦有着独一无二的价值地位。

广义上，楹联又叫对联，在一般情况下两者可以通用，泛指写在纸、布上或刻在竹子、木头、柱子上的对偶语句，古时多悬挂于楼堂宅殿的楹柱。但就狭义而言，楹联和对联的称呼有雅俗区分。楹联从雅，强调文学性，多含历史典故，具有很高的哲理性；对联从俗，强调文字的平仄与对仗，语义直白，一般不做延伸性解读。

姓氏楹联是中国古代楹联文化的重要组成部分，也是姓氏文化的常见载体。

所谓姓氏楹联，就是在楹联中记下特定姓氏的起源或其始祖之事迹，以使该姓氏的后人得以铭记自身姓氏的来源，不忘远祖的历史荣光。北京文丞相祠的对联，联字遒健，端庄大气（见图 10 - 7)。“人生自古谁无死，留取丹心照汗青”这两句诗流传千古，而身为作者的文天祥更是家喻户晓，作为伟大的爱国诗人，其爱国精神深深地影响了所有中国人。他一身正气，名留青史，二十一岁考取状元，后官至右丞相兼枢密使，人称“状元宰相”。他死后，全国不少地方为其建祠，以北京文丞相祠最为著名，现已是全国重点文物保护单位。

楹联（对联）文化可谓是中国的国粹，而姓氏楹联则是其中的重要分支。姓氏楹联源自何时，目前没有文字记载。我国第一部关于楹联的专著《楹联丛话》中没有姓氏楹联的内容。姓氏楹联的明显特点是赞颂宗祖、短小精悍、风格古雅、集体相传。其遣词造句，寻章摘句，觅史搜典，高古博雅，若不懂历史，不知其典，只看文字表面，有时难解其意。姓氏楹联多是靠本族代代相传，逐步定型，或收录古籍，或流传于民间，或记载于族谱，或镌刻于宗祠（见图 10－8）、庙宇、墓碑。

图 10－7　北京文丞相祠的对联

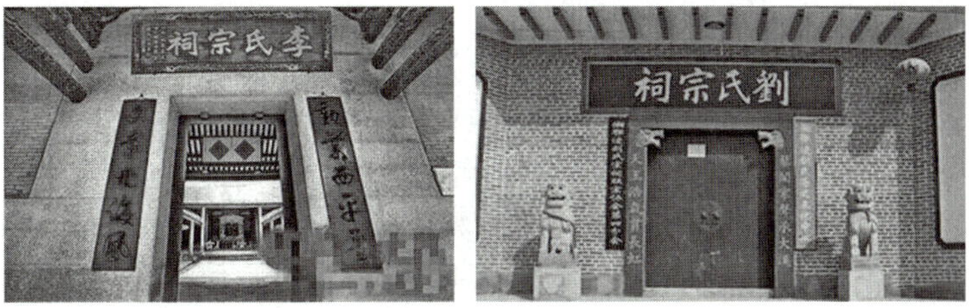

图 10－8　宗祠

一、姓氏楹联的内容

（一）彰显先贤

这一类最多，占全部姓氏楹联的大半，表述的都是其家族的一段辉煌历史，或赞颂其祖先官位显赫，或赞颂其祖先聪慧过人，或赞颂其祖先事业有成。总之，侧重于精神影响方面的居多。

知识链接

王姓对联

在惠州，流传的王氏对联有："三槐世泽，两晋家声。"其中"三槐""两晋"就是典故。"三槐"者，说的是北宋时兵部侍郎晋国公王祜（hù）的事。他有才，为人正直，但一直做不了宰相。于是他手植三槐于庭曰："吾子孙必有为三公者。"以后子孙辈果然人才辈出。祜生三子：懿、旦、旭。三子皆俊秀，而次子旦最为优秀，成为宋代宰相。他们三人在《宋史》都有传。王旦的孙子王巩，有隽才，长于诗，与苏东坡友善，深得苏东坡好评，苏东坡特地为王家写了《三槐堂铭》。

（二）寻根问祖

中华民族非常看重自己的"根"，平时讲籍贯、拉乡亲，百年后又多希望"叶落归根"，所以姓氏楹联中会介绍姓氏的来历及郡望，记叙本支的迁徙与绵延。几乎所有的姓氏堂联都有这方面的"寻根联"。有的追寻自己本支世系的开基祖与发祥地，也有的一直追踪到上古的始祖那里。

如王姓堂联：

迁史前稽轩昊，由来遵远祖；

明图可按姬王，自昔证同宗。

王氏出自姬姓，系出周灵王太子晋，而其祖根一直可上溯至黄帝轩辕氏，这在司马迁的《史记》与明代余姚王氏族谱所辑宋代《御制太原王氏世荣悠远谱系图》中均有明确记载。

（三）歌功颂德

颂扬宗功祖德，这与中华民族崇敬祖先的传统密不可分；同时肯定自己祖先的功德浩荡，也可表现本家族根深叶茂。

❖ 知识链接

李姓对联

李姓也是中国的大姓。其姓氏对联是："龙门登士，鹿洞传经。"上下联都是典故，指的都是李姓的优秀人物，有不同的说法。

"龙门登士"，一说是唐代名臣李泌。他七岁能文，当时的丞相张说称其为神童。唐天宝年间，他以翰林奉东宫，与太子相处甚密。后招杨国忠妒忌，隐居颍阳。安史之乱后，为唐肃宗宾友，入则议论国事，出则随车相陪。二说是东汉桓帝时的李膺（字元礼，襄城人），当时有些文人称他为"天下模楷李元礼"。《后汉书·李膺传》说："膺独持风裁，以声名自高。士有被其容接者，名为登龙门。"李膺坚持打击贪官，因此威望很高，每天都有不少人要求拜见他。谁要是能被他接见，那就是最大的荣誉，叫作"登龙门"。

而"鹿洞传经"亦有两种说法。一说是李燔（fán）。他曾经在江西的白鹿洞书院（现白鹿书院）就读，当时朱熹在此讲学，他成为朱熹的亲传弟子和得意门生。李燔是进士，做官期间盗寇作乱，他主张安抚，还深入盗寇处所，让他们归顺。后来，他又修了赣江大堤，使旱涝之地变成沃土。所以，李燔是个杰出人物。二说是李渤。他青年时期在白鹿洞书院读书时，养了一只白鹿并常带白鹿外出游览，时人称之为白鹿先生。李氏与白鹿洞书院有着深厚的渊源，所以有"鹿洞传经"之说。

（四）劝勉族人

这一类楹联其内容多是继承祖先优良传统，训勉后人，激励家族不断进取。告诫子孙珍惜家族声望，努力进取，不要辱没了列祖列宗。这类对联的内容或是从整体上铺叙家族往昔的艰难创业和家风名声；或是直接训勉子孙敬业守职，为国为民多作贡献；或是强调正直做人的原则，要求后裔忠厚老实、正直善良、刻苦读书、勤俭持家等。因此这类联可称为"训勉联"，其作用与家训宗规是一致的。如广东《洪氏宗谱》所载的"祖公棚对"：

由嘉应徙杨梅，祖德宗功经之营之，力图官禄之基础；

藉花峰贯花邑，光前裕后耕也学也，恢宏敦煌之遗风。

此联记述了洪秀全的祖先由嘉应州徙居花县官禄艰苦创业的历史。

二、姓名联的分类

所谓姓名联，是指把人的姓名字号巧妙地嵌写入楹联之中，以表达作者的思想意趣，造成生动而隽永的艺术效果。

1932 年清华大学国文试卷中陈寅恪教授以"孙行者"三字求对。只有极少数的考生对出了"胡适之"。胡对孙，姓氏对姓氏；适对行，动词对动词；之对者，虚词对虚词。

这个对子，就是姓名联。姓名联的格式依其嵌名手法的不同，有以下四类：

（一）将一人姓名分别嵌入上下联中

英名盖世三岔口

杰作惊天十字坡

此联是田汉送给盖叫天（张英杰）的一副对联，高度评价了我国著名京剧演员张英杰在《三岔口》《十字坡》中的绝技，又巧妙嵌入了张英杰之名，对仗精工，妙手天成。

（二）将二人的姓名分别嵌入上下联中

刘伶借问谁家好

李白还言此处佳

刘伶是西晋时期的“竹林七贤”之一，非常善于饮酒。唐代大诗人李白更是“自称臣是酒中仙”，他的好酒尽人皆知。这副对联通过两位不同时代的著名酒客的一问一答，来称赞店家的美酒佳酿，收效极好，是一则非常高明的广告。

（三）借助修辞手法，将姓名嵌入对联中

例如，清末有一副讽刺袁世凯的对联，用的是借代手法：

起病六君子

送命二陈汤

“六君子”本为中药汤头名，作者用来借代杨度、刘师培等筹安会六君子拥立袁世凯为帝，暗讽袁世凯致死的原因是得了“皇帝梦”的病。“二陈汤”也是中药汤头名，指陈树藩、陈宧、汤芗铭三人，他们开始都极力支持袁世凯为帝，后见大事不妙，又倒戈相向。众叛亲离，成了袁世凯的催命符。

（四）利用典故暗合人物姓名

这是姓名联别具一格的形式。我国台湾台南市成功路的“吴氏大宗祠”有一副楹联：

八闽孝子裔

三让帝王家

这里引用了吴姓典故。台湾吴姓尊周代吴国始祖太伯为祖宗，太伯曾让弟弟为王而避居江南。“八闽”指的是福建。这副宗祠的姓名联，巧用典故，推赞先贤，体现了台湾和大陆的历史渊源。

中国故事

姓氏对联典故

传说某地有姓朱和姓项的两大家族相邻，两家常为炫耀家族雄风而产生矛盾。这年，姓朱的在大门上贴上醒目楹联：两朝天子，一代圣人。上联指梁朝太祖朱温和明代开国皇帝朱元璋；下联指的是宋代理学家朱熹。项姓人见此当然不甘示弱，立马重金征得一副楹联：烹天子父，为圣人师。此联把朱姓人气得半死，却也无可奈何。原来此联指的是项羽用大鼎煮死汉高祖刘邦的父亲，下联指大圣人孔子曾经拜项橐（tuó）为师。这样斗联妙则妙矣，但有伤和睦，不利团结。

经典诵读

必也正名乎！……名不正，则言不顺；言不顺，则事不成；事不成，则礼乐不兴；礼乐不兴，则刑罚不中；刑罚不中，则民无所措手足。故君子名之必可言也，言之必可行也。君子于其言，无所苟而已矣。（《论语·子路》）

第十一讲

生旦净末唱古今

——戏曲鉴赏

薪火相传

所谓的“一方水土养一方人”，中国古典戏曲是中国5 000年文明土壤里培植出来的独特艺术形态，具有非常鲜明的中国特色。本讲仅摘取中国戏曲长河中的四朵“浪花”——《西厢记》《牡丹亭》《窦娥冤》《长生殿》，希望能够起到抛砖引玉的作用，让同学们走近中国古典戏曲，了解它、喜欢它，并尝试研究它、传承它。

第一节 年少时的“奋不顾身”，有多少可以实现？——《西厢记》被“禁”之谜

四大名著之一《红楼梦》中，有这样一段情节：

那一日，正当三月中浣，早饭后，宝玉携了一套《会真记》，走到沁芳闸桥那边桃花底下一块石上坐着，展开《会真记》，从头细玩。正看到“落红成阵”，只见一阵风过，把树头上桃花吹下一大半来，落得满身满书满地皆是。宝玉要抖将下来，恐怕脚步践踏了，只得兜了那花瓣，来至池边，抖在池内。那花瓣浮在水面，飘飘荡荡，竟流出沁芳闸去了。

回来只见地下还有许多，宝玉正踟蹰间，只听背后有人说道：“你在这里作什么？”宝玉一回头，却是林黛玉来了，肩上担着花锄，锄上挂着花囊，手内拿着花帚。宝玉笑道：“好，好，来把这个花扫起来，撂在那水里。我才撂了好些在那里呢。”林黛玉道：“撂在水里不好。你看这里的水干净，只一流出去，有人家的地方脏的臭的混倒，仍旧把花遭塌了。那畸角上我有一个花冢，如今把它扫了，装在这绢袋里，拿土埋上，日久不过随土化了，岂不干净。”

宝玉听了，喜不自禁，笑道：“待我放下书，帮你来收拾。”黛玉道：“什么书？”宝玉见问，慌得藏之不迭，便说道：“不过是《中庸》《大学》。”黛玉笑道：“你又在我跟前弄鬼。趁早儿给我瞧，好多着呢。”宝玉道：“好妹妹，若论你，我是不怕的。你看了，好歹别告诉人去。真真这是好书！你看了，连饭也不想吃呢。”一面说，一面递了过去。

林黛玉把花具且都放下，接书来瞧，从头看去，越看越爱看，不过一顿饭工夫，将

十六出俱已看完，自觉词藻警人，余香满口。虽看完了书，却只管出神，心内还默默记诵。

——选自《红楼梦》第二十三回

上述提到的这本让宝、黛二人读之倾倒、魂不守舍的书，正是中国元代戏曲《西厢记》，又名《会真记》，由元代著名杂剧作家王实甫撰写。

《西厢记》问世之后，在当时引起了统治者的极大恐慌，要求立刻封杀，严禁传阅，可在民间，这项禁令却未能奏效。

还是《红楼梦》中，有一次大家聚在一起作诗，黛玉一着急便把《西厢记》中的句子说了出来。结果事后却被宝钗指出："哎？你怎么说出了禁书中的句子呢？"这说明了"正人君子"薛宝钗，也在偷偷看这本书！那么这本书到底讲了什么，让人又爱又恨呢？

《西厢记》的女主人公名叫崔莺莺。她是相国之女，长相姣好，亭亭玉立，自幼饱读诗书；男主人公名叫张君瑞，是一个贫穷的书生，准备进京赶考。

这年，莺莺的父亲崔相国去世。崔夫人与家人将相国的灵柩带回老家安葬。但是途中正遇上兵马征战，他们只好暂住在一座叫作普救寺的寺庙避难。在这座寺庙中，崔莺莺遇到了长相俊美的张君瑞，二人一见钟情。

莺莺有个贴身丫鬟，名叫红娘，是个聪明伶俐、心地善良的小姑娘。她知道张生爱慕小姐，也看出了小姐同样心向往之，于是牵线搭桥制造契机，让二人向彼此吐露了心声。可是，一个贵家小姐，一个贫困书生，在讲究父母之命、门当户对的封建社会，这种门第之间的悬殊，是哪怕跨越生死都无法逾越的距离。更何况莺莺当时已被许给吏部尚书之子为妻，听说那人长相丑陋、无才无德，莺莺虽然心有万般不甘，却也无可奈何。

然而就在这时发生了一件事，让张生和莺莺之间，由不可能变成了有可能。这件事便是"孙飞虎抢人"事件。

孙飞虎是个山贼，他带人围住普救寺，要抢莺莺做压寨夫人，否则就将所有人都杀光。莺莺的母亲自然不能让这种败坏自家名声的事情发生，但又无计可施，只好声称，凡能击退贼人者，便将莺莺许配之。这个消息对张生来说无疑是天大的喜事，他虽然只是一介书生，却有一个将军发小。当即，他便给这位发小写信，请求带兵来救，为整个寺庙解了燃眉之急。可是事后，崔夫人却出尔反尔，不同意张生与莺莺的婚事，反让二人以兄妹相称；张生十分恼怒，莺莺也气愤地在酒席上扔了酒杯来表达不满。这时，红娘再次出了主意——当晚，张生隔墙弹了一曲《凤求凰》，唤出莺莺，两人私订了终身。

经典诵读

姐姐这湖山下立地，我开了寺里角门儿。怕有人听俺说话，我且看一看。[做意了] 偌早晚傻角却不来，赫赫赤赤，来。[末云] 这其间正好去也，赫赫赤赤。[红云] 那鸟来了。

[沉醉东风] 我则道槐影风摇暮鸦，原来是玉人帽侧乌纱。一个潜身在曲槛边，一个背立在湖山下；那里叙寒温，并不曾打话。[红云] 赫赫赤赤，那鸟来了。[末云] 小姐，你来也。

[搂住红科] [红云] 禽兽！[末云] 是我。[红云] 你看得仔细着，若是老夫人，怎了！[末云] 小生害得眼花，搂得慌了些儿，不知是谁，望乞恕罪！[红唱] 便做道搂得慌呵，你好索觑咱，多管是饿得你个穷神眼花。

[末云] 小姐在那里？[红云] 在湖山下，我问你咱：真个着你来哩？[末云] 小生猜诗谜社家，风流隋何，浪子陆贾，准定扢（gǔ）扎帮便倒地。[红云] 你休从门里去，则道我使你来。你跳过这墙去，今夜这一弄儿助你两个成亲。我说与你，依着我者。

[乔牌儿] 你看那淡云笼月华，似红纸护银蜡；柳丝花朵垂帘下，绿莎茵铺着绣榻。

[甜水令] 良夜迢迢，闲庭寂静，花枝低亚。他是个女孩儿家，你索将性儿温存，话儿摩弄，意儿谦洽；休猜做败柳残花。

[折桂令] 他是个娇滴滴美玉无瑕，粉脸生春，云鬓堆鸦。恁的般受怕担惊，又不图甚浪酒闲茶。则你那夹被儿时当奋发，指头儿告了消乏；打叠起嗟呀，毕罢了牵挂，收拾了忧愁，准备着撑达。

[末做跳墙搂旦科] [旦云] 是谁？[末云] 是小生。[旦怒云] 张生，你是何等之人！我在这里烧香，你无故至此；若夫人闻知，有何理说！

——《西厢记》第三本·第三折

故事讲到这里，其实并没有脱离传统爱情故事的套路，如同《白蛇传》中的许仙与白娘子、《梁祝》中的梁山伯与祝英台等，都是冲破传统追求自由爱情的故事。但是，《西厢记》的经典之处，在于它的结局与其他故事不同——

很快，崔夫人发现了蹊跷，便叫来红娘拷问。红娘指出老夫人言而无信，再这样下去只会造成一场悲剧，且他日万一张生得到官职，反而会落得罪名。老夫人只好被迫同意，但前提条件是，张生必须考得功名。次日，张生依依不舍告别小姐，进京赶考，最终状元及第，回来正式迎娶莺莺，有情人终成眷属。

这部《西厢记》并非一蹴而就，而是在漫漫文学史上经过不断的改编和完善，才成了我们今天看到的模样。

这个故事最早的版本，是唐代诗人元稹的小说《莺莺传》。元稹曾写过一句很有名的诗，同学们一定都听过——“曾经沧海难为水，除却巫山不是云。”《莺莺传》里面的张生最后考中状元，却抛弃了莺莺。

到了金代，《莺莺传》被一名姓董的读书人改编成了《西厢记诸宫调》，这位董生不忍心看到美丽善良的崔莺莺被辜负，对元稹的小说进行了彻底颠覆，让张生考中状元立刻回来迎娶莺莺，也就是我们今天看到的这个结局。

到了元朝，著名杂剧家王实甫在原作基础上增添枝叶，让张、崔二人的感情更加浓烈和深入人心，创作了杂剧《崔莺莺待月西厢记》，也就是我们今天看到的《西厢记》。

这部剧作在古代之所以长期被禁，最本质的原因就是，其中所写到的某些内容触及了封建统治阶级“三纲五常”的礼法。《西厢记》中，张生和崔莺莺跨越阶级鸿沟，打破门第观念，背弃父母之命、媒妁之言，大胆地追求男女之间自由的爱情。这种宣扬情与欲的不可遏制并且正当合理的观点，是明显不符合当时主流意识形态的。对比《白蛇传》中的白娘子被镇压于雷峰塔下、《梁祝》中的梁山伯与祝英台二人最终双双殉情的悲剧结局，张生与崔莺莺有情人终成眷属的圆满爱情，对统治者来说极为可怕。因为这其中的深层表达是：不听话的孩子却有了好结果；两个相爱的人不需要听父母的话，一样可以结为夫妻，拥有美满的婚姻……

这样的主题是不利于统治百姓思想的，甚至会撼动封建统治在婚姻礼教制度上的根基。这样的作品，怎么会被允许传阅呢？然而，也正是因为它所宣扬的这一前卫大胆的主题，才能让今天的我们，在读到的时候仍然能够为之感叹。

宝玉笑道：“我就是个‘多愁多病身’，你就是那‘倾国倾城貌’。”黛玉听了，不觉带腮连耳通红，登时直竖起两道似蹙非蹙的眉，瞪了两只似睁非睁的眼，微腮带怒，薄面含嗔，指宝玉道：“你这该死的胡说！好好的把这淫词艳曲弄了来，还学了这些混话来欺负我。我告诉舅舅、舅母去。”说到“欺负”两个字上，早又把眼睛圈儿红了，转身就走。

“我就是个‘多愁多病身’，你就是那‘倾国倾城貌’……”这句唱词，本来是张生对崔莺莺所说。当贾宝玉说出这句话时，便是把自己比作张君瑞，把林黛玉比作崔莺莺，两人俨然不是表兄妹，而是一对情侣了！黛玉听到这句话后便恼了，害宝玉哄了半天。可她回去之后，便一直泪眼涔涔，在帐中哭泣直到深夜。

这眼泪，固然有感动的成分。但更多的，却是因为自己所处的现实，怎可能如同书中所写到的那般美好呢？在真正的现实生活中，有多少人可以为了爱情而奋不顾身，又有几个“奋不顾身”最终能拥有美满的结局呢？

这个道理，黛玉懂，《西厢记》的作者王实甫也懂，所以他写出了那句经典的唱词：“叹人间真男女难为知己，愿普天下有情人终成眷属。”一个“叹”字，一个“愿”字，有惋惜，有无奈，却也饱含了期待。

第二节 为了爱情死而复生，是时空穿越还是美梦成真？——《牡丹亭》中的浪漫主义

几乎每个人都有这样的经历：陷在美好的梦境中不愿意醒过来，醒来后怅然若失，希望梦境可以变为现实……然而如果真的有这样一个故事：某天你突然发现，在曾经的美梦中所发生的一切都是真实的，是自己穿越到另一个时空发生的事情。于是从那一刻

起，你便不断地寻找梦中之人，可是你不知道他在哪里，也不知道他是谁……

无疑，这是一个极其浪漫的故事。

而令我们想象不到的是，这部类似于《盗梦空间》的作品，就发生在400年前的中国。它是由明代著名戏曲家汤显祖在《牡丹亭》这部作品中为我们讲述的故事。

《牡丹亭》的故事是这样的。有一天，一位姓柳的书生做了个梦，梦中的他来到了一座大花园，只见园中的梅花树下站着一个极美的姑娘，书生一眼就爱上了这个姑娘，甚至在梦醒之后，他还给自己改了个名字，叫作“柳梦梅”。

然而他不知道的是，与此同时，他梦见的姑娘是真的站在那座花园的梅花树下。姑娘叫作杜丽娘，是南安府尹的女儿。这天是她第一次来到自家的后花园，父母对她的管教非常严格，如同很多大家小姐一样，杜丽娘之前从没有出过家门。这次是她和自己的丫鬟谋划了多日，终于抓住了父母都不在家的一次机会，偷偷溜进了那片禁地。

经典诵读

【皂罗袍】原来姹紫嫣红开遍，似这般都付与断井颓垣。良辰美景奈何天，赏心乐事谁家院！恁般景致，我老爷和奶奶再不提起。（合）朝飞暮卷，云霞翠轩；雨丝风片，烟波画船——锦屏人忒看的这韶光贱！（贴）是花都放了，那牡丹还早。

【好姐姐】（旦）遍青山啼红了杜鹃，荼蘼外烟丝醉软。春香啊，牡丹虽好，他春归怎占的先！（贴）成对儿莺燕呵。（合）闲凝眄，生生燕语明如翦，呖呖莺歌溜的圆。（旦）去罢。（贴）这园子委是观之不足也。（旦）提他怎的！（行介）

——选自《牡丹亭第十出·惊梦》

“原来姹紫嫣红开遍，似这般都付与断井颓垣。良辰美景奈何天，赏心乐事谁家院！”这几句词，是《牡丹亭》（见图11－1）中最经典的唱词，也是这位叫作杜丽娘的女孩儿，在第一次迈进自家的后花园时，生发出的悲叹。春色如许，她实在不舍得离开，转了许久后，竟在园内睡着了。在这次的梦中，她遇到了柳梦梅，并与他相爱了。

图11－1　昆曲《牡丹亭》

“梦中相爱”这件事本身，就是非常具有想象力的。此外，他们的表达方式也极具浪漫主义色彩，比如，今天的我们在遇到心动的异性时可能会说：“可以加个微信吗？”可是柳梦梅见到杜丽娘时却说：“则为你如花美眷，似水流年。”今天的我们在感叹青春流逝、向往爱情时，可能会说：“唉，我单身这么多年，还没有男（女）朋友！”可是杜丽娘却说：“遍青山啼红了杜鹃，荼蘼外烟丝醉软。”今天的我们表达想念时会说：“我想你。”《牡丹亭》中则说：“惊觉相思不露，原来只因已入骨。”今天的我们表达爱意时会拥抱亲吻对方，《牡丹亭》中则用花神们曼妙的舞姿来体现男女结合的美好。

这些含蓄而诗意的结构方式和写作手法，不仅是《牡丹亭》的经典之处，更是我国文学艺术独特的表达；如何在舞台上表现人物的精神世界，也是我们一代代戏剧家的追求和向往。在对人性束缚极其严格的明朝，恐怕只有梦中的世界是自由的，是可以突破一切束缚的；汤显祖利用梦境展开想象，让生活的小世界得到了无限的扩张。在他的一生所写的四个“梦”中，《牡丹亭》无疑是最出色、最美好，也最感人的梦。

这次梦醒之后，杜丽娘生了一场大病，最终也没有好起来。临死之前她将自己画了下来，并把画像装进了一个檀香木匣。三年后，正是这幅画像替杜丽娘找到了梦中的爱人。

经典诵读

【莺啼序】问丹青何处娇娥，片月影光生毫末？似恁般一个人儿，早见了百花低躲。总天然意态难模，谁近得把春云淡破？想来画工怎能到此！多敢他自己能描会脱。且住，细观他帧首之上，小字数行。（看介）呀，原来绝句一首。（念介）“近睹分明似俨然，远观自在若飞仙。他年得傍蟾宫客，不在梅边在柳边。”呀，此乃人间女子行乐图也。何言“不在梅边在柳边”？奇哉怪事哩！

——《牡丹亭第二十六出·玩真》

当柳梦梅被命运带到这幅画的面前时，他看到了这首诗：“近睹分明似俨然，远观自在若飞仙。他年得傍蟾宫客，不在梅边在柳边……”

自己的名字，正叫作柳梦梅，这是巧合吗？再细细看去，他更是激动万分——这姑娘，不正是三年前的梦中人吗？就在这时，画中的杜丽娘竟然走了下来，和这个从未在现实生活中见过的爱人，紧紧地拥抱在一起。

梦境相爱，画中魂归——这已经非常浪漫了，剧作家讲到这里，也已经是一个完整的故事了。但汤显祖仍然觉得分量不够。于是，他写了一段更加具有想象力的戏份，叫作“掘坟”。柳梦梅找到了杜丽娘被埋葬的地方——那棵梅树，并挖开了坟墓，在那已经损坏的棺材里，美人依旧栩栩如生。柳梦梅眼见得她长出了一口气，竟然活了过来。

为爱而死的文学作品，我们可能看过很多，可是《牡丹亭》的经典之处就在于，它是一部为了爱情死而复生的作品。

其实，关于这一点，汤显祖在刚开场的时候，就已经告诉了我们——

> 情不知所起，一往而深。生者可以死，死可以生。生而不可与死，死而不可复生者，皆非情之至也。

当汤显祖遇上
莎士比亚

梦中相遇，为梦而死，为情而生，都是“情之至也”。如此富有想象力和张力的剧情，在生和死之间，从梦幻到现实的穿越，却没有让人觉得有一丝的突兀。汤显祖对戏剧整体的把握能力，无疑是非凡的。在结构剧情的时候，他是浪漫的诗人，能够设计出流传四百年依旧经典的故事；在处理文字的时候，他是充满想象力的艺术家，让每段文字、每个词语，都能被后世不断模仿。

《牡丹亭》是我国戏剧长河中一颗璀璨的明珠，400 年来光芒依旧；她更是无数人一生渴望的梦，一首动听的歌。

第三节 恩也好仇也罢，终究是为了当个好女儿——窦娥到底“冤”在哪里？

出嫁，本应该是女孩子们一生最幸福的时刻。可是，这个叫作端云的女孩儿，嫁人却是因为她爹窦天章欠了蔡婆婆的债，还不起钱才把她抵给人家的。

“对方家里很有钱，女儿嫁过去，肯定比跟着他这个穷秀才强多了！”窦天章这么一想，心里就没那么愧疚了。而且他看到坐上轿子的端云，神色和平常并没有太大不同，于是将她交到蔡婆婆手中，便离去了。

谁想到，窦天章刚走，端云便泪如雨下。她才七岁，却是个特别孝顺特别懂事的孩子。她一点儿都不想嫁人，可是想到自己能替父亲还债，也就心满意足了。幸运的是，她嫁了一户好人家，不但经济条件好，婆婆对她也像待自家女儿一样。嫁了人却并没有随丈夫的姓，还是延续之前的姓氏，只是不再叫作端云，而叫作窦娥……

下面，就让我们一起来重温元代戏曲家关汉卿的杂剧《窦娥冤》中的经典故事——

前面提到，窦娥是因为替父还债，被卖给蔡婆婆做童养媳的，不料丈夫早死，她就守了寡。有一天，蔡婆婆出外去讨账，在路上遇到了赛卢医，赛卢医想害死蔡婆婆，抢夺她的钱财。正在危急时刻，靠乞讨为生的张驴儿和他的父亲救了蔡婆婆，蔡婆婆为了报答他们父子的救命之恩，将他们收留在家。没想到，这父子二人不是什么好人，他们趁机要强娶他们婆媳俩。蔡婆婆没有意见，但是窦娥不愿意。张驴儿见窦娥不愿意就想害死蔡婆婆，然后来诬陷窦娥，以此来要挟她。可没想到放了毒药的汤被自己爹喝了，于是张驴儿再次要挟窦娥想让其就范，无奈窦娥是一位刚正不阿的烈女子，张驴儿看诡计落空便一口咬定是窦娥害死了自己的爹，并将窦娥扭送公堂，还买通了贪官，于是这个贪官把窦娥判了死罪。窦娥含冤而死，托梦给做了官的父亲窦天章，最终父亲替她平定了冤案。

以上便是《窦娥冤》的故事梗概，并不复杂。通常观众们会认为，窦娥的冤屈，是因为被县官屈打成招，才无奈承认自己杀了人。可是我们想想，历史上被冤杀的事件多如牛毛，却只有窦娥之冤被深深印在后世的心里——这到底是因为关汉卿的文笔太厉害，还是六月飞雪的誓言太特别呢？

经典诵读

（正旦再跪科，云）大人，我窦娥死的委实冤枉，从今以后，着这楚州亢旱三年！（监斩官云）打嘴！那有这等说话！（正旦唱）

【一煞】你道是天公不可期，人心不可怜，不知皇天也肯从人愿。做甚么三年不见甘霖降？也只为东海曾经孝妇冤，如今轮到你山阳县。这都是官吏每无心正法，使百姓有口难言！

（刽子做磨旗科，云）怎么这一会儿天色阴了也？（内做风科，刽子云）好冷风也！（正旦唱）

【煞尾】浮云为我阴，悲风为我旋，三桩儿誓愿明题遍。（做哭科，云）婆婆也，直等待雪飞六月，亢旱三年呵，（唱）那其间才把你个屈死的冤魂这窦娥显！

——《窦娥冤》第三折

在我们看来，窦娥的冤屈，并非冤在法制，而是冤在伦理；窦娥的悲剧，并非只因为世道暗黑，更因为她即便付出了性命，都没能守住心中的坚持——

第一，窦娥是坚持要做一个好女人的。她七岁被送到蔡家当童养媳，但没几年丈夫就死了。她的日子过得很不好，所以说出“似这等忧愁，不知几时是了”。还说丈夫早早去了，撇下自己守空房，没人问，没人瞅，心里非常苦闷。

但即便如此，她还是坚持认为“守妇道”是一个女人的底线，所以即便婆婆同意改嫁，她也坚决不认张驴儿做自己的丈夫。然而，不过是因为不想改嫁，就被人陷害至死，这是她的第一重冤屈。

第二，窦娥是坚持要做一个好媳妇的。她一开始对婆婆和张老汉成婚的行为也是非常排斥。所以在刚上公堂对质的时候，她是这样的态度——

（张驴儿云）小人是原告张驴儿，告这媳妇儿，唤做窦娥，合毒药下在羊肚儿汤里，药死了俺的老子。这个唤做蔡婆婆，就是俺的后母，望大人与小人做主咱！（孤云）是那一个下的毒药？（正旦云）不干小妇人事。（卜儿云）也不干老妇人事。（张驴儿云）也不干我事。（孤云）都不是，敢是我下的毒药来？（正旦云）我婆婆也不是他后母，他自姓张，我家姓蔡……

——《窦娥冤》第二折

我们可以看到，这时候她说“我婆婆也不是他后母”，她并没有承认张老汉的身份。但是后来当县官说要打蔡婆婆的时候，窦娥又说：“住，住，住，休打我婆婆，情愿我招了罢，是我药死公公来。”

这里她并没有说“杀了人”，而是说杀死“公公”！杀人和杀死公公是不一样的罪过，第四折中，窦娥的父亲窦天章恰巧来到窦娥冤死之地做官，在翻看卷宗时看到了她的案子，他是这样说的：

> 我将这文卷看几宗咱。一起犯人窦娥，将毒药致死公公。我才看头一宗文卷，就与老夫同姓，这药死公公的罪名，犯在十恶不赦，俺同姓之人，也有不畏法度的。
>
> ——《窦娥冤》第四折

药死公公，是十恶不赦。在旁人眼里，窦娥犯下的不仅是法制的罪，更是伦理的罪；而在窦娥心里，她认罪，并不只认了杀人的罪，更是在替婆婆承受女人改嫁的后果。

> [黄钟尾] 我做了个衔冤负屈没头鬼，怎肯便放了你好色荒淫漏面贼！想人心不可欺，冤枉事天地知，争到头，竞到底，到如今待怎的？情愿认药杀公公，与了招罪。婆婆也，我怕把你来便打的，打的来恁的。我若是不死呵，如何救得你？
>
> ——《窦娥冤》第二折

她不仅是要阻止官吏对婆婆的刑讯，更是要终止自己和婆婆的争执。因为要阻止对婆婆的刑讯，只需违心地承认“药死人”就可以了；但之所以承认“药死公公”，则是把婆婆改嫁的伦理罪过揽到自己头上。

阻止对婆婆的刑讯，是让婆婆继续活下去；而替婆婆承担改嫁的罪过，则是让婆婆在伦理上再生，更有价值地活下去。这不仅是窦娥的孝心，也是她的第二重冤屈。

第三，窦娥是一个爱惜名声的好女儿。虽然七岁就离开了父亲，但却始终在履行父亲对自己的教诲——她拒绝改嫁，情愿为了婆婆去死，却在死前立下三桩毒誓——因为她要让世人知道她是冤屈的，她可以不要性命，但却不能不要名声。因为名声会影响父亲和婆婆的生活，更会影响自己在父亲心中的形象。可即便如此，她依然被父亲误解。当她变成鬼魂满腹冤屈地找到父亲时，窦天章却说：“我窦家三辈无犯法之男，五世无再婚之女，到今日你不仅丢了祖宗的人，还连累我的名声。我给你个解释的机会，你要是说不清楚，我就罚你永世不得超生，当个饿死鬼……”这竟是一个父亲对女儿的魂魄说出的话，没有一丝怜惜，有的只是怕影响自己名声的担忧。

我们想想，窦娥听了该有多么难过，她为了做一个好女儿连命都没了，却依然被自己的至亲误解，可是这个孝顺的孩子，对亲人并没有一丝的抱怨，她恨老天无眼、命运不公，她恨为何在这个世道上“为善的受贫穷更命短，造恶的享富贵又寿延”，却没有意识到，自己一生中最大的悲剧和委屈，其实是：即便连命都不要，也无法守住心中的坚持。她许下血溅白练、六月飞雪、三年不雨的毒誓，无非是想告诉父亲，她是冤枉的，她没有辱没家族的名声；恩也好仇也罢，她这一生，只是为了做个好女儿。

这不仅是窦娥的悲剧，更是那个时代所有女性的悲剧！但是艺术与生活毕竟不同，关汉卿给这出悲剧加上了好的结局，窦娥的冤屈终究被洗清，也算是给读者和观众最后的一点安慰吧！

王国维对《窦娥冤》的评价

第四节 一场错付的爱情，让她成为世世代代的“红颜祸水”——《长生殿》的历史真相

《长生殿》是清朝初年的一部著名戏曲作品，作者是洪昇。《长生殿》前半部分主要讲唐玄宗李隆基宠幸杨贵妃，不理朝政，同时将贵妃的哥哥杨国忠封为宰相，任其胡作非为，最终导致“安史之乱”的发生；后半部分则写贵妃被赐死后，唐玄宗对其的怀念，以及二人在天上再次相会的情景。

据此，很多人似乎都认定唐玄宗是个好皇帝，他曾亲手创建了“开元盛世”，那么圣明的一个人，如果不是因为杨贵妃的出现，怎么能突然变得那么昏庸？以为杨贵妃和苏妲己一样，祸国殃民，之所以发生“安史之乱”，都是因为她！

可事实真的是这样吗？其实，《长生殿》一开始就告诉了我们答案——

> 【大石引子·东风第一枝】［生扮唐明皇引二内侍上］端冕中天，垂衣南面，山河一统皇唐。层霄雨露回春，深宫草木齐芳。《升平》早奏，韶华好，行乐何妨。愿此生终老温柔，白云不羡仙乡。
>
> ——选自《长生殿第二出·定情》

这是第二折“定情”中，唐玄宗第一次出场的表现。他说现在山河一统、草木齐放，国家这么太平了，我也该歇歇了。“温柔乡”就暗示了他要宠幸后妃不理朝政了。所以说，是皇帝的态度决定了国家的兴亡。一个好大喜功、认为自己可以享清福的皇帝，怎么能治理好国家呢？就算没有杨贵妃的出现，也会有李贵妃、张贵妃、王贵妃的。

都说帝王家最是无情，但是唐玄宗和杨贵妃之间，我们认为还是能算作真爱的。因为有好几次贵妃吃醋不理他，他都一副担惊受怕的样子。还有一次，贵妃实在太不像话惹怒了皇帝，皇帝一生气将她赶回了娘家，结果把自己难受得连续几天茶不思饭不想——活脱脱一个热恋中的青年。服侍皇帝的高力士见状试探了一下，悄悄把贵妃请回宫，结果唐玄宗一见到杨贵妃，马上就把怨恨抛到九霄云外了，生怕她再次逃掉。试想一下，如果不是真情，怎么会有这样多的离愁别绪？前面说的这个历史上的小桥段，在《长生殿》中是这样体现的：

> 【醉太平】想亭际，凭阑仍是玉阑干，问新妆有谁同倚？就有新声呵，知音人逝，他鹍弦绝响，我玉笛羞吹。［丑肩搭发上］【浣溪沙】离别悲，相思意，两下里抹媚谁知！我从旁参透个中机，要打合鸾凰在一处飞。［见内侍介］万岁爷在那里？［内侍］独自坐在宫中。［丑欲入，内侍拦介］［丑］你怎么拦阻咱家？［内侍］万岁爷十分着恼，把进膳的连打了两个，特着我每看守宫门，不许一人擅入。［丑］原来如此，咱家且候着。［生］朕委无聊赖，且到宫门外闲步片时。［行介］看一带瑶阶依然芳草齐，不见蹴裙裾，珠履追随。［丑望介］万岁爷出来了，咱且闪在门外，觑个机会。［虚下，即上，听介］［生］寡人在此思念妃子，不知妃子又怎生思念寡人哩！早间问高力士，他说妃子出去，泪眼不干，教朕寸心如割。这半日间，无从再知消息。高力士这厮，也

竟不到朕跟前，好生可恶！[丑见介] 奴婢在这里。[生] [作看丑介] [生] 高力士，你肩上搭的甚么东西？[丑] 是杨娘娘的头发。[生笑介] 什么头发？[丑] 娘娘说道：自恨愚昧，上忤圣心，罪应万死。今生今世，不能够再睹天颜。特剪下这头发，着奴婢献上万岁爷，以表依恋之意。[献发介] [生执发看，哭介] 哎哟，我那妃子呵！

【啄木儿】记前宵枕边闻香气，到今朝剪却和愁寄。觑青丝肠断魂迷。想寡人与妃子，恩情中断，就似这头发也。一霎里落金刀长辞云髻。

——选自《长生殿第九出·复召》

这一段讲的是，玄宗一气之下把贵妃赶回娘家之后的表现，他独自坐在宫里乱发脾气，人家来给他送饭，还被他揍了一顿；他悄悄派高力士去看贵妃在家的情况，听说也是天天坐着掉眼泪，心里就更难受了；高力士汇报完贵妃的情况之后，还拿着她的头发给皇帝，说这是贵妃亲手剪下来，让自己交给他的……古话说，“剪下三千烦恼丝，化作自得一微尘”——贵妃这一行为是有特殊含义的，首先“身体发肤，受之父母”，在封建社会，头发绝不能轻易剪掉，剪头发象征着自己想要出家，已经看破红尘了。

《长生殿》问世于清朝，清朝人对头发的重视程度更是到了极点，只有想表达人物彻底绝望的时候，才会用剪头发来表现——《红楼梦·六十六回》中有这样一段描写：“柳湘莲听了，不觉冷然如寒侵骨，掣出那股雄剑，将万根烦恼丝一挥而尽，便随那道士不知往那里去了……”果真，玄宗一见头发就哭了起来，让高力士赶紧把贵妃接回来。接回来之后呢？

[丑进报介] 杨娘娘到了。[生] 快宣进来。[丑] 领旨。杨娘娘有宣。[旦进见介] 臣妾杨氏见驾，死罪，死罪！[俯伏介] [生] 平身。[丑暗下] [旦跪泣介] 臣妾无状，上干天谴。今得重睹圣颜，死亦瞑目。[生同泣介] 妃子何出此言？[旦]

【玉漏迟序】念臣妾如山罪累，荷皇恩如天容庇。今自艾，愿承鱼贯，敢妒蛾眉？

[生扶旦起介] 寡人一时错见，从前的话，不必再提了。[旦泣起介] 万岁！[生携旦手与旦拭泪介]

——选自《长生殿第九出·复召》

杨贵妃见到皇帝之后，哭着趴在地上说：“对不起，我之前乱发脾气，都是我的错，今天能再见到你，死也值了！”然后这皇帝也哭着说：“不要这样说，是我的错。过去的事儿就翻篇儿了，以后咱俩好好过日子！然后两个人抱头痛哭……”

同学们看，这哪里是皇帝和妃子，分明是陷入热恋中的小情侣。在第二十二出《密誓》一折中，二人还像平民夫妻一样，许下了天长地久的誓言：

[生上香揖同旦福介] 双星在上，我李隆基与杨玉环，[旦合] 情重恩深，愿世世生生，共为夫妇，永不相离。有渝此盟，双星鉴之。[生又揖介] 在天愿为比翼鸟，[旦拜介] 在地愿为连理枝。[合] 天长地久有时尽，此誓绵绵无绝期。[旦拜谢生介] 深感陛下情重，今夕之盟，妾死生守之矣。[生携旦介]

——选自《长生殿第二十二出·密誓》

虽然在那个时候，玄宗已是五十多岁的中年人，贵妃只是个不到二十岁的姑娘；但玄宗才华横溢，能写诗、能作曲、能弹琵琶、能打羯鼓；贵妃能歌善舞，她的才华不仅在当时，甚至在历朝历代的后妃中都是极为鲜见的。因此，他们之间的关系并非是普通意义的皇帝与妃子，而更像是才子和佳人之间的爱恋。这份爱是真诚的、热烈的，是除了权力和相貌的吸引之外，那种“知音难寻”的相互珍惜。

然而，玄宗毕竟是帝王，他最终还是为了保住自己的位置赐死了贵妃。在权力面前，拥有再多海誓山盟的爱情，也不过如此。

充满了梦幻泡影的文学作品，背后的现实是残酷的。皇帝和妃子谈的这场恋爱，用国家和文明的衰亡，都未能换回他们的岁月静好。而所有向往爱情、乐于赞颂爱情的文学家，都会因此而感到遗憾。于是，洪昇在《长生殿》中延续了白居易《长恨歌》的写法，让二人在仙境相会。

“风吹仙袂飘飖举，犹似《霓裳羽衣舞》。玉容寂寞泪阑干，梨花一枝春带雨。”玄宗的魂魄最终还是找上了海上的仙山，只是，那个曾经付出全部真心的杨玉环，在被自己爱人推出去“挡枪”的那一瞬间，恐怕就彻底对他失望了吧！

躬行践履

1. 分享：你知道的中国好戏还有哪些？说说它们“好”在哪里？
2. 探究：你喜欢的中国戏曲中都体现了哪些优秀的价值观？

第十二讲 一年佳节君须记
——传统节日

薪火相传

传统节日作为一种行为层面的传统文化，它根植于古代农业社会文明。在长期的流传过程中，它通过对天人、群己、义利等关系的约定，形成了自身特定的文化内涵，体现了强大的文化凝聚力与生命力，有时甚至与文化精神、民族精神相联系，在社会发展进程中具有非常重要的作用。

第一节 传统节日的起源与发展

节日顺口溜

春节一年岁之首，文化底蕴很悠久。正月十五闹元宵，赏灯汤圆烟花好。
二月二，龙抬头，祈福纳祥去春游。春风半月是清明，祭祖扫墓去踏青。
五月初五逢端午，龙舟粽子送祝福。七月初七是七夕，牛郎织女在一起。
八月十五是中秋，吃着月饼庆丰收。九九重阳戴茱萸，登高远眺去赏菊。
冬至交九记寒天，北吃饺子南汤圆。岁末最后一夜晚，除夕阖家大团圆。

传统节日的起源与上古原始信仰、祭祀文化以及星象、历法等人文与自然文化有关。据现代人类学、考古学的研究成果，人类最原始的两种信仰：一是天地信仰；二是祖先信仰。传统节日多数形成于古人择日祭祀，以谢天地神灵、祖先恩德及祈福辟邪的活动。

早期的节日文化，反映的是古人自然崇拜、天人合一、慎终追远、固本思源的人文精神。一系列的祭祀活动，则蕴含着祇敬感德、礼乐文明的深邃文化内涵。岁节（年节）的起源与发展涵盖了人文哲学与自然规律等方面的内容。

一、中国传统节日的萌芽

中国传统节日萌芽于先秦，起源于祭祀，带有一定的原始宗教性质。上古时，人们对自然的感受是神秘的，人们通过祭祀与神秘自然联系、沟通。定期祭祀是人们年度生活的主要内容，上古的祭祀活动都是在一定的时间节点上举行，从而形成了节日的萌芽。

二、中国传统节日的雏形

公元前104年，汉武帝颁行《太初历》，从此中国历法基本定型，并延续至今。历法的确定有助于节日的发展，随着历法的完善、日历的确定，敬天顺时的先民们逐渐把各种祭祀、庆贺、占卜、禁忌等活动集中在某些比较特殊的日子里举行，由此衍生出节日的雏形。

三、中国传统节日的形成

汉代注重移风易俗，整饬地方，以达到六合同风、九州共贯的习俗文化统一，这项工作成为地方官吏考核的重要内容之一。整齐风俗的教化工作在东汉亦得到有力的推行，使节日风俗在全国得到普遍的推广。汉魏时期是中国传统节日形成的重要时期。这个时期，原始宗教的神秘性质衰减，时令祭礼转向节日祭祀，岁时禁忌逐渐演变为民俗节庆。这个时期，将神话传说合理化、历史化，将上古具有神秘意义的天神改造、置换为真实的历史人物，用历史人物的传奇故事与合乎儒家伦理品性的人格魅力征服大众，将纪念历史人物作为节俗传承的合理解释。比如寒食节传说是纪念介之推、端午节纪念屈原等。

第二节 中国传统节日传说知多少

一、春节及传说

（一）春节

春节一般指除夕和正月初一。但在民间，传统意义上的春节是指从腊月初八的腊祭或腊月二十三或二十四的祭灶，一直到正月十五，其中以除夕和正月初一为高潮。在春节期间，我国各民族都要举行各种活动以示庆祝。这些活动均以祭祀神佛、祭奠祖先、除旧布新、迎禧接福、祈求丰年为主要内容。活动丰富多彩，带有浓郁的民族特色。

（二）有关春节的传说

1. “年”的传说

传说中国古时候有一种叫“年”的怪兽，长年深居海底，每到除夕就爬上岸祸害人间。人们只能逃往深山，以躲避“年”兽的伤害。后来有一年除夕，从村外来了个老人告知了人们驱赶“年”兽的办法。原来，“年”最怕红色、火光和炸响。从此每年除夕，家家贴红对联、燃放爆竹；户户烛火通明、守更待岁。初一一大早，还要走亲串友道喜问好。这风俗越传越广，成了春节。

2. 春联的传说

贴春联的习俗，始于1000多年前的后蜀时期。宋代王安石在《元日》这首诗中写道“千门万户曈曈日，总把新桃换旧符”，形容初日的光亮。诗中的“桃”和“符”是互文，意即总把新桃符换下旧桃符，除旧布新。根据《玉烛宝典》《燕京岁时记》等著作记载，春联的原始形式就是人们所说的“桃符”。

关于“桃符”也有个美丽的传说。很久以前，东海度朔山风景秀丽，山上有一片桃林，其中有一株桃树巨大无比，枝繁叶茂，屈盘三千里，结的桃子又大又甜，人吃了这树上的桃子能变成神仙。一个漆黑的夜晚，有青面獠牙、红发绿眼的鬼怪想偷吃仙桃。桃林主人神荼、郁垒二兄弟用桃枝打败鬼怪，并用草绳捆着喂了看山的老虎。从此，两兄弟的大名令鬼怪为之惧怕，他们死后变为专门惩治恶鬼的神仙。后世人们用一寸宽、七八寸长的桃木板画上神荼、郁垒两神仙像挂在自家门两侧，以驱鬼祛邪，这种桃木板被称作“桃符”。

随着时代的变化，桃符本身也在变化，以后人们又将两个神仙的名字写在桃符上，代替画像，再后来，又发展到“题桃符”，即将字数相等、结构对称、意思相应的短诗题写在桃符上，这就是春联的前身。

3. 熬年守岁的传说

守岁，就是指在旧年的最后一天夜里不睡觉，熬夜迎接新一年到来的习俗，也叫除夕守岁，俗名“熬年”。探究这个习俗的来历，在民间流传着一个有趣的故事：太古时期，有一种凶猛的怪兽，散居在深山密林中，人们管它叫“岁”。它的形貌狰狞，生性凶残，专食飞禽走兽、鳞介虫豸，一天换一种口味，从磕头虫一直吃到大活人，让人谈“岁”色变。后来，人们慢慢掌握了“岁”的活动规律，它是每隔 365 天窜到人群聚居的地方尝一次口鲜，而且出没的时间都是在天黑以后，等到鸡鸣破晓，它便返回山林。

算准了“岁”肆虐的日期，百姓们便把这可怕的一年最后的一夜视为关口，称作“年关”，并且想出了一整套过年关的办法：每到这一天晚上，每家每户都提前做好晚饭，熄火净灶，再把鸡圈牛栏全部拴牢，把宅院的前后门都封住，躲在屋里吃“年夜饭”，由于这顿晚餐具有凶吉未卜的意味，所以置办得很丰盛，除了要全家老小围在一起用餐表示和睦团圆外，还须在吃饭前先供祭祖先，祈求祖先的神灵保佑，平安地度过这一夜，吃过晚饭后，谁都不敢睡觉，挤坐在一起闲聊壮胆。后来就逐渐形成了除夕熬年守岁的习惯。

梁朝的不少文人都有守岁的诗文。“一夜连双岁，五更分二年。”人们点着蜡烛或油灯，通宵守夜，象征着把一切邪瘟病疫照跑驱走，期待着新的一年吉祥如意。这种风俗一直流传至今。

二、清明节及传说

（一）清明节

清明节，又称踏青节、行清节、三月节、祭祖节等，节期在仲春与暮春之交。清明节源自上古时代的祖先信仰与春祭礼俗，兼具自然与人文两大内涵，既是自然节气点，也是传统节日。扫墓祭祖与踏青郊游是清明节的两大礼俗主题，这两大传统礼俗主题在中国自古传承，至今不辍。

（二）有关清明节的传说

1. 清明节来历的传说

春秋时期晋国的国君晋献公，带兵讨伐骊戎，不仅取得了战争的胜利，还得到了绝世美女骊姬。骊姬为晋献公生下儿子奚齐。而当时晋献公已经有三个儿子，即申生、重耳和夷吾，并且申生被立为太子。骊姬为了让儿子奚齐成为储君，想方设法诬陷申生，申生被迫自杀。公子重耳和夷吾内心畏惧，仓皇逃离晋国。多日逃亡，重耳几乎饿死。有个名叫介子推的家臣，对公子重耳忠心耿耿，连日没有找到任何能吃的东西，无奈之下他忍痛从大腿上割下一块肉，然后煮了几碗汤给公子重耳喝，救活了奄奄一息的重耳。重耳得知真情，非常感动并发誓以后要好好报答介子推。

十几年后，重耳被拥立为国君，也就是春秋五霸中的第二位霸主——晋文公，他重重赏赐了当年跟随他逃亡的那几个家臣，却忘记对救命恩人介子推进行封赏。一些心怀异意的人就挑拨介子推去邀功，而介子推认为自己只是做了臣子该做的事情，也十分鄙视那些邀功的大臣。于是，他就带着年迈的母亲归隐山林。

后来，晋文公无意间想起了介子推，想请他出来佐政，但是介于推藏在深山不愿下山，晋文公为了逼迫他下山，于是放火烧山，结果介子推被火焚而死。晋文公为了纪念他，特别将此日定为禁火寒食之日，后代就称“寒食节”。因为寒食节的后一天是清明节，人们习惯把这段历史典故看成清明节的起源，很多地方就把寒食节和清明节一起过。

2. 清明扫墓的传说

与其他节气不同的是，清明还是我国重要的传统民俗节日，是祭祖和扫墓的日子。相传，先秦已有设坛祭墓的习俗，后来逐渐演化为坟前祭拜。“寒食墓祭”大约在南北朝时期形成习俗。据唐代杜佑《通典》记载：“寒食上墓，礼经无文，近代相传，浸以成俗，士庶有不合庙享，何以用展孝思？宜许上墓同拜扫。”鉴于此俗已久，唐玄宗就于开元二十年（732 年）下诏：“五月癸卯，寒食上墓，宜编入五礼，永为恒式。”于是寒食墓祭作为国家礼俗确定下来，这也是清明节扫墓的原因。

因寒食节是在清明的前几天，古人常把寒食节的活动延续到清明，久而久之，两节合一，就形成清明扫墓的习俗了。

直到现在，上坟扫墓的日期规定也不是很严格，清明前后时间都可以。后来寒食节与清明节混为一体，清明节祭祀遂成习俗。清明节祭扫先人墓地，历来为百姓十分看重。如果不祭扫，就会被认为是“断后”。

3. 清明插柳的传说

中国人以清明为鬼节，在百鬼出没讨索之时，人们为防止鬼的侵扰迫害，而插柳栽柳。柳在人们的心目中有辟邪的功用。北魏贾思勰《齐民要术》里说：“正月旦取杨柳枝著户上，百鬼不入家。”另外受佛教的影响，人们认为柳也可以驱鬼，观世音就以柳枝沾水济度众生。

柳树是中国古老的原产树种之一，树种优良，生命力极强，插土即活。柳树又是古代行道树的主力树种之一，路边河畔都可见到柳树。晋代陶侃镇守武昌时，在当地遍植柳树，名为“官柳”。汉代太尉周亚夫在军营种植很多柳树，使军营从此得名“柳营”。隋炀帝曾号召全民种柳护堤，并赐以重赏。相传唐代的文成公主入西藏时，把长安的一株柳树带到拉萨，并亲手种植在大昭寺前，这棵树迄今还郁郁葱葱。

有人从“柳”谐音“留”上分析，认为“折柳”是挽留的意思。《送别诗》云：“柳条折尽花飞尽，借问行人归不归。”古人出发前，送人者会把远行人一直送到路口，并要折柳枝相送，希望远行人能像杨柳一样，很快适应，随遇而安。虽然是随手之物，但“礼轻情意重”寓意深刻。

三、端午节及传说

（一）端午节

端午节，又称端阳节、龙舟节、重午节、天中节等，是集拜神祭祖、祈福辟邪、欢庆娱乐和饮食为一体的民俗大节。端午节源于自然天象崇拜，由上古时代祭龙演变而来。仲夏端午，苍龙七宿飞升于正南中央，处在全年最“中正”之位，正如《易经·乾卦》第五爻：“飞龙在天”。端午是“飞龙在天”的吉祥日，龙及龙舟文化始终贯穿在端午节的传承历史中。

（二）有关端午节的传说

1. 端午节来历的传说

（1）龙图腾崇拜说。华夏民族是龙图腾的崇拜者，闻一多先生在其所作的《端午》中认为，端午为持龙图腾崇拜民族的祭祖日。古时候我国长江以南大部分地区，五月江河都会涨水，人们就把希望寄托在掌管水的龙的身上，祈祷一年风调雨顺和行舟安全。

（2）夏至说。权威的岁时著作《荆楚岁时记》把吃粽子写在夏至节中；端午节风俗中的一些内容，如“踏百草”“斗百草”“采杂药”等，实际上与屈原无关；《岁华纪丽》对端午节的第一个解释是：“日叶正阳，时当中夏。”即端午节正是夏季之中，故端午节又可称为“天中节”。由此端午节的最早起源当系夏至。

（3）屈原说。传说屈原死后，楚国百姓哀痛异常，纷纷来到汨罗江边去凭吊屈原。渔夫们划起船在江上来回打捞他的尸身。为了不让屈原的身体被鱼虾蟹吃掉，人们纷纷往江里扔饭团、倒雄黄酒。以后，在每年的五月初五，就有了龙舟竞渡、吃粽子、喝雄黄酒的风俗。纪念屈原说在所有民间传说中流传最广。

2. 端午挂艾叶的传说

传说有一个善良的女人背着一个年龄较大的孩子，手上牵着一个年龄比较小的孩子，走在山路上。她遇到了化身为人的神仙，神仙来人间考察，发现这个城镇的人都不是好人，但直到遇到这个女人。原来，这个女人背着的比较大的孩子，是丈夫前妻留下的，而自己牵着的年龄小的孩子，却是她自己生的，她宁愿委屈自己的孩子也不委屈丈夫前妻的孩子。神仙觉得这人心地善良，有责任心、有爱心。神仙本来已经决定处罚这一区域的人，但这个女人的善良，让神仙不忍心惩罚。于是，这位神仙便在附近拔起了一把艾叶，告诉女人，一定要在五月初五这天，把艾叶放到自家的门上，那一天，下凡来惩罚恶人的天兵天将，就不会伤害她。这个心地善良的女人接受了神仙的艾叶，回到家也这么做了，但是她不忍心街坊邻居受灾，便把需要在五月初五这天挂艾叶的事告诉了大家，于是五月初五那天，家家户户都在门前挂了艾叶，来惩罚的天神看到这种情景，便只能无可奈何地回去了。

四、七夕节及传说

（一）七夕节

七夕节，又称七巧节、七姐节、女儿节、乞巧节、七娘会、七夕祭、牛公牛婆日、巧夕等，是中国民间的传统节日。七夕节由星宿崇拜衍化而来，为传统意义上的七姐诞，因拜祭“七姐”活动在七月初七晚上举行，故名“七夕”。拜七姐、祈福许愿、乞求巧艺、坐看牵牛织女星、祈祷姻缘、储七夕水等，是七夕的传统习俗。经历史发展，七夕被赋予了“牛郎织女”的美丽爱情传说，使其成为象征爱情的节日，从而被认为是中国最具浪漫色彩的传统节日，在当代更是产生了“中国情人节”的文化含义。

（二）有关七夕节的传说

1. 七夕节来历的传说

七夕节有一个美丽的爱情传说。牛郎是人间的放牛郎，父母早亡，受兄嫂虐待，每天和一头老牛一起生活，日子艰苦。织女是天上王母娘娘的孙女，是有着超凡技艺的神仙。原本不可能相识相爱的牛郎与织女，在老牛牵线下，结了姻缘。婚后，俩人男耕女织，相亲相爱，并育有一儿一女。可是，王母娘娘听说织女“不守天规”，“私奔”到人间，便派天兵天将抓走了织女。牛郎不见织女，披上牛皮，担上儿女一路追到天上，就在要追上织女时，狠心的王母娘娘拔下头簪，划出天河使牛郎与织女只能隔河相望。然而有一群喜鹊，感动于牛郎和织女的真情，每到农历七月初七，就拔下美丽的羽毛，架成彩虹桥，让这对相思一年的夫妇在这一夜相会。

2. 七夕晒书节的传说

传说农历七月初七是主文事的“大魁天下士”的魁星生日，故此民间称之为“魁星节”。又传，是日天门洞开，阳光强烈，且又不过分炽热，是龙王爷的“晒鳞日”，民间百姓纷纷仿效，在这一天晒衣、晒物、晒棉被，所以又是民间的“晒物节”。

古代想博取功名的读书人特别在乎这个节日，也在这天晒晒书，趁机整理下书籍，相沿成习，便成了读书人的“晒书节”。东汉崔寔《四民月令》就有“则以七月七日，曝经书及衣裳，则不蠹”的记载，可见七夕晒书的习俗由来已久。

五、中秋节及传说

（一）中秋节

中秋节，又称祭月节、月光诞、月夕、秋节、仲秋节、拜月节、月娘节、月亮节、团圆节等，是中国民间的传统节日。中秋节源自天象崇拜，由上古时代秋夕祭月演变而来。中秋节自古便有祭月、赏月、吃月饼、看花灯、赏桂花、饮桂花酒等民俗，流传至今，经久不息。

中秋节起源于上古时代，普及于汉代，定型于唐朝初年，盛行于宋朝以后。中秋节是秋季时令习俗的综合，其所包含的节俗因素，大都有古老的渊源。中秋节以月之圆兆人之团圆，为寄托思念故乡、思念亲人之情，祈盼丰收、幸福，成为丰富多彩、弥足珍贵的文化遗产。

最初“祭月节”的节期是在干支历二十四节气“秋分”这天，后来才调至夏历八月十五日。中秋节与春节、清明节、端午节并称为“中国四大传统节日”。受中华文化的影响，中秋节也是东亚和东南亚一些国家尤其是当地的华人华侨的传统节日。2006 年 5 月 20 日，国务院将其列入首批国家级非物质文化遗产名录。自 2008 年起中秋节被列为国家法定节假日。

（二）有关中秋节的传说

1. 中秋节来历的传说

传说远古时候天上有十日同时出现，晒得庄稼枯死，民不聊生。一个名叫后羿的英雄，力大无穷，他看到了受苦的百姓，便拉开神弓，一口气射下九个太阳，并严令最后一个太阳按时起落，为民造福。

后羿的妻子名叫嫦娥。后羿除传艺狩猎外，终日和妻子在一起。不少志士慕名前来拜师学艺，心术不正的逄蒙也混了进来。

一天，后羿到昆仑山访友求道，向王母求得一包不死药。据说，服下此药，能即刻升天成仙。然而，后羿舍不得撇下妻子，暂时把不死药交给嫦娥珍藏。嫦娥将药藏进梳妆台的百宝匣。三天后，后羿率众徒外出狩猎，心怀鬼胎的逄蒙假装生病，没有外出。待后羿率众人走后不久，逄蒙持剑闯入内宅后院，威逼嫦娥交出不死药。嫦娥知道自己不是逄蒙的对手，危急之时她转身打开百宝匣，拿出不死药一口吞了下去。嫦娥吞下药，身子立时飘离地面、冲出窗口，向天上飞去。由于嫦娥牵挂着丈夫，便飞落到离人间最近的月亮上成了仙。傍晚，后羿回到家，侍女们哭诉了白天发生的事。后羿既惊又怒，抽剑去杀恶徒，但逄蒙早已逃走。后羿气得捶胸顿足，悲痛欲绝，仰望着夜空呼唤嫦娥，这时他发现，今天的月亮格外皎洁明亮，而且有个晃动的身影酷似嫦娥。后羿思念妻子，便派人到嫦娥喜爱的后花园里，摆上香案，放上嫦娥平时爱吃的蜜食鲜果，遥祭在月宫里的嫦娥。百姓们闻知嫦娥奔月成仙的消息后，纷纷在月下摆设香案，向善良的嫦娥祈求吉祥平安。从此，中秋节拜月的风俗在民间传开了。

2. 中秋节吃月饼的传说

相传元朝末年，统治者的残暴统治引起了广大人民的普遍憎恨，到处都在酝酿起义和反抗。统治者为了维护自己的统治，防止人民造反，规定民间不准私藏铁器，只准十家人合用一把菜刀。农民起义领袖张士诚在中秋节时，将中秋起义的时间写在纸条上，夹在月饼里送给各家各户。人们掰开月饼见到纸条，就纷纷拿起菜刀，聚集起义反抗元朝统治者的压迫。为了纪念这次起义，人们每年农历八月十五便吃月饼且相沿成习。

另一种传说即唐太宗出征北方突厥，农历八月十五凯旋归京，长安城内一片欢腾。有个吐蕃人正在长安，他向唐太宗献圆饼祝捷。太宗大喜，从装饰华丽的饼盒中取出圆饼，指着悬挂在天空中的明月笑道：“应将胡饼邀蟾蜍。”随后太宗与百官共食圆饼。从此，中秋节吃月饼的习俗便形成了。

3. 中秋节祭月的传说

据史书记载，早在周朝，古代帝王就有春分祭日、夏至祭地、秋分祭月、冬至祭天的习俗。其祭祀的场所称为日坛、地坛、月坛、天坛，分设在东南西北四个方向。

《礼记》载：“天子春朝日，秋夕月，朝日以朝，夕月以夕。”这里的“夕月以夕”，指的正是夜晚祭祀月亮。这种风俗不仅为宫廷及上层贵族所奉行，随着社会的发展，也逐渐影响到民间。

随着历史的发展，对日月的随意性跪拜演变为有固定的时间、地点和程序的制度化祭祀。

第三节 中国传统节日诗词知多少

一、春节诗词

元日

宋·王安石

爆竹声中一岁除，春风送暖入屠苏。

千门万户曈曈日，总把新桃换旧符。

（一）创作背景

《元日》作于王安石初拜相而施行新政时。为摆脱宋王朝所面临的政治、经济危机以及辽、西夏不断侵扰的困境，1068 年，宋神宗召王安石“越次入对”，王安石即上书主张变法。次年王安石任参知政事，主持变法。同年新年，王安石联想到变法伊始的新气象，有感而发创作了此诗。这首诗描写新年元日热闹、欢乐和万象更新的动人景象，抒发了作者革新政治的思想感情。全诗充满了欢快和积极向上的奋发精神。

（二）诗中的节日习俗

《元日》描写了春节的节日风俗：放鞭炮，用来驱邪避害；全家合饮用屠苏草浸泡的酒，以驱邪避瘟疫，求得长寿；挂上刻着神荼、郁垒两位神灵名字的桃符，用来压邪。

（三）春节情思

春节是大团圆的日子，它让人们在新春之际可以对自己内心有一次休憩与休整。这个时代的忙碌与压力，让我们的生命更多地在使用与消费，我们的年华总会不经意间就承载了许多的焦虑、愤怒、忧伤、沮丧、挫败、抑郁……我们渴盼一个时刻，时光可以是不匆忙的，心情可以是放松的，我们的内心可以是被温暖的，这个重大的时刻，就是春节。

春节可以让我们宠爱一下自己，让自己的身体休闲放松一下。它还可以唤醒我们把问候与祝福非常讲究礼仪地送给他人，这既可以温暖别人，也可以温暖自己。

当春联贴上、鞭炮响起、“屠苏酒”入口时，过年的仪式感会让我们找到一份内心的安宁，把节庆本身的意味过出来，这个节日就留在我们的心里，成为一份值得眷恋的乡土情思，也成为我们开启新希望的契机。

二、清明节诗词

清明

唐・杜牧

清明时节雨纷纷，路上行人欲断魂。

借问酒家何处有？牧童遥指杏花村。

（一）创作背景

杜牧是唐代杰出的诗人、散文家。他 26 岁考中进士，同年考中贤良方正能直言极谏科，被授弘文馆校书郎、试左武卫兵曹参军。杜牧博学多才，无论是文学、政治，还是军事方面，都取得了卓越的成就。

杜牧先后担任过监察御史、刺史、吏部员外郎等职。据史书记载，他潇洒倜傥，为人豪迈，不拘小节，加上他才高气傲，与当时的封建官场理念不合，因而常常遭遇排挤，仕途不畅。

《清明》是杜牧任池州刺史时的作品。“安史之乱”使北方经济受到严重破坏，出现了“荒草千里”的萧条景象。当时杜牧正值壮年，为人刚直、情致豪迈，敢于直陈利弊的他怀才不遇，贬官外放。那年清明节他经过金陵杏花村，走在细雨蒙蒙的路上，想买一杯酒吃，却不见一个人可以问路，幸好遇到牧童向他指引卖酒的村落。

这首诗不仅写出了诗人当时的寂寥情怀，同时也反映了晚唐北方农村的苦难生活。仕途不顺、自身处境的堪忧、清明时节的萧条，激起了他对家国天下的忧愁，写下了这首诗。

（二）诗中的节日习俗

清明节又称踏青节、行清节、三月节、祭祖节等，是中华民族最隆重的祭祖大节，属于慎终追远、礼敬祖先、弘扬孝道的传统节日。

清明节习俗甚多，全国各地因地域文化不同，存在着习俗内容上或细节上的差异，但扫墓祭祖、踏青是基本的礼俗主题。清明节既是一个扫墓祭祖的肃穆日子，也是人们亲近自然、踏青游玩、享受春天野趣的节日。

（三）清明情思

“清明时节雨纷纷，路上行人欲断魂。”清明是慎终追远的日子。这个日子不能说是一个节日，而应该说是一个怀念、感恩的日子。这一天，无论天晴还是天阴，都难以逃过清明的那么一丝忧与愁。

在这个日子里，我们要祭奠我们的祖先，或许还有刚刚去世的亲人，我们的心里总会有一些深沉的哀思和寄托。所以，我们可以在这个日子放纵我们的情感，放逐我们的思绪，也可以唤醒我们的珍惜。

❖ 能力拓展

1. 唱诗词《清明》。
2. 学手舞《清明》。

三、端午节诗词

端午即事

宋·文天祥

五月五日午，赠我一枝艾。
故人不可见，新知万里外。
丹心照夙昔，鬓发日已改。
我欲从灵均，三湘隔辽海。

（一）创作背景

德祐二年（1276 年），文天祥出使元军被扣，在镇江逃脱后又一度被谣言所诬陷。为了表明心志，他愤然写下了这首《端午即事》。

诗中文天祥说，在端午节这一天，有人赠给我一枝艾草来辟邪祈福。这个人是谁呢？老朋友看不到，新朋友也不在眼前。接着评价自己，一片丹心，向来如此，从来没有改变，而改变的只是年龄，现在鬓发已改变颜色。其实当时文天祥不过 40 岁，人生正当壮年。他表明心志说，自己想要追随灵均（灵均是屈原的字），但是距离屈原被流放的湘江一带又很遥远。在端午节欢愉的背后，他叹息自己的无奈、孤独、壮志未酬，也在内心深处仍然满怀着“丹心照夙昔”的壮志。

（二）诗中的节日习俗

俗话说：“清明插柳，端午插艾。”这里的“艾”是指艾蒿，它的茎叶中可提取挥发性精油，独特的香味可以驱蚊避虫。端午节自古以来也是祛病防疫的节气，因为临近夏至，家家都会在这一天打扫门庭，将艾条插在门上驱虫避邪。

（三）端午情思

文天祥在《端午即事》中怀念屈原。端午节是国人纪念屈原、弘扬民族气节的日子。屈原刚正不阿，不惧权贵，他轰轰烈烈抉择生死，他用生命发出最后的呐喊，唤醒世人对正义、真理的不懈追求，这种精神值得人人传颂。

屈原不是一个慷慨激烈的殉道者，而是一位殉志者，是殉他自己那一颗心的人。他的生命里包容了太多冲突、太多痛苦，但是他的痛苦就像蚌壳中的泥沙，最后变成了璀璨的珍珠。

很多人不理解，仅仅作为一个“诗人”，即使“国破山河在”，亦不必去死。当然，屈原除了是诗人外，还是一位“政治家”。政治也是一种理想、一种信念。身为楚国的“三闾大夫”，他不能承受楚国亡国的事实，这是他作为政治家面对失败时的一种坚持。

冯友兰先生曾说：“中国文化中有一种西方没有的精神，这就是当一个人认为他不能拯救国家时，为了不在内疚中偷生，便选择赴死。”所以，屈原认为，如果他被俘虏受辱就是羞辱楚国，羞辱他的皓皓之白，因而他选择了死。

幸好还有这样一个节日，能够让我们回顾历史，触及心中那块圣地，让我们多几分深沉和感慨、多一片开阔的精神领土，更多一份正直、刚毅的人生境界。幸好还有这样一个节日，能够让我们触摸传统节日带给我们的那点醇厚、芬芳和幽香。端午节深远厚重的文化，会带给我们独具魅力的端午情思。

❖ 能力拓展

1. 分析文天祥的爱国精神。
2. 分析屈原的爱国精神。
3. 写端午节的诗词还有哪些？

四、七夕节诗词

鹊桥仙·纤云弄巧

宋·秦观

纤云弄巧，飞星传恨，银汉迢迢暗度。金风玉露一相逢，便胜却人间无数。
柔情似水，佳期如梦，忍顾鹊桥归路。两情若是久长时，又岂在朝朝暮暮。

（一）创作背景

秦观，字少游，被尊为婉约派一代词宗，是北宋文学史上的一位重要作家。秦观是苏轼的得意弟子之一，和黄庭坚、晁补之、张耒一起被称为“苏门四学士”。

相传秦观在为官之前与邻村一位名为娄婉的姑娘青梅竹马，但最终两人没有成婚，秦观被迫娶了一个自己并不爱的女子。后来秦观与娄婉有过短暂的相遇，离别之后有一年七夕，秦观写下了这首词，寄托他对娄婉的思念。

（二）诗中的节日习俗

穿针乞巧是最早的乞巧方式，始于汉代，流传于后世。七夕之夜，女子手执五色丝线和连续排列的九孔针（或五孔针、七孔针），借月光连续穿针引线，将线快速全部穿过者称“得巧”，穿得慢的称“输巧”。“输巧”的人要将事先准备好的礼物送给“得巧”者。

（三）七夕情思

中国的四大爱情故事《牛郎织女》《孟姜女》《梁山伯与祝英台》《白蛇传》，讲的都是为爱相守的感人故事。虽然这些爱情故事都是虚构的，但故事中反映出的相思与相守的感情却是真挚的。

这四大爱情故事里，无论是仙、是妖、是蝶还是人，他们的爱情里都充满了那么多的相思与相守。

牛郎和织女“银河迢迢暗度”，那样的守望，一年才能盼到那一刻，是多么虔诚啊！他们把一年的光阴、把所有的心意编织起来，就等着七月初七的一次重逢。白娘子说：“你救我一命，我还你一生。”许仙得到美似天仙的白娘子的一片真情，他们至死不渝地相守百年。祝英台宁愿化身为蝶也要坚守他们的爱情。

❖ 能力拓展

1. 《天仙配》表演。
2. 卓文君《数字诗》背诵。
3. “爱情”主题演讲。

五、中秋节诗词

望月怀远

唐·张九龄

海上生明月，天涯共此时。
情人怨遥夜，竟夕起相思。
灭烛怜光满，披衣觉露滋。
不堪盈手赠，还寝梦佳期。

（一）创作背景

张九龄（678—740 年），字子寿，唐朝韶州曲江（今广东省韶关市）人，世称“张曲江”或“文献公”。唐朝开元年间名相、诗人。733 年，张九龄在朝中遭奸相李林甫诽谤排挤后罢相。这首诗写于开元二十四年（736 年），是他遭贬荆州长史以后的作品。

身居室内，灭烛望月，清光满屋，更觉可爱；披衣出户，露水沾润，月华如练，益加陶醉。如此境地，忽然想到月光虽美却不能采撷以赠远方亲人，倒不如回到室内，寻个美梦，或可期得欢悦的约会。诗文的意境幽静秀丽，情感真挚，层层深入，有条不紊，语言明快铿锵，细细品味，如尝橄榄，余甘无尽。“海上生明月，天涯共此时”为千古佳句，意境雄浑豁达。

（二）诗中的节日习俗

中秋节的主要习俗大抵都与月亮有关，其历史可以一直追溯到上古时期的月亮崇拜。日月是原始先民最先注意到的天体，先民们在逐渐体察日月随时间而变化的规律的同时，一方面逐渐形成了自己的时间观念，另一方面也产生了早期的对日月的崇拜。

商周时期，这种崇拜逐渐固化为一套完整的礼仪规程，成为一种与天地沟通的方式，为国家政权所垄断，也是国家政治权力的重要组成部分。

在周代，每年秋分，周天子都要率文武百官于西郊祭月。秦时对日月的祭祀是国家政权垄断的权力。像后世中秋赏月、玩月之类的习俗，在当时是没有的。

唐宋时期，伴随着原始巫术痕迹逐渐褪去，国家不再垄断祭祀日月的权力，平民对月亮的态度也相对亲近起来，赏月、咏月等习俗开始出现。

宋代的中秋节，已经有了一天的假期。在这天的夜晚，官方取消宵禁，不管是贵族还是平民，都可以通宵达旦地上街游玩、赏月狂欢。

明清时期，民间开始普遍地出现祭月、拜月的习俗，而且男女皆可拜月，男求功名，女求美貌。

明清以后拜月的行为逐渐成为女性的专属，民间有“男不拜月，女不祭灶”的说法。

（三）中秋情思

在古时候，“月”这个意象是文人的最爱之一，月缺时多愁善感，月圆时思恋故乡。非常著名的就有李白的“举头望明月，低头思故乡”，以及杜甫的“露从今夜白，月是故乡明”。在古人的生活中，人与自然是有一种恒定的信任的。月亮的阴晴圆缺教会了人们学习用平常心来接受生活中的种种不如意。正因为圆满的难得，人们才会赋予中秋节如此强烈的仪式感。

时光如流，千年而下，明月孤照，江风依旧，但愿我们心中还有古人那份相思、期盼，还有对酒当歌的那份豁达。月映人心，或盈或缺，照亮我们团圆时的欢喜，也照亮我们残缺中的期盼。

无常岁月平常心，在这久久的寂寞企望和一瞬的团圆欢喜中，向月光学习一种哲学：用一个月的时光，盼一次圆满；用一年的时光，盼一次团聚；用一生的时光，去盼生命中的那一轮明月皎皎常在；用所有感恩的理由去祈祝心如朗月，随万古光华映照自己的一颗心。

能力拓展

1. 欣赏歌曲《花好月圆》。
2. 学唱《明月几时有》。
3. 学手舞《望月怀远》。

第四节 中国传统节日人物知多少

一、春节与汉武帝

正月初一是一年的开始，那到底是从何时开始，正月初一才变成一年的开始呢？或许有人会认为是秦始皇统一天下之后，其实不然。

在周朝的时候，是以农历十一月作为岁首的，也就是每年的第一个月。秦始皇统一天下后，实行了书同文、车同轨，也在历法上进行了统一。在颛顼历的基础上，秦国定下了每年以“建亥之月”为岁首，也就是说，每年的十月是新一年的开始。

秦朝灭亡后，刘邦建立了汉朝，此时仍然使用颛顼历，即还是以十月为岁首。《史记》中的记载很清楚，每一年都是从十月记起，然后才是十一月、十二月、一月、二月……

汉武帝即位后，时任太史令的司马迁向汉武帝提出：颛顼历存在一定误差，请求修改历法。于是，汉武帝便让司马迁与邓平、唐都等人对历法进行修改。《史记》中记载：“汉改历，以正月为岁首，而色上黄，官名更印章以五字，为太初元年。”也就是说，直到汉武帝时期才修改了历法，正式将正月改为岁首。在汉武帝采纳司马迁等人修改的历法的同时，又将年号改为太初元年，因此这一历法便被称为“太初历”。虽然后来历法又不断经过修改，可以正月为岁首这一点却一直保留了下来。

在我国古代有六历，分别为：黄帝历、颛顼历、夏历、殷历、周历、鲁历。它们的区别就在于每年的岁首有所不同，其中夏历是以正月为岁首的。由于汉武帝时期修改的太初历也是以正月为岁首的，因此夏历也被称作“汉历”。如今我们所说的阴历、农历、旧历等，都是指夏历。

查一查

汉武帝为什么被称为“千古一帝”?

二、清明节与张择端

（一）北宋张择端为什么画《清明上河图》

《清明上河图》宽 24.8 厘米、长 528.7 厘米，绢本设色。作品以长卷形式，采用散点透视构图法，生动地记录了中国北宋都城汴京（又称东京，今河南开封）的城市面貌和当时社会各阶层人民的生活状况，反映了北宋时期都城汴京的繁荣景象，也是北宋城市经济情况的写实。

但是《清明上河图》（局部见图 12－1）想要表达的不仅仅是简单的百姓风俗和日常生活，在商业繁荣的表象之下暗藏玄机，明线下交织着一条令人震惊的暗线，同时又是一幅带有忧患意识的“盛世危图”。张择端以画曲谏，提出对城防、安全、交通等诸多社会问题的忧虑。

图 12－1　《清明上河图》（局部）

这幅画作以惊马闯郊市为伏笔，铺垫出全卷矛盾的视觉中心，船与桥的险情和桥上文武官员争路交织成的矛盾高潮，以及前后出现的军力涣散、防火缺失、城防缺失、国门洞开、商贸侵街、商贾囤粮、酒患成灾等场景。

从历史文献中我们可以知道，汴京是 12 世纪初世界最大城市之一，人口达到了 137 万，8 厢 120 坊，绝大多数建筑都是砖木结构。北宋经历了 40 多次特大火灾，因此防火是当时朝野最关注的严峻问题。当时汴京的防火措施非常严密，每个坊都设有一座望火楼，专门观测火警。楼下有被称为“潜火兵”的军队驻守，专司防火，张择端画了望火楼，但楼上并无一人守望，更为夸张的是，望火楼下的两排兵营被改作了饭馆。

比防火缺失更可怕的是城防的涣散。画中，城墙上下没有一个守兵，城墙上面也没有任何城防工事，连射箭的城垛也没有，甚至连虚设的城防都没有。原本应该是有重兵把守的城防机构所在的位置，竟然是一家商铺，老板正在验货，账房在记账。从画面上看，整个汴京正沉浸在浓厚的商贸气氛中，完全是一座不设防的都城。这不是张择端的特意设计，而是真实地反映了宋徽宗在位的初期已经日渐衰败的军事实力和日趋淡漠的防范意识。

画卷中有很多船，其中很多是运粮的私家船。表面来看这是一幅商贸兴隆的景象，实际上反映出当时官府的一项重大失误：宋徽宗用大量运粮的官船去运送花石纲，使得私家船乘虚而入，最终操控了粮食价格。

城门边，税务官指着麻包说出了一个想要的数字，引起货主们的不满，一车夫急得大吵了起来，惊动了城楼上的更夫向下观望。北宋的冗税制度激发了官民之间的对立情绪，这一场景反映出当时紧张的官民关系。

画中两处出现渎文悲剧，车夫把被废黜的旧党书写的大字屏风当作苫布，包裹着旧党人的其他书籍文字装上串车，奉主人之命推到郊外销毁，反映了当时政治斗争的残酷和对文化艺术的破坏程度。

卷尾，画家描绘了一个惊险的场景：两辆四拉马车急速飞驰，横冲直撞，路人纷纷避让；还出现临时性的侵街现象，即在城门口有富人占道举行杀黄羊祭路神送客的情景，足见城市管理之混乱。

张择端想通过《清明上河图》向宋徽宗展现一些社会顽疾。由于宋太宗采取鼓励文人谏言的政治措施，因而关注社会现实和朝廷政治成为宋代画家较为普遍的创作趋向。

令人遗憾的是，宋徽宗热衷于精绘祥瑞和吉兆，他虽然看出《清明上河图》的画中用意，但他并不想作出改变，所以他不愿收藏此画，只在卷首题签后就将其赏赐了出去。

如果宋徽宗这时能够醒悟，听从了张择端的曲谏，励精图治，锐意改革弊端，如加强城防，北宋也许就不会有“靖康之难”了。

（二）为什么叫《清明上河图》

《清明上河图》是由宋徽宗题名的，这个题名来自《后汉书·班彪传》，“清明之世”指东汉光武帝年间。当时经过西汉末年的衰落和绿林、赤眉的战乱后，社会逐渐安定，生产恢复，各方面生机勃勃。宋徽宗把自己治下的汴京比作光武中兴、太平盛世。就景物描写的清明时节而言，也有一语双关的效果。

“上河”的“上”是方位词。当时汴京城市人口众多，每天一百多万斤的口粮就靠汴河、蔡河进行漕运，把粮食从苏州等主产区运过来。这两条河对于汴京的社会生活具有很重要的作用。地图上汴河居北，处上位，故称上河。所以这幅画是描绘清明盛世中上河一带的景色，与上坟扫墓没有直接关系。

查一查

画完《清明上河图》后张择端去哪里了？

三、端午节与伍子胥

伍子胥，春秋末期吴国大夫、军事家。其父伍奢为楚平王太子建太傅，因受费无极谗害，和其长子伍尚一同被楚平王杀害。伍子胥从楚国逃到吴国，成为吴王阖闾重臣，是姑苏城（今苏州）的营造者，至今苏州有胥门。公元前506年，伍子胥协助孙武带兵攻入楚都，伍子胥掘楚平王墓，鞭尸三百，以报杀父兄之仇。吴国倚重伍子胥等人之谋，西破强楚，北败徐、鲁、齐，成为诸侯一霸。

端午节的传说，在江浙一带流传甚广的说法是纪念春秋时期（公元前770—公元前476年）的伍子胥。他为什么会被人们纪念呢？源于一点：他是个狠人。

他能忍着父兄俱死不去救助，够狠；他用弓箭击退使者，让他们不敢上前围捕，够狠；为了不被人通过悬赏画像认出来，他在全身涂满污物装疯卖傻，够狠；他欲出重兵把守的安徽昭关，一夜熬白了头，够狠；他逃出昭关后，因遭遇疫病倒地数月乞食求生，并坚持活了下来，够狠；他到吴国看出公子光的弑君野心后，退乡耕种六年之久，忍而不发，够狠；伍子胥自被吴王拜相，“缠绵如毒蛇”连年挥兵袭楚，使楚疲于应战，吴军屡战屡胜，终于攻破楚都，迫使楚昭王四处逃命，够狠；伍子胥没抓到楚昭王，就掘了已葬十年的楚平王之墓，拖出尸骨鞭尸三百以报杀父兄之仇，够狠；吴王阖闾死后夫差继位，新主旧臣因怨生恨，伍子胥被赐剑自刭前，叫别人在他死后挖出眼睛挂在城东门上，他要亲眼看着越军从东方进城灭掉吴国，够狠！

司马迁特别赞赏伍子胥的这股狠劲，《史记·伍子胥列传》通篇写的就是伍子胥的这种狠劲。

伍子胥更是一位为地方作出巨大贡献的实干家，在伍子胥尸体被夫差塞进皮袋抛到江上后，司马迁记了这么一句：“吴人怜之，为立祠于江上，因命曰胥山。”说明伍子胥是深得吴地民心的，没有伍子胥尸体可葬，百姓就不顾危险多处为他立祠纪念，把山命名为胥山，把江命名为胥江，把浦命名为胥浦，把门命名为胥门……可见伍子胥的人格魅力。

伍子胥这样一个暴脾气的人，为什么能深得民心？因为实际上伍子胥不只是一个狠人，更是一位为吴地民生与发展倾注大半生心血，作出过巨大贡献的实干家。

伍子胥自公元前522年来到吴国，于公元前514年拜相，到公元前484年被杀，在吴国生活长达近40年。吴国在他和孙武的努力下，从草莽之地变成东南霸主。他怨毒、能忍、刚烈、无畏，达到了超出常人的地步。他死后，吴地人认为他就是“寿神”“恶神”，每到端午节就祭拜他。

查一查

伍子胥为何一夜白了头？

四、七夕与李煜

李煜（937—978年），世称南唐后主、李后主，徐州彭城县（今江苏省徐州市）人，号钟山隐士，唐元宗李璟第六子，南唐末代君主。建隆二年（961年），李煜继位，尊宋为正统，岁贡以保平安。开宝四年（971年），宋太祖灭南汉，李煜去除唐号，改称“江南国主”。开宝八年（975年），李煜兵败降宋，被俘至东京，授右千牛卫上将军，封违命侯。太平兴国三年（978年），李煜死于东京。李煜精书法、工绘画、通音律，诗文均有一定造诣，尤以词的成就最高，对后世词坛影响深远。

李煜是与七夕纠缠不清的一个人。

他是南唐中主李璟的第六个儿子，出生于 937 年七月初七。这天是传统的乞巧节。史书上说，他生得“广额骈齿，一目重瞳子”，就是长得天庭饱满，两颗门牙整齐地重叠在一起，一只眼中有两个瞳孔。这种“骈齿重瞳”被认为是帝王之相，据说远古的舜帝和秦末的项羽都是双目双瞳孔。

最是无情帝王家，面对皇位，太子对他全无手足情分，他的才学，他的帝王之相，让太子对他十分忌惮。为了自保，他醉心诗书，不问政务，乐得做一个悠然快活的闲散王爷。如果能够这样一直岁月静好，也算好事。可他 23 岁那年，太子李弘冀病死了，于是他被立为太子。

李煜继位时，北边的大宋王朝已经建立，南唐江河日下，民生疲敝。他生在深宫，养尊处优，不知民间疾苦，也不懂百姓艰难，但是他懂得要保住宗庙，他向赵匡胤上表，多次请求自降身份，称臣纳贡，只为留住社稷。从 961 年他继位开始，到 975 年兵败投降，十四年里，他和他的南唐在大宋的觊觎压迫下苟且偷安，惶惶不可终日，这样的日子过得太难了。人在重压且无解的状态下，可能都有一种得过且过的逃避心理，他每日在宫中浅酌低唱，赏舞写诗，不顾外面刀光剑影，烽火狼烟。他不是不知道形势严峻，只是心存侥幸，且孤寂无助。他醉心于宫廷内的夜宴歌舞，忘了还有虎狼在侧。

他被幽禁汴梁期间，毫无顾忌地怀念故国，感怀身世：

无言独上西楼，月如钩。寂寞梧桐深院锁清秋。剪不断，理还乱，是离愁，别是一般滋味在心头。（《相见欢·无言独上西楼》）

独自莫凭栏，无限江山，别时容易见时难。流水落花春去也，天上人间。（《浪淘沙令·帘外雨潺潺》）

国破家亡后，李煜诗文的风格与之前大相径庭，感情浓烈，悲壮沉重，内容也从宫闱享乐上升到了人生命运的高度，极易引发共情。

但是，作为被幽禁之人，本就苟活于世，还敢这样毫不掩饰地哭诉自己的遭遇和不幸，这是在变相声讨大宋的灭国行为有失道义，于是宋太宗对李煜起了杀心。978 年七夕，李煜在 42 岁生日这天被宋太宗毒死，死状凄惨，身后悲凉。

叶嘉莹先生说：李后主的词，是他对生活敏锐而真切的体验，无论是享乐的欢愉，还是悲哀的痛苦，他都全身心地投入其间。我们有的人活过一生，既没有好好体会过快乐，也没有好好体验过悲哀，因为他从来没有以全部的心灵感情投注入某一件事，这是人生的遗憾。

说一说

李煜做“词帝”与做皇帝的成败。

五、中秋与苏轼

苏轼（1037—1101 年），字子瞻，东坡居士，世称苏东坡、苏仙、坡仙，眉州眉山（今四川省眉山市）人，北宋文学家、书法家、美食家、画家、治水名人。嘉祐二年

（1057 年），苏轼进士及第。宋神宗时在凤翔、杭州、密州、徐州、湖州等地任职。元丰三年（1080 年），因“乌台诗案”被贬为黄州团练副使。宋哲宗即位后任翰林学士、侍读学士、礼部尚书等职，并出知杭州、颍州、扬州、定州等地，晚年因新党执政被贬惠州、儋州。宋徽宗时获大赦北还，途中于常州病逝。宋高宗时追赠太师；宋孝宗时追谥“文忠”。

苏轼是北宋中期文坛领袖，在诗、词、散文、书、画等方面取得了很高成就。文纵横恣肆，诗题材广泛，与黄庭坚并称“苏黄”；词开豪放一派，与辛弃疾同是豪放派代表，并称“苏辛”；散文著述宏富，豪放自如，与欧阳修并称“欧苏”，为“唐宋八大家”之一。苏轼善书，为“宋四家”之一；擅长文人画，尤擅墨竹、怪石、枯木等。

1076 年的中秋夜，苏轼思念弟弟。这天夜晚的月亮格外清亮。月光下，一个孤独的身影，举杯畅饮，喝得酩酊大醉。皓月之下，他文思泉涌，惊才绝艳的《水调歌头·明月几时有》就此诞生。从此，中秋圆月因他而熠熠生辉，中秋的诗篇因这一阕《水调歌头·明月几时有》愈发灿烂。

苏轼的中秋，让这一轮明月变得格外缠绵。余光中说李白“绣口一吐，就是半个盛唐”，而苏轼的信口吟来，便是千年的流连。

那一年的中秋之夜，苏轼一定是孤寂的。每逢佳节倍思亲，中秋团圆时，苏轼又何尝不想和家人一起饮酒赏月？然而，人在江湖，身不由己，在密州担任太守的苏轼没有中秋假期，无法和家人团聚，与同样在外为官的弟弟苏辙已经七年未见。

那个中秋，苏轼想起家人，想起弟弟子由，想起自己在官场的跌宕起伏，想起人生的悲欢离合，一种复杂的、难言的情绪喷薄而出，旷古罕见的中秋词《水调歌头·明月几时有》横空出世了！

苏轼的中秋，充满浪漫。他驭想象之力驰骋在白云之上、青天之外，借天上的琼楼玉宇，揽明月，摘星辰。苏轼仿佛置身于天上宫阙，看月光游移，随月影飘摇，以明月佐酒，一樽饮赏到天亮。

苏轼的中秋，深情款款。古代交通不便，没有网络，“车、马、邮件都慢”，远方的人儿，不能相见，只能怀念。中秋节被古人赋予了太多的情感：团圆、思念、花好月圆、千里婵娟……一曲《水调歌头·明月几时有》，如行云流水一般，淌过人们的心田，多么坚硬的心，都会被这皎洁的月光所融化。

苏轼的中秋，乐观旷达。写《水调歌头·明月几时有》的时候，苏轼担任密州太守，政治上失意，但他天性乐观豁达，使得这首词的意境开阔而豪放，别具一格。这位宋代文化孕育出的旷世奇才，把酒问月，起舞而歌，让月宫上的琼楼玉宇不再寒冷。人间的悲欢离合，生活的起落沉浮，就像月亮的阴晴圆缺一样不可避免，那么不如达观面对吧！

写出《水调歌头·明月几时有》的第二年（1077 年），苏轼的中秋节是与弟弟一起过的。苏轼离京赴徐州任知州，苏辙与之偕行。到达后，苏辙在徐州停留了百余日，中秋节时，二人一起泛舟赏月，终于得过一个团圆的佳节。这是暌别七年来，兄弟首次相聚并共度中秋，两人都写了词。苏辙写的是《水调歌头·徐州中秋》，苏轼写的是《阳关曲·中秋月》。

中秋节后，苏辙就得离开。因此，这个中秋虽然有团聚之喜，也暗含离别之悲。苏轼仿佛有某种预感，流露出“此生此夜不长好”的感伤。“明月明年何处看”，更是一语成谶。

1079 年中秋，苏轼既没有和苏辙一起赏月，也没有和朋友通宵达旦地饮酒，更没有心思吟诗作词。那年中秋，他凄凉地走在被押解途中，三天后进京入狱。1080 年中秋，苏轼于黄州写下《西江月 · 世事一场大梦》，此时他的深沉感慨真非昔日可比。可以想象，在万家欢宴、喜庆团圆的中秋佳节之夜，性喜热闹、豁达如仙的苏轼，在经历“乌台诗案”后，时隔一年，又在异乡的团圆夜思念亲人，月下叹凄凉。

此后五年，苏轼都在黄州度过。1082 年中秋，苏轼在黄州写下《念奴娇 · 中秋》。同样是玉宇琼楼，同样是起舞徘徊，同样是举杯邀月，同样是乘风归去，然而六年以后的东坡居士，比六年以前的苏子瞻，多了些苍凉和旷达。他终于理解了离别，不再执着于圆满；终于接受了平淡，不再痴迷于绚烂。他和过去那个满身是刺的自己告别，和不完美的世界和解，这是不幸的“乌台诗案”给他的幸运礼物。从此，面对起起伏伏的人生，他终于能够风轻云淡地说出：也无风雨也无晴。

1101 年，苏轼写下《自题金山画像》：“心似已灰之木，身如不系之舟，问汝平生功业，黄州惠州儋州。”随后溘然长逝。

苏轼这一生，三起三落，遭遇过政敌的非难，也承受过刻骨的背叛。但在他心里，从未对任何人有过怨怼，无论何种境遇，于他都是一种经历。既过之事，不问；过往恩怨，释然。

查一查

“全才式的艺术巨匠”苏轼都经历了什么？

第十三讲 巧夺天工淬文明
——科技文化

薪火相传

李约瑟在《中国科学技术史》中说：中国人“在3世纪到13世纪之间保持一个西方所望尘莫及的科学知识水平”。但同时又说：“尽管中国古代对人类科技发展做出了很多重要贡献，但为什么科学和工业革命没有在近代的中国发生?”这便是著名的“李约瑟难题”。

随着近几十年我国科技发展的突飞猛进，那个曾经让西方人望尘莫及的中国科技黑马似乎又在重回舞台，并将引领世界科技发展新时代。

第一节 中国古代科学技术成就

一、《伏羲女娲图》——中国的斯芬克斯之谜

20世纪60年代，在新疆阿斯塔纳——哈拉和卓古墓群中，出土了二三十幅不同形状的《伏羲女娲图》(见图13-1)。这些图用木钉钉在墓室的顶部，画面上是我国古代传说中的创世之神伏羲和女娲，至今仍被称作“中国的斯芬克斯之谜”，原因是其深邃的含义到现在也没有一个确定的解释。

《伏羲女娲图》中，二人都是人身蛇尾。画面上，伏羲在左，女娲在右，伏羲的右手抱住女娲，女娲以左手搂着伏羲，二人的另一只手都高高扬起，伏羲左手持矩，女娲右手持规，四目相望，蛇形下身呈螺旋状相互缠绕，背景则是日月星辰。

《伏羲女娲图》表达了远古时期人与宇宙、世界、生命、生死的联系，似在表现万物生化的主题。尽管伏羲、女娲有各种各样的面孔、长相、服饰甚至交尾形式，但是他们有一个共同的特点：女娲持规、伏羲持矩。这两样东西作为一种隐喻符号，既可能象征着古人对“天圆地方”的认识，又可以解读为人类社会生产技术的进步或人类的发展需要技术的支持，当然也可以解读为“不以规矩，无以成方圆”。中国科学院北京基因组研究所副所长于军就认为：“天地玄黄，宇宙浩渺，生命哲学可能就在其中，人类在漫长的

图 13-1 《伏羲女娲图》

生存进化过程中，一直在努力探索其中的规律，今天科学技术真的可以让人类上天入地无所不能，但我们也需要深思我们的文明发展、技术进步究竟要去何方。人类自身的发展其实也有着许多的禁忌，但是有规矩这件事绝对不能改。”

二、中国古代科学技术成就一瞥

中华文明是世界四大文明古国中唯一未中断的文明，中国古代有着极其灿烂辉煌的科学技术成就，在很长的历史时期一直处于世界领先的地位，对整个人类的进步事业作出过杰出的贡献。

《庄子》中的“一尺之棰，日取其半，万世不竭”，很形象地阐述了极限的概念。这表明中国古人就已认识到事物的发展变化是无限的，也说明我们的先人对自然界的认识已达到相当的水平。

早在公元前 2500 年，中国人就开始了仰观天文、俯察地理的活动，逐渐形成了“天人合一”的宇宙观。中国古代在天文历法、地学、数学、农学、医学和人文科学等许多领域，都作出过独特的贡献。

殷商时期的甲骨文中就有“日月之食”的记载；汉代张衡发明了测定地震方位的地动仪和演示日月星辰的浑天仪；先秦的数学家提出了勾股定理；南北朝的祖冲之算出圆周率为 3.141 592 6；中国的丝织、制瓷、冶金、造船技术很早就达到世界的先进水平；明代朱载堉（yù）首创十二平均律，后来被认定为世界通行的标准音调；中国的医药学在世界上独树一帜。特别是中国的造纸、火药、印刷术、指南针四大发明，曾经改变了世界的面貌。直到 15 世纪以前，中国的科学技术在世界上保持了千年的领先地位。中国人的这些发明创造，闪耀着人与自然协调发展、科学精神与道德理想相结合的理性光辉。

英国剑桥大学教授李约瑟的《中国科学技术史》，以西方杰出学者公正的眼光和深邃的思想，系统、全面地总结了中国古代科学技术的光辉成就，充分肯定了中国古老文明对于世界文明的伟大贡献。

中国科技史上的
26 个“世界第一”

美国著名学者罗伯特·坦普尔（R. K. G. Temple）通过研究发现：“我们所生活的‘现代世界’是中国和西方因素绝妙合成的结果。‘现代世界’赖以建立的种种基本发明和发现，可能有一半以上源于中国……西方受惠于中国。”他根据李约瑟博士的《中国科学技术史》等资料，写成了被李约瑟称为“以其独特的风格”对《中国科学技术史》进行“精彩的提炼”的《中国的创造精神——中国的100个世界第一》一书。在此书中，坦普尔以图文并茂的形式，列举了“西方今天丰衣足食的能力完全受惠于两个世纪前中国的100个‘世界第一’”的发明创造。

中国的 100 个
“世界第一”

李约瑟认为，中国人“在许多重要方面有一些科学技术发明，走在那些创造出著名的‘希腊奇迹’的传奇式人物的前面，和拥有古代西方世界全部文化财富的阿拉伯人并驾齐驱，并在3世纪到13世纪之间保持一个西方所望尘莫及的科学知识水平”。

第二节 中国古代科学技术硕果举隅

一、都江堰水利工程

公元前256年左右，秦国蜀郡太守李冰在其子的协助下，率众修建了举世闻名的都江堰（见图13-2）。都江堰渠首工程的结构比较简单，但设计巧妙，科学地解决了江水自动分流、自动排沙、控制进水流量等问题，消除了水患，使蜀地从此享有“天府之国”的美誉。都江堰至今仍发挥着无可替代的巨大作用，灌溉良田达1 000多万亩，成为“镇川之宝”。

图 13-2 都江堰

清同治年间，德国地质学家李希霍芬来四川考察，都江堰水利工程的精巧设计让他大为赞叹。他在《李希霍芬男爵书简》中设专章介绍都江堰，是把都江堰详细介绍给世界的第一人。

一般人对水利工程的理解最容易联想到大坝。如果都江堰有大坝的话，那么，大坝无疑是拦截岷江的闸门，一旦损毁，成都平原将变成一片汪洋。可是，这样的联想却引出了一个战争史上的笑谈。抗日战争时期，四川一度成为抗日前线的补给基地。日本侵略者为了截断这条供给线，派飞机去轰炸都江堰。但飞机在四川上空找了三个月，也没有找到这个著名的水利工程，只好在江水里扔下几枚炸弹后怏怏离去。那么，作为水利工程，都江堰为什么没有大坝而叫“堰”呢？堰，其实只是一道拦水的矮坡。我们不要小看这道矮坡，它虽然没有大坝截洪断流的气魄，但却不会造成上下游用水的冲突，同样起着便于灌溉和航运的作用。无坝引水正是都江堰令世人惊奇的一点。与气势磅礴的现代水利工程相比，都江堰显得十分低调，可是它却为人类工作了 2 000 多年。据水利专家预测，发达国家先进的水利工程，也只有 300 年的使用寿命。所以，都江堰的长寿，已经证明了它的伟大与智慧。

为什么中国古人因为治理水患而修建的水利工程，经历了 2 000 多年至今仍能被现代人使用？工程中的设计究竟有什么样的奥秘呢？李冰当时把都江堰工程的修建选择在岷江河流的弯道处，依据弯道的水流规律把江水引入都江堰工程的主体。主体工程又分为三大部分对水进行处理：鱼嘴分水堤、宝瓶口和鱼嘴分水堤尾部的飞沙堰。面对滚滚而下的江水，首先由鱼嘴分水堤把江水分为内外两江。平时，六成江水分入内江，以保证成都平原的航运灌溉。夏季洪水到来时，则利用弯道动力学的自然规律，将六成以上的江水泄入外江主流，而后汇入长江，以免成都平原受洪涝之灾。同时，内江的最终入口宝瓶口，如同约束狂野江水的瓶颈，使多余的江水无法进入成都平原，转而从飞沙堰溢入外江，做到二次分洪。不仅如此，今天全世界水利工程都为之困扰的泥沙排放问题，却在都江堰工程中得到了最为精妙的处理，鱼嘴分流的地方，内江处于凹地，外江处于凸地，根据弯道的水流规律，表层水流向凹地，底层水流向凸地。因此，随洪水而下的沙石，大部分随底层水流流向外江。不过仍然会有部分泥沙流向内江。这时，河道又利用江水直冲水底崖壁而产生的冲力，再度将泥沙从河道侧面的飞沙堰排走。洪水越大，沙石的排除率就越高，最高时可达 98%。都江堰工程这巧夺天工的三大部分首尾呼应、互相配合，成功地做到了防洪排沙。它所蕴含的精湛水利原理，使都江堰工程成为世界水利史上的典范之作。

更为神奇的是，2008 年 5 月 12 日，四川汶川发生 8 级大地震。都江堰是距震中最近的地区之一，但未发现其有受损的迹象。震后到都江堰考察的建筑史专家常青院士表示：当地现代建筑绝大多数倒塌损毁，而 2 200 多年前建造的都江堰竟安然无恙，实在令人叹为观止。

都江堰工程表明，当时我国已经有了非常先进的修建大型工程的技术水平，以及很先进的农业生产技术，显现着我国古人顺应自然但不消极地适应自然——改造自然的同时促进自然正常发展的杰出智慧，是体现中国传统文化“人”与“天”之间能动统一辩证关系的典型代表；它以水来治水的原理，反映了当时古人已掌握了水流动力学的原理，是道家“无为而无不为”思想的具体体现。

二、秦陵铜车马

秦陵铜车马是指两套大型彩绘青铜车马模型及车载器物模型（见图 13－3），1980 年出土于陕西临潼秦始皇陵封土西侧，是现存最完整、外形最大的铜车马。作为 2 000 多年前的制品，其创造性主要表现为三个方面的“精”：精巧复杂的结构设计；精湛的制作技艺；融合科学功能与艺术创作为一炉的精美工艺。

图 13－3　一号铜车马和二号铜车马

一号铜车马通长 225 厘米，通高 152 厘米，重 1 061 千克。车厢为横长方形，车门在车厢的后面，车上有圆形的铜伞，伞下站着御官，双手驭车，前驾 4 匹马。二号铜车马通长 317 厘米，通高 106.2 厘米，重 1 241 千克，车厢为前后两室，二者之间有窗，上车的门在后面，上有椭圆形车盖，车体上绘有彩色纹样，车马均有大量金银装饰。这两套铜车马都是事先铸造而成，后又经过细部加工的，工艺水平非常高。以二号铜车马为例，车上御官铜人俑作跽坐（jì zuò，指两膝着地，小腿贴地，臀部坐在小腿及脚跟上）姿态，两臂前举，双手执辔，每个手指的关节、指甲都塑得非常逼真，俑身略向前倾，双目注视前方，半抿双唇，面带微笑，神态恭谨，一个忠于职守的高级御官形象活灵活现地被塑造了出来。铜马共有 4 匹，四肢粗大，比例匀称，膘肥体壮，筋骨强健。中间两匹马举颈昂首，两侧马头微向外转，静中寓动。铜车的大小为真车的一半，其中的二号车华丽异常、结构复杂，被誉为“青铜之冠”。这种很强的“写实”风格是通过精密复杂的技术造就的，而且这种严格比例的立体造型，也表明了当时的中国人已掌握了数学开方运算。

这两套车马整体设计严谨合理，零部件虽多，但组装搭配巧妙，功能明确。7 000 多个零件，组装成两车的行驶部件、牵引系驾部件、车身部件和多种杂器和附件。仅二号车就有 3 462 个零部件，大者长达 260 厘米，短者不足 1 厘米。工匠采用了铸接、焊接、铆接、插接、套接、子母扣连接等多种方式，不厌其烦地将各个零部件一一组装，接口多达 3 780 个，其中活性接口 3 171 个、焊接接口 609 个、带纹接口 182 个。设计者的巧思体现在车辆的平稳行驶、运转与载荷分布、轮辐轮毂连接强度，甚至附件的操控等诸多方面。铜车马的制造繁复、难度大、工艺精湛。两车除了锡青铜构件外，还包括不少金银构件。制造时，综合运用浑铸、铸接、铸焊、拉丝、镶嵌、錾刻、抛光等机械热加工、冷加工和装配等多种高难度的工艺。铜车马造型准确，细部处理真实具体，制作精良，集战国金属工艺之大成，是带有总结性的代表作品。

《周礼·冬官考工记》中有言："一器而工聚焉者，车为多。"如同今天最先进的技术总要最先体现在交通工具之上一样，秦陵铜车马制作技艺复杂、精湛，它综合了当时的各种工艺于一车，这是秦始皇统一中国后，科学技术有了很大进步的集中体现。秦陵铜车马及秦代青铜器所反映的卓越的青铜冶铸、加工制作、防锈技术，是秦代科技成就的杰出代表。它表明，经过发展的青铜制作技术在当时是社会最高生产力水平的体现，同时它们也是当时中华文明水平高居世界前列的有力证明。

铜丝及铜丝焊接之谜

铜车马也是当时道路交通发达的见证，秦始皇统一天下后，曾修筑了驰道、直道、新道、五尺道等能行驶车辆的道路和大量的驿道等辅助道路。现存甘肃合水县陇东古石刻艺术博物馆的石碌碡即为修秦直道时的"巨型压路机"（见图 13－4）。

图 13－4　甘肃合水县 2 000 多年前修筑秦直道时的"巨型压路机"

三、水运仪象台

中国古代的天文观测、时间测报仪器，经历了一个由简单到复杂、由被动观察到主动显示的过程，自动化程度和精度最高的，首推苏颂等人设计的水运仪象台。

从 1086 年开始至 1092 年，北宋苏颂、韩公廉等人设计制作了代表我国 11 世纪机械工程技术卓越成就的集浑仪、浑象和计时装置为一体，即具有天象观测、天象演示与计时功能的大型天文仪器——水运仪象台（复原图见图 13－5）。这是我国古代天文、计时仪器的集大成者。

水运仪象台高 12 米，是一个大型天文仪器系统。它的创造性主要体现在以下两个方面：

（1）将水轮（枢轮）、齿轮系、控制机构、计时器、浑象和浑仪等集成为一个机械系统，把动力机械和许多传动机械组合在一个整体里，利用齿轮系统使各部分保持一个恒定的速度，和天体运动一致。它既能演示天象，又能计时，是世界上最古老的天文钟。李约瑟认为它"很可能是后来欧洲中世纪天文钟的直接祖先"。

（2）发明了由杆系与秤漏等构成的控制机构（天衡），其功能相当于近代机械钟表的擒纵机构。擒纵机构是机械钟表中介于"传动机构"和"调速机构"之间的一种机械结

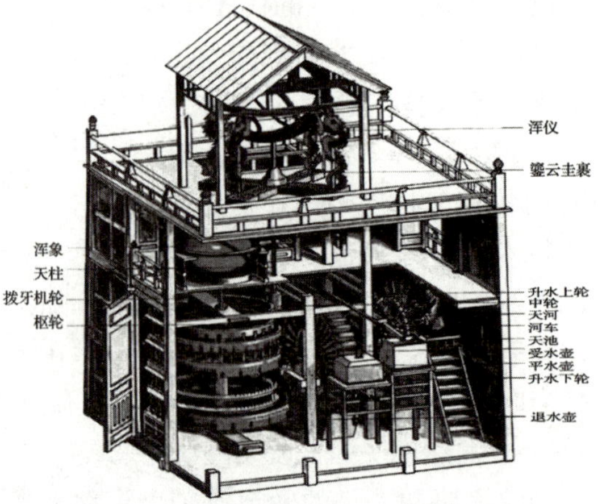

图 13-5 水运仪象台（复原图）

构（见图 13-6）。“擒纵”从字面上很容易理解：“擒”即“收”，“纵”即“放”。“擒纵机构”是机械钟表的灵魂，它在机械钟表中具有两个至关重要的作用：第一，擒纵机构将原动系统提供的能量定期地传递给调速机构来维持该系统不衰减地运动；第二，擒纵机构把调速系统的振动次数传递给指示装置来达到计时的目的。因此，擒纵机构的好与坏将直接影响机械钟表的走时精度。

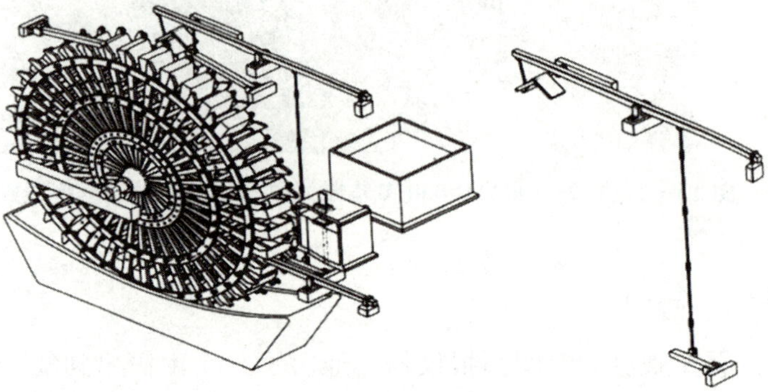

图 13-6 枢轮与天衡（复原图）

苏颂在建成水运仪象台之后，又留下了一部《新仪象法要》，里面有关于水运仪象台的详细说明，还有水运仪象台中 150 个部件的机械图，这在中国古代仪器史上实在是一个激动人心的异数。作为中国现存最详细的古代天文仪器“图说”，《新仪象法要》以成套的绘图与文字全面描绘了水运仪象台的构造：从漏壶均匀流出的水注入水轮的水斗，驱使水轮转动；在杆系与秤漏等构成的机构的控制下，水轮做均匀的间歇转动；通过齿轮系甚至还有链传动，水轮同时驱动计时装置、演示天象的浑象、观测星空的浑仪。

计时的机械装置（昼夜机轮）由五层木阁组成，分别用三、二十四、九十六等不同数目的木偶用摇铃、敲钟、示牌、击钲、击鼓等方式报时、报刻、报更。

水运仪象台在计时装置上面还设有浑象一座，浑象下部有木柜，上部在柜外，下部隐在柜中。浑象是一个球体，在球面布列天体的星宿位置。浑象和昼夜机轮的轴相接，随机轴由东向西转动，和天体视运动一致，使得球面星座位置与天象相合。

水运仪象台的顶部有露台，设有浑仪一座，通过齿轮和枢轮轴相连，使浑仪也能随天球转动，就好像近代望远镜由转仪钟控制随天球转动一样。浑仪是观测天体运行的仪器。浑仪主要由三重环构成，其内层的“四游仪”带有一个望筒，水轮驱动“四游仪”随地球同步运转，如果早上把望筒对准太阳，傍晚时望筒仍能看到太阳，这个设计是后世天文台转仪钟的雏形。

以今天的眼光来看，《新仪象法要》（见图 13－7）更像使用说明书而非工程设计图。书中收录了一些观测天象用的星图，但却只给出天轮和拨牙机轮有 600 个齿，其余齿轮的齿数都没有写明，这给后世复制水运仪象台带来了极大的困难。

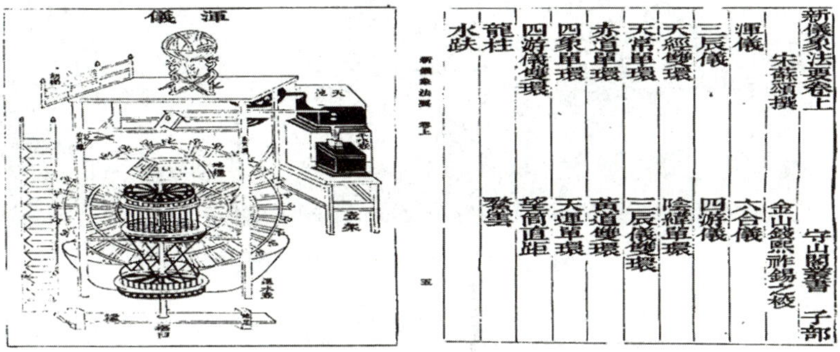

图 13－7 《新仪象法要》（局部）

1127 年，攻占汴京的金人将水运仪象台拆运到金中都（今北京），但由于运输途中丢失了一些部件，无法按原貌组装成器。此后，中国人没有再制作这样复杂的机械。元明两代都有人制作水轮驱动的计时器，但这些计时器不再与浑象结合。北宋之所以能出现这种大型的组合式的天文仪器，和宋代科学技术发达有关。

10—14 世纪对于我国古代水力机械来说是一个特殊的时期。在这一时期，我国水力机械在前代发展的基础上，取得了前所未有的辉煌成就，诞生了许多卓越的水力机械。这些水力机械的发明与其他方面的成就一道，使这一时期成为我国古代科技发展的高峰。

元代《王祯农书》中记录了一种称作“水轮三事”（见图 13－8）的技术：“谓水转轮轴可兼三事，磨、砻、碾也。初则置立水磨，变麦作面，一如常法。复于磨之外周造碾圆槽。如欲毇米，惟就水轮轴首，易磨置砻。既得粝米，则去砻置碾，碢干循槽碾之，乃成熟米。夫一机三事，始终俱备，变而能通，兼而不乏，省而有要，诚便民之活法、造物之潜机。”王祯自谓“水轮三事”乃是他首创，“今创此制，幸识者述焉”。

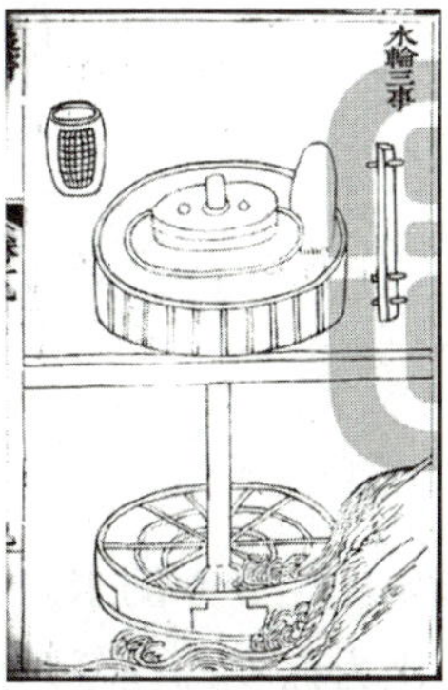

图 13－8 《王祯农书》载“水轮三事”

不过，中国社会科学院历史研究所的郭正忠却考证出“水轮三事”早在宋代已得到应用。郭正忠的依据来自北宋张舜臣的《水磨赋》，赋中写道：“徒观夫老稚咸集，麦禾山积；碓臼相直，齿牙相切；碾磨更易，昼夜不息。”从《水磨赋》不难看出，这“昼夜不息”地运转着的是一种多功能的水磨。它的特殊装置可以将磨换成碾，水轮的轮轴上还连接着一副或几副碓臼。这样一个水力磨坊，一个早晨就可以加工出“给千人之食”的粮食。

上海博物馆藏有一幅《闸口盘车图》（见图 13－9），展示的是北宋哲宗时沿汴河修建的官营水力面粉加工厂的情景。

图 13－9　北宋《闸口盘车图》

《闸口盘车图》中磨坊的主体建筑是一个横跨激流的木结构磨坊，下装两具大水轮，一具带动水磨，另一具带动的是磨坊用来筛面粉的工具，称“水击面罗”，这是一个很高明的装置。《王祯农书》中也提到了水击面罗：“罗因水力，互击桩柱，筛面甚速，倍于人力。”水击面罗的技术难点是如何使水轮的旋转运动转化为周而复始的直线往复运动。《闸口盘车图》的水击面罗被机房建筑物遮掩，未能展现出完整的构造。好在 20 世纪 60 年代，郑为先生已经将水击面罗的结构复原了出来（见图 13－10）。

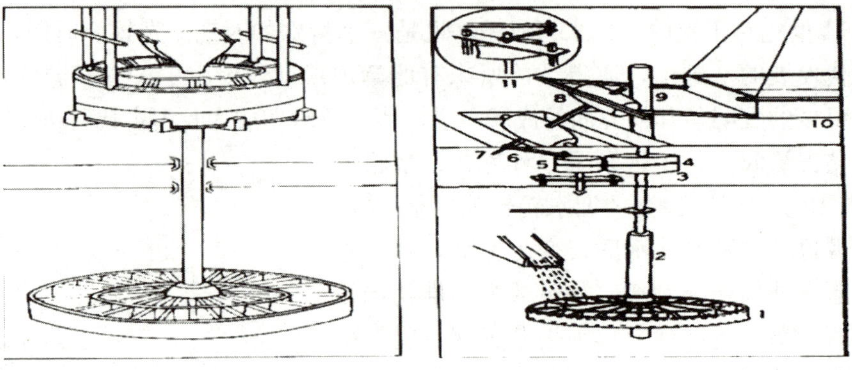

图 13－10　水击面罗的结构（复原图）

郑为先生复原的水击面罗结构示意图显示：宋人是利用曲柄连杆机构将水轮的旋转运动转化为面罗的往复运动的，又通过设立撞柱让面罗撞击，使面罗有力地抖动，从而产生筛面的动能。曲柄连杆机构是旋转运动与直线往复运动得以相互转化的核心装置，不管是古人用来拉动风箱的水排，还是今天汽车的汽缸活塞，都必须运用曲柄连杆机构。而《闸口盘车图》无可辩驳地告诉我们，最晚在宋代，中国人已掌握了曲柄连杆机构的基本原理，并应用到水力机械装置中。

第三节 关于“四大发明”

指南针、火药、印刷术、造纸术这“四大发明”是中华民族给整个人类文明带来的巨大贡献及伟大科技成就，今天一般也用它来指代中国古代突出的科技成就。

一、从“三大发明”到“四大发明”

意大利数学家卡丹（Cardano，1501—1576）最早指出：三大发明磁罗盘、印刷术和火药是“整个古代没有能与之相匹敌的发明”。1620 年，英国学者培根在《新工具》一书中指出：“再明白不过地表现在古人所不知、较近才发现、而起源却还暧昧不彰的三种发明上，那就是印刷、火药和磁石。这三种发明已在世界范围内使事物的所有面貌和情况都改变了。”

到 19 世纪下半叶，一些来华传教士或记者接触到第一手的文献和实物资料，他们关注并探讨了中国古代发明，将造纸术、印刷术、火药和指南针等列为中国的重大发明。传教士麦都思仍采用“三大发明说”，只是明确了它们是中国的发明。传教士艾约瑟在其 1859 年出版的《中国的宗教》一书中比较了中日两国的文明，曾将四种发明并列，指出“（日本）没有如印刷术、造纸、指南针和火药那样值得夸耀的非凡发明与发现。”

1876 年，记者出身的西方学者巴尔福在其出版的《远东漫游》一书中说：“我们西方人还从来没有赞扬过中国人的发明天才。当我们回忆中国人享有发明火药、印刷术以及在人类文明还不到两千年的历史时，中国人就拥有了水手使用的罗盘，这听起来好像十分荒谬。当然我们可以授予他们应得的荣誉：他们在四千年的历史中，获得了我们称之为四种有价值发现的胜利。但我们必须考虑，而且不应该忘记什么是更重要的东西，即这些发现是如何改进的，是否带来了什么长久的益处。”他的“四种有价值发现”之说，可视为“四大发明说”的先声。

美国学者卡特在 1925 年出版的《中国印刷术的发明和它的西传》一书的序言中，明确提出了中国“四大发明说”：“四大发明在文艺复兴初期之欧洲的流播，对近代世界的形成起过重大作用。造纸和印刷术，为宗教改革铺平了道路，使教育普及成为可能。火药的使用，消除了封建制度，创立了国民军制。指南针导致发现美洲，从而使世界全局代替欧洲一隅成为历史的舞台。这四大发明以及其他的发明，大都源自中国。”

中国学者正是通过卡特的著作了解了“四大发明说”。比如向达先生在 1930 年的《中学生》杂志（第 5 期）上发表了《中国四大发明考之一（中国印刷术的起源）》一文，其中引用了卡特的这一说法。

1946 年李约瑟在巴黎联合国教科文组织的演讲中延续了培根等人“三大发明”的提法，他说：“中国人最伟大的三项发明无疑是造纸和印刷术、磁罗盘和黑火药。”李约瑟将造纸和印刷术合称一项发明，在内涵上突破了培根、马克思范式“三大发明”的范畴。李约瑟认识到造纸术、印刷术、指南针、火药在中国科学技术史上的卓越地位，更看重的是这些发明对整个世界历史的重大影响：“如果没有火药、造纸术、印刷术和磁针，欧洲封建主义的消失就是一件难以想象的事。”

1933 年，陈登原在《陈氏高中本国史》一书中明确提及了“四大发明”：“以‘四大发明’而论，中国人不知道帮助了多少全人类的忙！纸与印刷，固为近代文明所必需的物件，即军事上用的火药，航海时用的罗针，何尝效力稀小？然而这四者，都是在中国史上发现得最早呢！”

二、关于“四大发明”之争

（一）“四大发明”的优先权与名实之争

1.“蔡侯纸”与埃及“莎草纸”

一般认为，东汉蔡伦在公元 105 年完成了造纸术的技术革新。他采用树皮、麻头、破布、渔网作原料，不仅大大扩充了造纸的原料来源，降低了成本，而且大大提高了纸的质量。这种纸，有纸草之便而不似其易于破损，有竹木简牍之廉而不似其庸赘，有甲骨金石之坚而不似其笨重，有缣帛（jiān bó）羊皮之柔而不似其昂贵。由此，纸张得到迅速推广，人们都称它为“蔡侯纸”，后世因此公认蔡伦为纸的发明者。唐、宋两代造纸业又有重大发展，宣纸、蜀纸、歙纸、苏纸、池纸、蠲（juān）纸，竞相媲美，成为誉满天下的名纸。清代宣纸又有很大的发展和提高，不仅纸色洁白光艳，久不变色，而且韧性极强，久折不断，有“纸寿千年”的盛誉。

公元前 3000 年左右，古埃及人即发明使用莎草纸，并将其传播到地中海沿岸，但莎草纸并非真正意义上的纸。要造成一张中国式的植物纤维纸，要经过剪切、沤煮、打浆、悬浮、抄造、定型、干燥等基本工艺操作，而莎草纸只是经过缠结和捶打，纸脆弱易碎，无法折叠装订，无法制作方便读写、存储的图书，它和在中国各地发现的“蔡侯纸”以前的“西汉古纸”一样，十分粗糙，只能算是纸的雏形。

2. 黑火药与黄火药

火药可分为“黄火药”和“黑火药”。“黄火药”又名“炸药”，俗称 TNT，是近代欧洲发明的化学名称为三硝基甲苯的一种化合物，因其是一种黄色的结晶体，故名“黄炸药”。“黑火药”又称“有烟火药”，是一种在适当的外界能量作用下，能迅速且有规律燃烧，并生成大量高温气体的物质。黑火药以硝石、硫黄、木炭或其他可燃物为主要成分，因硝石、硫黄等物在中国古代都被当成药物，而混合后易点火并猛烈燃烧，故称“火药”。火药是人类掌握的第一种爆炸物，对于世界文明的发展起了重大作用。黄火药与黑火药之间是没有任何承传关系的。

火药的发明应归功于炼丹家，它的问世经历了一个较长时间的孕育过程。早在商周时期，中国就已经在冶金中广泛使用木炭，春秋战国时期人们又认识了硝石和硫黄的性能。经过炼丹术火药的长期实践，最晚在唐代便发明了火药。唐初著名医学家孙思邈和唐中期炼丹家清虚子曾分别采用“伏硫黄法”和“伏火矾法”，有意识地对硝、硫、炭混合物的剧烈燃烧实施控制。唐中期的丹书《真元妙道要略》中记载，以硫黄、硝石、木炭混合燃烧，会爆发烈焰，烧坏人的面部，乃至使房舍化为灰烬。

黑火药对于丹房（炼丹术的实验室）来说是有害无益的，因为它会导致失火甚至爆炸。但是军事家却很快发现它有大用途。黑火药有可能在唐末已被用于军事方面，但真正重要的证据出现在宋代。北宋天圣元年（1023 年），朝廷在开封设置“火药作”，这是“火药”

之名首次出现于中国史籍。庆历四年（1044 年）曾公亮、丁度等编纂《武经总要》，堪称中国第一部古典军事百科全书，该书前集卷十二《守城·火药法》中完整地记录了三种黑火药配方。以其中的“蒺藜火球”火药方为例，配方中硝、硫、炭的比例依次是 50.6%、26.6%、22.8%，还有少量其他配料。这三个配方的刊载，标志着黑火药的发明研制阶段已经基本结束，它已经正式进入北宋国家军队装备系列，而且开始标准化了。

恩格斯曾说：“现在已经毫无疑义地证实了，火药是从中国经过印度传给阿拉伯人，又从阿拉伯人那里同火器一道经过西班牙传入欧洲。”所以，“将骑士阶层炸得粉碎的”的“火药”肯定是中国人发明的“黑火药”而非“黄火药”，因为黄火药广泛使用是 19 世纪后期的事了。

3. 吸铁的磁针与指南的磁针

李约瑟博士曾明确指出：“磁针的吸铁特性既是罗马人也是汉代中国人发现的，但能够指向的磁针却出现在宋朝的中国。”古罗马学者普林尼（Pliny，公元前 23 年—公元前 79 年）曾经说过，古希腊人把天然磁石称为“活铁”。

我国早就有关于磁力现象的认识。这方面的典籍记载，也比其他文明古国丰富得多。春秋末期的《管子》、战国时期的《鬼谷子》《吕氏春秋》等，都记述了天然磁石及其吸铁现象。汉代《淮南万毕术》中记载了磁石的排斥现象。但无论是古罗马还是我国古籍早期的记录，发现的仅是磁石的吸铁能力而非指南能力。

指南针，初始时就是一根被磁感应的钢针或缝纫针。它的尖端可能是 N 极，故而指南；也可能是 S 极，故而指北。中国传统文化中历来崇尚“坐北朝南”。因此，无论指南或指北的针统称为“指南针”。

指南针发明的确切年代，现在已很难考证。但可以肯定的是，最晚在 11 世纪中叶以前，指南针已经出现。1041 年成书的《茔原总录》中有一段关于测方位的文字：“客主的取，宜匡四正以无差，当取丙午针，于其正处，中而格之，取方直之正也……故取丙午壬子之间是天地中，得南北之正也。”此段文字表明当时人们已使用指南针，并已发现了地球的磁偏角。最早明确记述指南针的文献，当数北宋伟大科学家沈括所著的《梦溪笔谈》：“方家以磁石磨针锋，则能指南，然常微偏东，不全南也。”这段文字明确指出，当时人们用的是磁石磨针锋的人工磁化方法制成指南针，“常微偏东”则是由于地球磁偏角的作用。在欧洲，人们到了 13 世纪才发现磁针指向并非正南方，但当时他们多误解为磁针装置工艺上的缺陷。1492 年，哥伦布横渡大西洋，才真正发现了磁偏角，较我国迟了 400 多年。《梦溪笔谈》中还记述了当时指南针的 4 种装置方式，即：水浮法，把磁针横贯灯芯草，让它浮于水面上；放于碗边上；放于指甲上；用丝线拴在磁针中心，悬挂起来。后来人们普遍采用的是水浮法，在木制罗盘中央挖一圆形小坑蓄水，放上贯有灯芯草的磁针，罗盘周边刻有 24 个方向，整个装置也称水罗盘，又称指南浮针。如果木制罗盘中不用水浮法放置磁针，而是直接将磁针置于罗盘中间的尖状物上，那就是旱罗盘。现代生产的罗盘及示意图见图 13－11。

指南针的发明及进化历史，是人类社会进步和文明史的重要组成部分。有了它的发明和应用，才有郑和下西洋，才有欧洲人 16、17 世纪的海上大探险以及哥伦布发现新大陆、麦哲伦的海上环球航行。

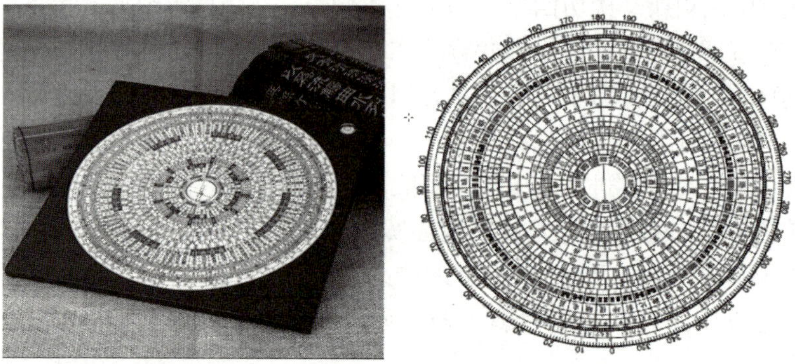

图 13－11　现代生产的罗盘及示意图

4. 司南与指南针

司南是一种置于方位盘上的勺状器具，是指南针的代表。图 13－12 为 1953 年中国人民邮政发行的《伟大的祖国》邮票四枚之一司南及 2005 年中国香港邮政发行的《中国古代四大发明》邮票。

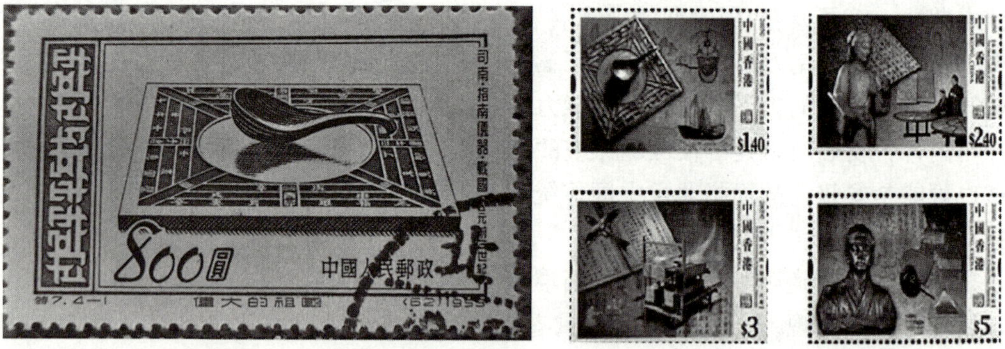

图 13－12　《伟大的祖国》邮票四枚之一司南及《中国古代四大发明》邮票

司南出现的依据主要是以下两段文字。《韩非子・有度》：“夫人臣之侵其主也，如地形焉，即渐以往，使人主失端，东西易面而不自知。故先王立司南以端朝夕。”《论衡・是应篇》：“司南之杓，投之于地，其柢指南。”故司南被视作指南针的原始形式。学者王振铎依据这两条记载，制作出了置于方位盘上的勺状的器具司南。

王振铎在复制司南（见图 13－13）时，唯美观念使他做出了曲线弧形勺的选择。复制品获得人们的赞赏，多少也有美感因素。然而，将天然磁铁雕琢成曲线弧形磁勺过程中容易造成去磁。即使造成司南后，其磁感应强度会因弧形极快消减。

图 13－13　王振铎复制的司南

5. 雕版印刷与活字印刷

现在，“四大发明”作为专门名词写进了百科全书及各类教科书，已成为历史文化的常识，但在内容界定上仍有不统一的地方。比如《中国大百科全书》中“四大发明”的定性语为：“中国古代发明的指南针、造纸术、印刷术和火药。”其中印刷术包括雕版印刷术和活字印刷术。高中历史课本的相关介绍却称：“火药、指南针、造纸术和活字印刷术等四大发明是中国古代最有代表性的科学技术成就。”其中并不包括雕版印刷术。二者对“四大发明”内涵存在不同的解释。雕版印刷对中国非常重要，“四大发明”如不包括雕版印刷术，许多人肯定难以接受。

印刷术的发明，开创了人类文明传播历史新纪元。晋人借鉴古代印玺和石刻的经验，发明了墨拓技术。雕版印刷术始于何时，史学界长期有争论，清代盛行五代说，后又流行隋代说，又有隋唐之际说、汉朝说、东晋说、北宋说等，多数学者认为始于唐代。至于唐代说的年份也有不同见解，学者们倾向于认为始于唐贞观十年（636 年）刻版印行的长孙皇后的遗著《女则》。现存唐印本较早的有 1966 年在韩国发现的《无垢净光大陀罗尼经》（见图 13－14），经文内使用“武后制字”。

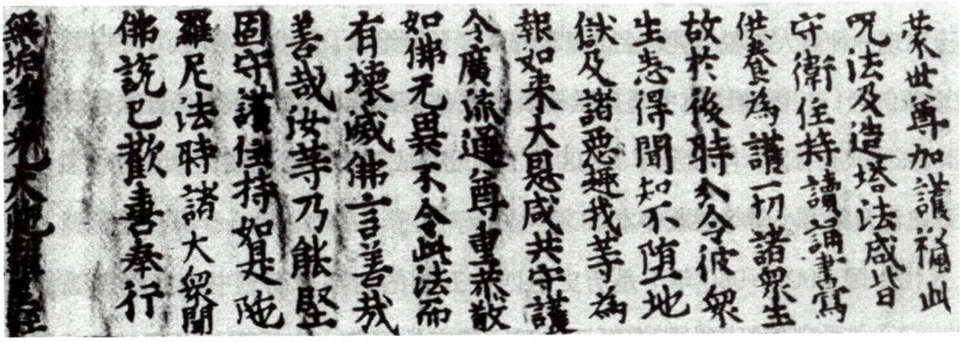

图 13－14　现存韩国庆州博物馆的唐代印刷品《无垢净光大陀罗尼经》

敦煌发现的唐咸通九年（868 年）刻《金刚般若波罗蜜经》（见图 13－15），雕刻精美，图文浑朴凝重，墨色浓厚匀称，清晰显明，表明当时的刊印技术已经达到高度纯熟的程度。这件珍品一直保存至今，是目前世界上最早的、有明确题款纪年的雕版印刷物。

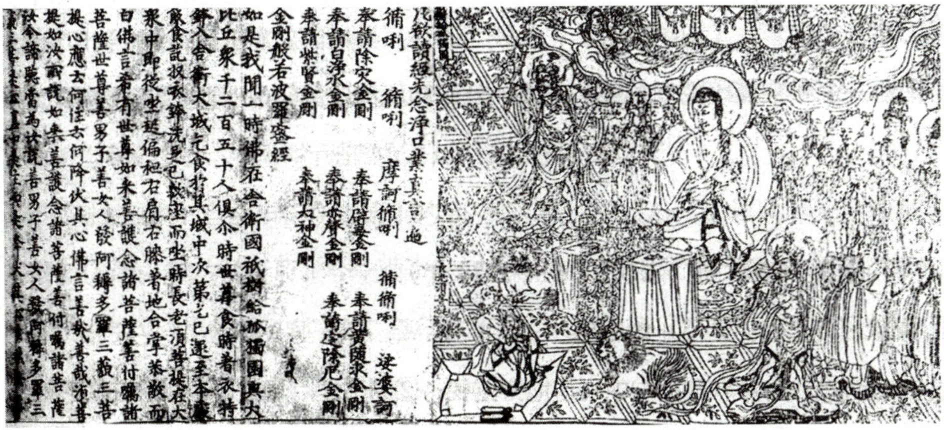

图 13－15　唐咸通九年刻《金刚般若波罗蜜经》

欧洲现存最早的、有确切日期的雕版印刷品是德国 1423 年印刷的《圣克利斯托菲尔》画像，晚于我国近 600 年。宋代雕版印刷更加发达，技术更趋完善。宋太祖开宝四年（971 年），著名刻工张徒信在成都雕印整部《大藏经》，计 1 076 部，5 048 卷，历时 12 年，雕版达 13 万块之多。宋代以后，还出现了铜板印刷和更为复杂的、高度精密的彩色套印技术。这种套印技术与版画技术相结合，便产生了光辉灿烂的套色版画。明清时代许多优秀版画已经成为世界艺术的珍品。中国国家博物馆收藏的北宋“济南刘家功夫针铺”的广告铜版、印样及校样（见图 13－16），是世界上最早的印刷品广告，表明当时已有非常发达的印刷业。

图 13－16　北宋“济南刘家功夫针铺”的广告铜版、印样及校样

在雕版印刷全盛的宋代出现了胶泥活字。据《梦溪笔谈》载，胶泥活字为庆历年间毕昇所发明。方法是用胶泥制成用于排版印刷的反文单字，每字一印，经火烧硬而成泥活字，并用它们在两块铁板上交替排版和印刷。沈括称此法“若印数十百千本，则极为神速”。毕昇发明的泥活字印书成功，标志着活字印刷术的诞生，是印刷史上又一次重要的技术革命，比德国古腾堡活字印书早约 400 年。元代继泥活字以后，又出现了木活字、锡活字和铜活字，并发明了转轮排字架，采用以字就人的科学方法，既提高了排字效率，又减轻了排字工人的体力消耗。元代发明的锡活字和铜活字，是世界上最早的金属活字。后来明代又在世界上最早使用了铅活字。

活字印刷术出现以后，并未像人们想象的那样很快普及开来，特别是并未实现商业化。究其原因，一是和汉字的特点有关。汉字是一音一符，古代常用的汉字数万个。如果考虑到常用字的复本，制造一套实用的汉字活字，通常需要 20 万枚左右，甚至更多。这样算下来，活字印刷系统的前期投资是非常巨大的。古腾堡 1439 年发明的活字印刷术，很快就进入实用商业化阶段。最根本的原因，就是汉字与拼音化的西文之间的差异。一套西文活字，包括大小写和数字及常用符号，不会超过一百个。而活字印刷更大的困难来自排版。在西文活字印刷中，面对不到 100 个符号，一个排版工人不需要太多的文化就可胜任。但是面对数万个不同汉字（它们通常被按照韵部来排列），排版工人就必须有一定文化——至少他必须认识这几万个汉字。这在古代文化教育远没有普及的情形下，用雕版印刷显然比活字印刷具有更大的优势。

（二）“四大发明”代表性之争

从“三大发明”到“四大发明”，最初的提法都来自西方学者，其着眼点也是考察这四项大发明对于近代西方文明乃至人类历史进程的影响，后来才落实到对中国古代科技的总结上来。从这个意义来看，“四大发明”的提法是当之无愧的。但中国古代科学技术成就汗牛充栋，“四大发明”未必是中国最重要、排序最靠前、对人类贡献最大的发明。

华觉民认为：“发明是原创的具有认知、适应和改变自然界、社会和人类自身之功能的技术性手段与方法。”“中国的事情，中国人自己要把它弄清楚。”“在发明创造的问题上，中国人要有自己的话语权。”

2008 年，国家文物局和中国科协在中国科技馆举办的《奇迹天工——中国古代发明创造文物展》中，重新定义了新的四大发明，分别是：丝绸、青铜、瓷器、造纸印刷。但这个说法也有很多争议，至今并未流行起来。

对此，江晓原教授认为，对中国人自己定义的“四大发明”，应考虑这样三个原则：第一，要对中国文明或中国人生活有着广泛影响；第二，要尽量保证在世界上有着尽可能大的发明优先权（不一定要绝对“世界最早”）；第三，要有足够的科学技术含量。

知识拓展

比较可取的“新四大发明”选项

1. 丝绸、中医药、雕版印刷、十进制计数。
2. 陶瓷、珠算、交子（纸币）、农历（阴阳合历）。

三、不止“四大发明”

“以史为鉴，可以知兴替。”创新驱动发展的关键是科技创新，中华民族在世界科技创新的历史上曾经有过辉煌的成就，培根、马克思等思想家都认为正是来自中国的火药、指南针、造纸术等科技发明推动了世界近代历史的进程。但“四大发明”远不能充分展现中国古代科技文明的全貌。中国古代到底有哪些推动过人类文明进程的科技发明创造，需要我们认真解答。

2016 年，由中国科学院自然科学史研究所编著，作为“十三五”国家重点出版物出版规划项目、中国科学院科学传播局“高端科研资源科普化”项目的《中国古代重要科技发明创造》一书，推选了 88 项中国古代重要的科技发明。

88 项中国古代重要的科技发明

2017 年，由华觉民、冯立昇等国内 30 余位科技史专家，在百年来中国科技史研究的基础上，精心论证，遴选出远古到当代具有原创性、对中国乃至世界文明进程作出突出贡献的重大科技发明 30 项，编撰了《中国三十大发明》一书。

中国 30 项大发明

第十四讲

青蚨飞去复飞来
——钱币文化

薪火相传

《诗经·国风·卫风·氓》："氓之蚩蚩，抱布贸丝。匪来贸丝，来即我谋。送子涉淇，至于顿丘。匪我愆期，子无良媒。将子无怒，秋以为期。"这是《诗经》里描述的最古老的爱情故事。其中"抱布贸丝"的"布"，一说指的就是布币。

第一节 外圆内方是宝货——古代货币

中国是世界上制造和使用货币最早的国家，据古代文献记载和出土文物考证，有3 000多年的历史。早在新石器时代晚期，由于社会分工及原始农业的产生和发展，产品有了剩余，开始出现了物物交换的现象。为了适应商品生产和交换发展的需要，又渐渐出现了专门从事商品买卖的商人阶层，这就是人类历史上的第三次社会大分工。随着商业的发展和交换的进一步扩大，于诸多的交换物中间逐步筛选出与交换相适应的货币形态。到了商朝，就出现了中国最早的货币——贝，为以后的货币文化开了先河。

一、多姿多彩的中国古钱币

中国古代货币品种纷繁，多姿多彩，是中华民族传统文化中的瑰宝，凝聚着中华民族的智慧与才能，也折射了时代，串联了历史。

（一）贝类货币

司马迁在《史记·平准书》中说："农工商交易之路通，而龟贝金钱刀布之币兴焉。"这说明我国最初充当货币的一般等价物来源广泛，种类众多，主要有：龟甲、贝、金、银、刀、布等物品，其中以"贝"最为重要。海贝可以说是我国使用时间最早而且延续时间最长的一种实物货币。海贝成为货币的条件有以下几个：一是本身有实用的功能（作装饰品）；二是大小均匀适中，方便计数；三是坚固耐用，便于保存；四是便于携带。贝币（见图14－1）最早的计量单位为"朋"，5贝或10贝一串，两串为一朋。《诗经·小雅·菁菁者莪》中"既见君子，锡（赐）我百朋"等诗句就是明证。在我国古代的甲骨文中，“贝”“朋”两字常连在一起，“贝”字的意义和现在的“财”字差不多。现今的汉字中，许多与货币意义有关的字，如财、贵、货、赐等，都是以“贝”字作为偏旁，甚至有几个会意字也与“贝”有关，如：“分”和“贝”组合就是“贫”字；“戋”有“少”的意思，“贝”少就是低贱的“贱”。这说明早在文字形成的时候，海贝在先民的生活中就很有价值了。

图 14-1　天然贝币

海贝在远古时期是一种贵重的物品。据专家考证，这些作为货币使用的海贝，主要是来自中国的南海以及印度洋的马尔代夫一带。产自南海的海贝主要通过交州输入中原地区。产自印度洋的海贝则通过缅甸直达云南，然后再输入中原地区。云南正因为是印度洋海贝输入中原地区的必经之地，所以才长期使用海贝作为货币，直至明末清初才改用铜钱。

随着经济的发展以及人口的增加，交易规模日益扩大，在商品交换中，当天然海贝不能满足社会上的需求时，便出现了以兽骨、软石、陶土、玉髓等材料仿制的贝币。

（二）金属货币

1. 青铜工具

自西周到春秋，由于冶炼及青铜器制作技术不断提高，青铜制作的生产工具大量出现，并且在人们劳动生活中的重要性越来越凸显，因此在交换、贸易的过程中，有些生产工具如刀、铲、纺轮等自然居于首要地位，并取代商品货币而发展成为一般等价物。

2. 富有地域特色的先秦货币

为什么把货币称为“钱”？

从春秋到战国时期，青铜制作的生产工具渐渐演变成为青铜货币，因为把生产工具当作市场流通的一般等价物，毕竟太过笨重了，交换既不方便也难免有失公平。于是，人们逐渐开始接受形似生产工具的青铜货币。战国时期，周王室日渐衰微，各诸侯国则日趋独立。因为政治上的割据、经济上发展的不平衡，以及生活环境、生产方式上的差异，使得各诸侯国的货币呈现不同的形态，总体上可以分为布币、刀币、圜钱、铜贝（蚁鼻钱）四大货币体系。

（1）布币。一提到“布币”，人们可能会误以为是以“布”为材料的钱币，其实不然。战国时期的布币（“布”可能是“镈”的同声假借字，农具；也有人认为“布”是取其“流布”的意思）是仿铲状农具演变而成的一种金属铸币。我国著名的货币史学家和钱币学家彭信威认为，布币的发展经历过两个重要的阶段：第一个阶段是铲形，首空可以纳柄，所以称为空首布（见图 14-2）；第二个阶段，布首已不空，而变成扁平，所以称为平首布。布币的流通区域非常广泛，春秋时的晋国，战国时的赵、韩、魏等国都使用过布币。

（2）刀币。刀币是由当时的一种渔猎工具刀演变而来。刀币的流通范围没有布币广，主要是在北方燕、赵等国的狩猎民族和东方从事渔猎的齐国使用。因为刀是这些地区的先民们日常生活中的主要劳动工具，所以后来就以刀为货币。刀币根据形状主要分为大小两类。大刀币是齐国的货币，小刀币主要是燕国、赵国的货币。

图 14－2　空首布

（3）圜钱。圜钱为圆形，中间有一圆孔，初期孔小，后期孔大。在我国仰韶古文化遗址上，曾发掘出许多土制、石制的纺轮，都是圆形、中间穿孔，所以一说圜钱极有可能是由纺轮演变而来的。圜钱大小不等，上面的文字有多有少。据专家考证，圜钱主要是秦国早期的货币，是一种承上启下的货币形态。

（4）铜贝。铜贝是春秋战国时期鲁国、楚国使用的铸文铜币，很可能是由殷商时期的铜贝发展而来，是铜贝的高级形态。楚国铜贝因个头小且形似鬼脸，俗称“鬼脸钱”“蚁鼻钱”。除蚁鼻钱外，楚国还有黄金称量货币，是战国时期唯一以黄金为流通货币的国家。《竹书纪年》中有“（周厉王元年）楚人来献龟贝”的记载。

3. 半两钱

半两钱（见图 14－3）重 12 铢（中国古代规定 1 两为 24 铢），又可以分为秦半两和汉半两（西汉初期）两种。秦半两钱是秦昭襄王在位的时候开始铸造的，秦始皇统一中国后，将秦国的币制推行于全国，以黄金为上币，单位为镒，即 20 两，以圆形方孔的铜钱为下币，即半两钱。黄金之所以为上币，是限于大数目的支付，如帝王的赏赐。日常的民间交易则用半两钱。秦半两钱的出现，标志着中国金属货币进入一个全新时期，即重量名称和货币名称统一的记重货币，是我国货币发展史上的第一个里程碑。

图 14－3　半两钱

4. 五铢钱

五铢钱是在半两钱的基础上发展而来的。汉武帝时期，为了筹措经费，推行积极扩张的政策，先后实行了六次货币改革。第四次改革是在汉武帝元狩五年（公元前 118 年），准许郡国铸造一种新钱，以“五铢”为文，这就是最初的五铢钱（见图 14－4）。因为允许郡国铸造，所以又称“郡国五铢”。这样一来，统一了中国古代货币的半两钱在流通了一百三四十年之后被废弃。

图 14－4　五铢钱

一直到隋灭唐兴，五铢钱才消亡。五铢钱是中国历史上使用得最久（共 739 年）的一种货币，是我国货币发展史上的第二个里程碑。

5. 通宝、元宝钱

《旧唐书·志·卷二十八》记载：“（唐）高祖即位，仍用隋之五铢钱。武德四年（621 年）七月，废五铢钱，行开元通宝钱，径八分，重二铢四絫（lěi），积十文重一两，一千文重六斤四两。”“钱”从此成为重量单位，十钱一两的十进位制由此诞生。开元通宝钱（见图 14－5）上的“开元”是“开创新纪元”的意思，“通宝”是“在国内通行宝货”的意思。开元通宝钱的问世，结束了自秦汉以来以重量命名铸币的传统，开创了通宝、元宝钱体系，是我国货币发展史上的第三个里程碑。

图 14－5 通宝钱

6. 银两、银圆

随着商品经济的恢复和高涨，加上明中后期以来的巨额贸易顺差，海外白银大量流入我国，白银的使用日益广泛，成为主要的法定货币，形成了以银为主、以钱为辅的钱与银并行的货币流通制度。银铸钱有银两和银圆两种。我国长期使用银两，属称量货币，有银饼、银锭、银元宝和零碎银子等各种形制，使用时要看成色、称重量。海外流入的白银多为银圆，价值稳定，受到沿海地区商人的欢迎和广泛使用。鸦片战争后，各地纷纷铸造龙洋——带龙图案的银圆（见图 14－6）。

图 14－6 清银圆

白银作为贵金属，价格适中而稳定，它的广泛使用便利了商品贸易，促进了商业资本的积聚。

（三）纸币

北宋初年，商品经济有了较大发展，贸易也随之增加，货币的需求量也越来越大。当时市场上流行的货币是铜钱、白银，四川地区还盛行铁钱。铁钱非常笨重，携带和使用极不方便，严重影响了货币的流通和商品经济的发展。宋真宗初年，四川成都的十六家富商联合印发了一种比金属币携带方便的纸币——交子（见图 14－7）。“交子”是四川方言，“子”是川语惯用的尾音，“交”是相会、相合的意思，指两张券合起来就可以兑换现钱。它是在一张小纸片上，印上房屋、树木和人物的图画，并做暗号以防别人仿印。交子的出现是我国货币发展史上的一大进步。南宋时，交子改称“关子”“会子”，元、明、清时称为“宝钞”。到了近代，纸币得到了广泛的流通，并逐渐代替了金属币。

图 14－7 北宋交子

古代的钱币为什么又称"泉"?

二、古钱币的历史演变过程

综上所述，我国古钱币的发展脉络很清楚，其历史演变过程大致如下。

（一）由自然货币到人工铸币

海贝是我国最早的货币。随着商品交换以及青铜铸造业的迅速发展，用金属材料铸造的货币应运而生，于是出现了铜贝（见图 14－8）。随着人工铸币的大量使用，海贝这种天然货币便慢慢退出了我国的货币舞台。

图 14－8　商铜贝

（二）由杂乱形状到规范形状

从商朝到战国时期，我国的货币有布币、刀币、圜钱、铜贝等。秦统一中国后，"以秦币同天下之币"（见图 14－9），规定在全国范围内通行秦国圆形方孔的半两钱，结束了我国古代货币形状各异、重量悬殊的杂乱状态。秦半两钱确定下来的圆形方孔的形制，一直延续到民国初期。

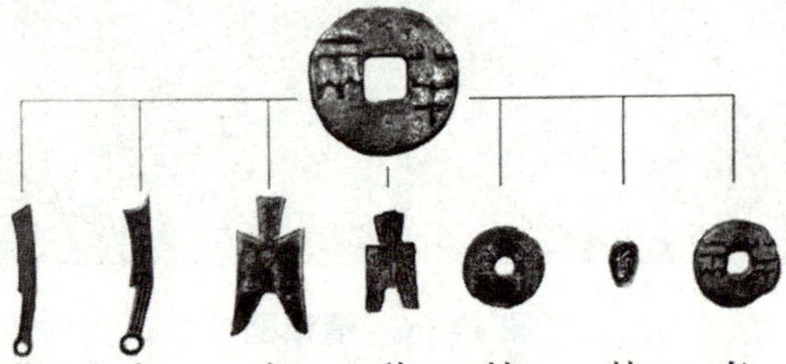

图 14－9　秦统一天下货币

（三）由地方铸币到中央铸币

据《汉书·食货志》记载，刘邦建汉后允许民间私铸钱币。豪绅富商和地方势力趁机大铸恶钱而牟利。文帝时，"邓通，大夫也，以铸钱，财过王者"。元鼎二年（公元前 115 年），汉武帝收回了郡国铸币权，由中央统一铸造"赤仄五铢"①，从此确定了由中央政府对钱币的铸造、发行实行统一管理。铸币权收归中央，对历代的政局稳定和经济发展起到了重要的作用。

（四）由文书重量到通宝、元宝

钱的别称——孔方兄

秦汉以来所铸的钱币，通常在钱文中都明确标明钱的重量，如"半两""五铢"等。唐高祖武德四年（621 年）废轻重不一的历代钱币，统一铸造"开元通宝"钱。"开元通宝"一反秦汉旧制，从此钱文不书重量，都以通宝、元宝相称。

① 所谓"赤仄"，指的是一种将钱币外廓锉平的工艺。"赤仄五铢"就是指经过这种工艺加工净边的五铢钱。

通宝、元宝钱体系一直沿用到辛亥革命后的民国通宝，近 1 300 年，其生命力之长久，在世界货币史上都属罕见。

（五）由金属货币到纸币

北宋时交子的出现，是我国古代货币史上由金属货币向纸币的一次重要演变。交子不仅是我国最早的纸币，也是世界上最早的纸币。

北宋时期，由于铸币金属的匮乏，金人、蒙古人建立的少数民族政权开始大量发行纸币。元朝发行了中统元宝交钞、至元通行宝钞等纸币，开始以纸币为主、金属货币为辅的货币体系。在后来的明、清两朝，也都发行了纸质宝钞，但都因滥发而最终变成废纸。

（六）由手工铸币到机制货币

清朝后期，随着国外先进科学技术的逐渐传入，我国开始从国外购买造币机器，仿西方钱币的形制制造银圆、铜圆。

清末机制货币的出现，不但使制币的工艺发生了重大变化，而且结束了圆形方孔钱 2 000 多年的历史使命。

青蚨还钱

第二节 钱币文化——在魂不在物

一、匠心记忆——古钱币的铸造工艺

在中国历史上，自从先秦铸币产生以后，用冶铸法制造钱币长达几千年，直至清末，该法才逐渐被引进的国外机制生产工艺所替代。古代制造钱币的流程是：确定钱币材料→制作模具→将正反两面模具两两重合，积叠为范包→注入液体状的材料→等待冷却→打碎范包→锉钱定型→铸造钱币完成。铸造工艺主要采用下述两种。

（一）范铸法

从先秦到隋代，中国古代传统铜钱、铁钱铸造工艺主要采用范铸法。先用祖范翻制母范，再用母范翻制子范，然后浇铸。约公元 1 世纪以前，采用单层范竖式浇铸，约公元 1 世纪以后，采用叠层范浇铸。

范铸法铸钱的主要工具是硬质的钱范（见图 14 - 10）。“范”就是我们常说的铸钱的模具，用来构成器物造型和纹样的工具，“模范”这个词就是由此引申的。

钱范由面、背二范组成，范腔内已经设计好了浇注道、钱模型腔（模腔）。将二范合在一起，从浇注道注入铜液，待冷却后取出浇铸好的钱坯（见图 14 - 11），再加工成成品。这就是范铸法。采用范铸法制造的钱币，质量高低的关键在于钱范的精准度。

图 14-10　钱范

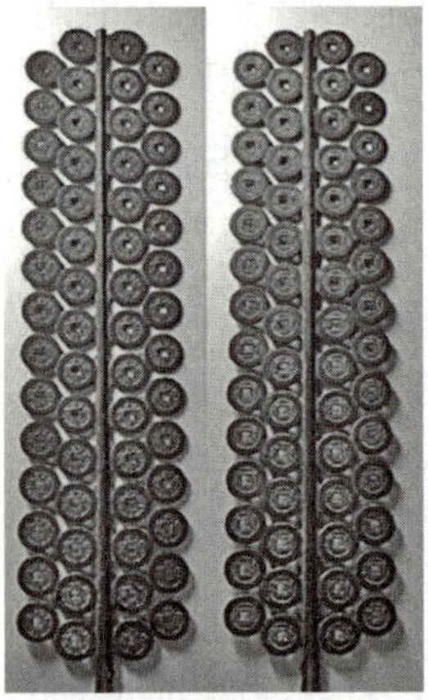

图 14-11　钱坯

（二）翻砂法

翻砂法即母钱翻砂法。铸钱的整个过程是：制作钱模砂型，用母钱印模，捆扎好砂型（见图 14-12），熔化铜合金，浇注，开砂型，修整铸币（见图 14-13）。可见，母钱翻砂法没有脱离范铸法铸钱的基本原理，只是以母钱代替了钱范中的钱模，以砂替代了范。

图 14-12　砂型

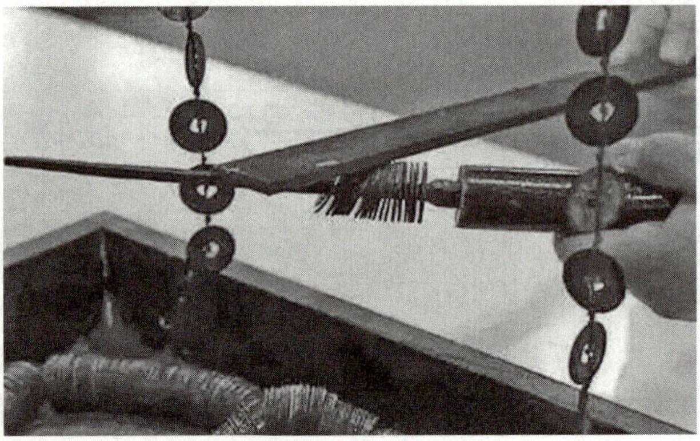

图 14-13　修整铸币

翻砂法在南北朝出现，到宋代取代了范铸法，一直沿用到近代。

古人制钱的基本流程和方法看似简单，但以古代的科技水平，操作起来还是非常复杂的，需要十分细致的分工。例如，清代制钱每炉设炉头一人，其所需工役有八行：看火匠、翻砂匠、刷灰匠、杂作匠、锉边匠、滚边匠、磨钱匠、洗眼匠。

一刀平五千

正是因为有了这些古代工匠的无数心血与汗水，所以才有我们今天看到的这些闪耀着古代劳动人民智慧、灿若星河的古代钱币。

二、谁的墨笔——古钱币上的书法艺术

中国书法分为篆、隶、楷、行、草等书体，其风格迥异，各臻其妙，在中国传统文

化中一枝独秀。

中国是世界上最早制造货币的国家之一。贝、布、刀、圜，形状多样；甲骨、篆、隶、楷、玉箸、瘦金，钱文各体皆有。自古以来，帝王对钱币上的书法都十分重视，许多钱币上的文字或是由皇帝御笔亲书，或是由著名的书法家撰写。中国古钱币钱文集书法艺术之大成，被考古学家誉为“微型字碑”。

（一）先秦时期——大篆

春秋战国时期的钱币均为素背（钱币背面无文字），正面只有简单的文字。此时钱文大多是大篆，母钱大多为就范刻成，字画复杂，书文质朴凝重，字无定法，书无定势，呈现出书体的原始美。

（二）秦、西汉时期——小篆、汉隶

秦朝统一文字后，秦汉时期铸造的半两钱、五铢钱等，都采用简化小篆。秦半两钱文系李斯所书，字体雄伟挺秀、稳重刚劲，体现一种独特的结构美，也开创了名人书写钱文的先河。汉八铢半两开始，钱文书体扁平，已经有隶书的趋向，开创了后世沿用的新文字。

（三）新莽时期——悬针篆

新朝王莽先后对铸币业进行了四次大的改革，几次铸造的钱币形态各异，造型美观，材质优良，钱文多用“悬针篆”（见图 14－14），字体狭长，笔画纤细工整，状若悬针，显得方润古雅而又奇特。这种细小的篆字用毛笔书写已属不易，刻在钱范上，其书写、篆刻非一般功力所能为之。

图 14－14　新莽货布

（四）南北朝时期——承前启后，各体日臻完善

南北朝时期数量最多的五铢钱，大都采用韭叶篆，行笔屈曲，字形秀美。北周通用的“布泉”“五行大布”“永通万国”（见图 14－15），钱文采用“玉筋篆”，笔画浑厚有力、婉圆流畅，被称为“篆法绝工”“六朝之冠”。

南北朝是我国钱币书法史上的一个转折点，从秦到南北朝，钱文多用篆书，而南北朝以后，钱文则多用隶书和楷书。

图 14－15　永通万国

（五）唐时期——楷书

唐代推崇真（楷）书，钱文上也是如此。唐高祖武德四年（621 年）铸造并通行的“开元通宝”成为后世“通宝”“元宝”钱的起源，影响深远。其钱文是大书法家欧阳询的手迹，楷中含有隶意，端庄古朴，法度严整，对后世书法影响巨大。

（六）两宋时期——各体咸备，成就更巨

钱币上的书法
——瘦金体

钱文书法艺术创作最为发达的是两宋时期。宋朝的钱文书法多样，具有创新、对称、复合等特点，且多出自名家。从御书体“淳化元宝”行书、草书入钱文始，篆、隶、楷、行、草五体俱备，篆书体中又有九叠篆文“皇宋通宝”（见图 14－16）；楷书中有徽宗的瘦金体，书法或秀丽妩媚，或苍劲挺拔，神采飞扬，气象万千，形成了宋代钱币书法艺术的特色。宋代钱币还以在同种钱币上撰写两种或多种不同书体的钱文著称，世称“对钱”。

图 14－16　皇宋通宝

（七）明清时期——楷书为主

宋代以后，钱币上的书法基本上以真（楷）书为主。至清代，钱币上汉字与满文并用，一面是汉字，另一面为满文（见图 14－17）。清道光年间，因白银广泛流通，纸币大

量使用，圆形方孔钱逐渐衰落，钱币的书法艺术亦不为人所看重。至咸丰年间，钱币书法略有起色，如大钱“咸丰通宝”系书法名家戴熙所书，但也不过是昙花一现。

图 14－17 咸丰通宝（背文为满文）

清末，随着机制钱币的使用，传统的铸币技术不再使用，圆形方孔钱退出历史舞台。

此外，历史上的一些少数民族文字的钱文也不乏书法上乘之品，如“泰和重宝”“正隆元宝”等堪称精品。元代八思巴文（蒙古文字）钱，如“大元通宝”（见图 14－18）也展现了高超的书法艺术。

图 14－18 大元通宝（八思巴文）

三、美好寓意——人民币上的国风元素

我国现在使用的人民币在图案设计上下足了功夫，是中华文化的重要载体。“凤穿牡丹”“松鹤同春”“喜鹊登梅”“绶鸟翠竹”……这些充满诗情画意的中国传统吉祥物和名花珍禽，被设计者作为创作灵感巧妙糅合进了纸币的印花中。

凤凰有“百鸟之王”的美称，是人们心目中的祥禽瑞鸟；牡丹是中国的国花，有“百花之王”的别称，国色天香，寓意富贵吉祥。鸟中之首，花中之魁，凤凰、牡丹象征祥瑞富贵。

仙鹤又称丹顶鹤，在古代是“一鸟之下，万鸟之上”。劲松挺拔，不畏严寒，是坚贞不屈的象征。自古以来，人们就喜欢把仙鹤与劲松描绘在一起。

喜鹊的叫声婉转悠扬，中国民间将喜鹊作为吉祥的象征，寓意好运与福气。梅花傲立于风霜之中，坚韧、顽强，也有幸福、长寿与和平之意。

绶带鸟又称寿带鸟。“绶”通“寿”，是长寿之意。竹子，是君子的象征，代表着刚正不阿、虚心劲节，素为文人雅士称道。苏轼的《於潜僧绿筠轩》中就有“宁可食无肉，不可居无竹”之名句。

甘肃司钞

在中国几千年的历史中，出现过的钱币浩如烟海，它们曾是社会产生重大变革或发生重要事件的产物和象征。可以说，任何一枚钱币的制造、发行，都有其特定的历史背景和原因，同时也对社会政治、经济、军事和文化等诸多方面产生了重要的影响。无论是从器物、制度、思想层面来看，还是从铸造（印刷）技术，乃至对外文化交流来说，钱币都非常集中和典型地体现了中国传统文化的内涵和特点，是中国传统文化非常重要的载体和实物见证。自成体系、光彩夺目、独具特色的中国货币文化，对朝鲜、日本、越南等周边国家和地区曾产生过重要影响。

经典诵读

1. 读书不觉已春深，一寸光阴一寸金。

（唐·王贞白《白鹿洞二首·其一》）

2. 人生贵相知，何必金与钱？（唐·李白《赠友人三首》）

3. 烽火连三月，家书抵万金。（唐·杜甫《春望》）

4. 男儿重意气，何用钱刀为！（汉·卓文君《白头吟》）

5. 君子爱财，取之有道。（《增广贤文》）

6. 劝君莫惜金缕衣，劝君惜取少年时。花开堪折直须折，莫待无花空折枝。

（唐·杜秋娘《金缕衣》）

躬行践履

一、画钱币

研究古钱币图案，设计钱币。

二、说钱币

1. 收集并讲述关于“钱”的故事。

2. 讨论：古人讲“安贫乐道”，也说“钱是照妖镜，也是量心尺。穷时见人性，落难知人心”。请结合实际谈谈你对金钱的看法，并说说什么样的金钱观才是正确的。

三、看钱币

有机会参观本地的钱币博物馆，或在网上进入虚拟钱币博物馆参观。

四、拓展性研学

学习红色钱币文化，进行拓展性研学。

第十五讲

蝶舞纷飞爱相随

——婚俗文化

薪火相传

《中庸》云："君子之道，造端乎夫妇，及其至也，察乎天地。"古往今来，婚姻都倾注着人们纯真的感情，寄托着人们的社会理想，表达着人们对自由、美好生活的向往。中华民族传统文化源远流长，伴随着社会文明的进步和人类繁衍的发展，原始的生殖繁衍行为逐渐地烙上了文明的印记，并相应地形成了具有时代性和地域性的制度、礼仪与习俗的婚俗文化。中国的婚嫁风俗也以其多姿多彩的文化内涵深深地扎根在人们的社会生活之中。

第一节 碧树花开并蒂莲——追根溯源话婚姻

一、婚姻探源

（一）什么是婚姻

婚姻，古时又称"昏姻"或"昏因"。"男以昏时迎女，女因男而来。"因男子在黄昏时迎娶新娘，女子则因男子而来，所以叫作"昏因"。"婚姻之道，谓嫁娶之礼。"婚姻有三种意义：一是嫁娶之仪式；二是夫妻双方之称谓；三是姻亲之关系。

"婚"字最初写作"昏"。《礼记·昏义》中的"昏"，原文作"昬"，由于古人娶妻，仪式是在黄昏时举行的，这时太阳将要下山，月亮就要出来，含有"阳往阴来"的意思，因而得名，后来才加上"女"字偏旁写作"婚"。讲究天人合一的先民选择了这么一个微妙的时刻，巧妙地诠释了"婚"义，同时也给这个仪式增添了神圣、虔敬的情愫。

《说文解字》中对"姻"字的解释为："姻，婿家也。女之所因，故曰姻。""姻"字在古代代表"席子"，引申为"凭靠"之意，意思是女方到了婿家，就有依靠了。

（二）成婚的年龄

我国古代社会历代法典虽没有"法定成婚年龄"一词，但却有法定成婚年龄之意。

自秦汉到唐朝，统治者先后采用了法家、儒家、道家的学说治理国家，社会总体发展较快。同时，统治者也认识到婚姻年龄事关百姓身体健康和社会政治、经济发展，因此这一时期有关成婚年龄的立法受到统治者的重视，获得很大发展。

古代成婚的年龄，各朝各不相同。春秋时期，男子 20 岁加冠，女子 16 岁及笄，即可结婚；汉朝律典没有对男女成婚年龄做出单独规定，但在有关赋税征收的立法中涉及成婚年龄问题，《汉书·惠帝纪》记载："女子年十五以上至三十不嫁，五算。"从中可以看出汉惠帝时期女子的成婚年龄应该在 15 岁以上 30 岁以下，过了 30 岁还没有结婚，则要征收 5 倍的赋税。唐朝对成婚年龄的立法主要是以诏令的形式颁布的，唐玄宗开元二十年（732 年）诏令："男十五、女十三以上得嫁娶。"原则上，男子年满 20 岁、女子年满 15 岁以上的，必须结婚。"安史之乱"后，社会环境发生了重大变化，唐玄宗也对男女的成婚年龄进行了重大调整，允许男子 15 岁、女子 13 岁可以自由决定是否结婚，对不结婚的适龄男女取消了强制性结婚的规定，这在一定程度上体现了唐朝在婚姻年龄立法上的进步。

宋朝至清朝，有关男女成婚年龄的立法趋于完善，基本形成了男子 16 岁、女子 14 岁的成婚年龄模式。宋代初期实行的男女成婚年龄与唐朝一样，《名公书判清明集》规定："男子十五岁、女子十三岁得婚嫁。"元中统元年到至元十八年（1260—1281 年）统治者又下诏规定："若女年十五以上，无故五年不成，故谓男女未及婚年甲，或服制之类。其间有故，以其前后年月并之，若夫逃亡五年不还，并听离，不还聘财。"由此可见，当时女子的法定成婚年龄为 15 岁，并且最低为 15 岁，如果女子不足 15 岁，即便是已经订婚也不能私自结婚，只能等到年满 15 岁时方可结婚。如果婚后男方外出 5 年不归，则女方可以另行改嫁并且不处以任何惩罚。《明会典》规定："凡庶人娶妇，男年十六，女年十四以上，并听婚娶。"清朝《大清律例》规定："男女婚姻各有其时，或有指腹、割衫襟为亲者，并行禁止。"这对男女的法定成婚年龄没有明确的规定，只是指出男女结婚时都要达到合适的年龄，并且对指腹为婚、童幼许婚的情形予以禁止。《钦定大清通礼》比《大清律例》更为详细和明确，《钦定大清通礼》规定："男年十六以上，女年十四以上，身及主婚者，无期以上服，皆可行。"

（三）成婚的时间

古时男方家去女方家迎亲时，均在黄昏。《仪礼·士昏礼》谓："昏礼下达。"郑玄注曰："士娶妻之礼，以昏为期，因而名焉。必以昏者阳往而阴来，日入三商为昏。"并且，"主人爵弁、纁裳、缁袘，从者毕玄端，乘墨车，从车二乘，执烛前马"。即迎亲的人均穿黑衣，车马也用黑色。此俗与后世以白天迎亲、穿红色服饰的婚俗迥然不同。自唐代开始，将迎亲的时间改为早晨。《酉阳杂俎》记载："婚礼必用昏，以其阳往而阴来也。今行礼于晓。""晓"即拂晓，此后相沿至今。

（四）婚姻的禁忌

"同姓不婚"是我国古代社会的一条婚姻禁忌，凡是同一姓者，不论远近亲疏、是否有血缘关系，一律不得互相婚配。这一禁律从周朝时开始确立。《魏书·高祖纪》记载："夏殷不嫌一姓之婚，周制始绝同姓之娶。"同姓不婚自周以来，历代相承，不仅为礼教所倡导，而且自从唐代开始还被写进了法律条文。唐代法律规定，同姓相婚的，处徒刑二年。宋代法律规定与唐代相同。元代规定："同姓不得为婚，截自至元八年正月二十五为始，已前者，准已婚为定，已后者，依法断罪，听离之。"明清两朝也均规定，同姓婚者各杖责六十，并勒令离婚。

二、婚姻的起源与发展

相传，中国最早的婚姻关系和婚礼仪式从伏羲氏制嫁娶、女娲立媒约开始。传说在远古时期，洪水泛滥，把世界上几乎所有的人、动物都淹死了，只剩下伏羲、女娲。他们互相婚配，繁衍后代，成为人类的始祖。

《通鉴外纪》载："上古男女无别，太昊始设嫁娶，以俪皮为礼。"从此，俪皮（成双的鹿皮）就成了经典的婚娶聘礼之一。之后，除了"俪皮之礼"以外，还得"必告父母"；到了夏商，又出现了"亲迎于庭""亲迎于堂"的仪节。周代是礼仪的集大成时代，逐渐形成了一套完整的婚姻礼仪，《仪礼》中有详细规制，整套仪式合为"六礼"。六礼婚从此为传统婚礼的模板，流传至今。

三、婚姻形态的发展演变

婚姻家庭伴随着整个人类史经历了一系列的历史变迁，大致有如下几个阶段。

（一）前婚姻时代的血缘团体

前婚姻时代的血缘团体（即同一原始群体内的男女），他们在两性关系方面是杂乱的，没有任何限制。这一时期存在于人类最初数以百万年计的漫长时代。

（二）群婚制

随着原始社会不断由低级阶段向高级阶段发展，人类婚姻形态从最初的两性关系逐渐演进为各种群婚制的两性结合的社会形式，开始形成了最初的婚姻制度。

群婚制，是指一群男子和一群女子互为夫妻的婚姻形式。其最大的特征在于，两性关系受到一定范围的血缘关系的限制。其间经历了两个发展阶段：血缘群婚制，排除了直系血亲间的两性关系（即不同辈分的男女间不得结婚）；亚血缘群婚制，排除了兄弟姐妹之间的通婚。这引发了母系氏族的产生，使人类婚姻由族内婚向族外婚发展。

（三）对偶婚制

对偶婚制是指一男一女在或长或短的时间内，过着相对稳定的配偶生活的婚姻形式。其产生于原始社会晚期，是从群婚制向一夫一妻制的过渡形态，从血缘结构上为父系氏族和一夫一妻制的形成奠定了基础。

（四）一夫一妻制

一夫一妻制是指一男一女结为夫妻的婚姻制度。它不是自然选择规律作用的结果，而是私有制确立的必然结果，形成了以男子为中心的婚姻家庭。它经历了长期的演变过程，包括奴隶社会、封建社会、资本主义社会、社会主义社会四个历史时期。

这种婚姻制度形成得很早，但这只是针对女子而不是针对男子。同时，这种婚姻基础是"门当户对""父母之命，媒妁之言"。男女之间很少有自由恋爱，通常禁止男女青年自由交往，但在某一时期要举行一次特殊的活动，在这样的活动中，男女青年可以自由选择恋人。据《周礼·地官》记载："中春之月，令会男女，于是时也，奔者不禁。若无故而不用令者，罚之。司男女之无夫家者而会之。"这反映了先秦时期郑国等地的恋爱习俗，即在每年农历二月，由官员组织青年男女举行一次露天活动。在这样的活动中，男女青年可以自由地选择恋人，甚至当场私奔也是允许的。

第二节 红妆带绾同心结——中国传统婚礼习俗

"国之大事，在祀（sì）与戎（róng）"（《左传·成公》）；家之大事，在婚与丧。婚姻是人类永恒的主题，无论在古代还是当今社会，人们对婚礼和婚姻都十分重视。细数千年历史，许许多多的婚俗流传至今，为中华大地增添了一道道亮丽的风景。先秦浑厚、两汉大气、两晋风流、六朝风采、唐风倾国、宋明流韵。每一时期的婚礼仪式和习俗既一脉相承，又各有韵味。

一、婚礼仪程的发展演变

据《礼记·昏义》记载："昏礼者，将合二姓之好，上以事宗庙，而下以继后世也。故君子重之。"意思是男女结婚后可传宗接代，大家都很看重。汉平帝元始三年（3 年），刘歆等杂定婚礼，四辅公卿大夫传千朗史家属可行亲迎，次年立皇后亦纳采、卜吉。魏晋南北朝时，皇太子娶太子妃的婚礼都没有亲迎，自东汉到东晋大多都不依六礼成婚。唐代以后，皇太子开始亲迎，而亲王的婚礼都会依随六礼。后来暨"问名"于"纳采"和"请期"于"纳成"，虽然概念上还是依六礼而行，但实际上只有"纳采""纳吉""纳征""亲迎"四礼。而朱子家礼将"纳吉"和"纳征"合为一礼，所以只有三礼。元朝时，婚礼多加"议婚"一礼。明朝洪武元年（1368 年），方以"朱子家礼"为标准制定婚礼。清朝时，据《通礼》记载，汉官自七品以上共有九礼，但都拼入了成妇成婿之礼，而古代的六礼亦只余下"议婚""纳采""纳币""请期""亲迎"五礼。其他士、庶人结婚都比较简单，而民间的婚礼一般都会依"朱子家礼"进行。

明制婚礼的整个流程与周制、唐制大致相同，多了三拜大礼（拜天地、拜父母、夫妻对拜）和新郎挑盖头（新郎用准备好的秤杆挑起新娘头上的盖头，寓意称心如意），婚礼喧闹奢侈，大规模举办喜宴，流程包括：纳采至亲迎、拜天地、入洞房、喜宴、次日拜父母等。

（一）三书六礼

1. 三书

后世谈婚论嫁，"三书"和"六礼"常常一起搭配出现。"三书"并非周制婚礼的内容，是指聘书、礼书和迎亲书。

（1）聘书：定亲之书，男女双方正式缔结婚约。纳吉时用。

（2）礼书：过礼之书，即礼物清单，详尽列明礼物种类及数量。纳征时用。

（3）迎亲书：迎娶新娘之书。结婚当日接新娘过门时用。

2. 六礼

六礼，即纳采、问名、纳吉、纳征、请期和亲迎。

（1）纳采。古时婚礼之首，男方属意女方时，请媒人做媒，谓之纳采，今称“提亲”。

（2）问名。男方探问女方之姓名及生日时辰，以卜吉兆，谓之问名，今称“合八字”。

（3）纳吉。问名若属吉兆，遣媒人致赠薄礼，谓之纳吉，今称“过文定”或“小定”。

（4）纳征。奉送礼金、礼饼、礼物等，即正式送聘礼，谓纳征，今称“过大礼”。

（5）请期。由男方请算命先生择日，谓之请期，又称“乞日”，今称“择日”。

（6）亲迎。新郎乘礼车，赴女方家迎接新娘，谓之亲迎。

这是经典的六礼结构，后世时有增简。增则多在“六礼”环节的基础上添加副仪节及杂俗，如催妆、送妆、铺房等；简则多简并几项正婚前的礼仪，如宋代朱熹撰《家礼》，因时俗将六礼并为“纳采”“纳币”“亲迎”三礼。

（二）婚礼结构

婚礼结构是指组成婚礼的几个部分，一般包括婚前礼、正婚礼和婚后礼。

婚前礼包括纳采、问名、纳吉、纳征等礼仪。正婚礼包括拜堂、沃盥（guàn）、对席、同牢、合卺和馂（jùn）余设衽（rèn）等礼仪。婚后礼（成妇礼）包括妇见舅姑、妇馈舅姑和舅姑飨妇等礼仪。

1. 婚前礼

（1）纳采。即议婚，男方遣媒人去女方家求婚。采用雁作为礼物。以雁为礼有三种象征意义：一是雁为候鸟，秋天南飞，春天北归，来去有时，从不失时节，所以用雁来象征男女双方信守不渝。二是雁为随阳之物，行止有序，在迁徙飞行时雁群成行成列，领头的是强壮之雁，而幼及弱者追随其后，从不逾越。将这个原则用于嫁娶，表示长幼循序而行，不越序成婚。三是雁雌雄一配而终，象征忠贞和白头偕老。纳采后来有所发展，也有用羔羊、白鹅、合欢、胶漆等作为贽礼的。

（2）问名。男家征求女家同意后，接着进行问名之仪节。回来后占卜决断成婚与否、吉凶如何。问名一般是索要女子姓名、排行、出生年月日及时辰等信息，发展到后世，称换庚帖。这一过程相当于订婚。古代“男子称名，女子称字”，女子的名是不轻易示人的，问名的意义可见非同小可了。

（3）纳吉。问名的目的，是为纳吉做准备。《仪礼注疏》载：“归卜于庙，得吉兆，复使使者往告。”就是说，男家问名后，以龟甲来占卜男女双方生辰八字，若得到吉兆，将占卜吉利的结果，派使者带着雁到女家报喜，后世称为订盟，仪式如同纳采。纳吉之后，婚姻就算正式确定。后来民间把纳吉改称合婚，就是把男女双方的生肖及生辰八字合一下，看生肖是否相克、八字是否相配。纳吉和纳采一样，也用雁。

（4）纳征。纳征往往是婚姻六礼的关键，《仪礼注疏》载：“征，成也，使使者纳币以成昏礼。”意即派遣使者纳送聘财以成婚礼，故称完聘、大聘或过大礼。纳征以后，婚姻进入正式准备阶段。周朝聘礼“凡嫁子娶妻，入币纯帛无过五两”。周制婚礼的聘礼取其象征意义，不像后世那样看重经济价值。币，意为彩色丝，后世所谓的“彩礼”就源于这个典故。可见，先秦的彩礼是很简单的。到了后世，彩礼的内涵就要实际多了，还包括饰物、绸缎、牲畜或现金等物。至此，周礼取聘礼的象征意义变为取义取利兼图。

隋唐聘礼固定为九种，有合欢、嘉禾、阿胶、九子蒲、朱苇、双石、棉絮、长命缕、干漆，各项物品皆有祝福夫妻爱情永固的意义。

定成婚吉日的礼，由男家决定，然后正式通知女家。后代婚礼在演变中发展出来催妆、送妆、铺房，这三项仪节在先秦文献中未见记载。

父亲醮子，新郎接受赐酒一饮而尽，便动身去迎娶自己的新娘。女方家长在家庙设筵，在门外迎新婿。婿以雁做贽礼。彼此揖让登堂，女婿再拜。然后新郎亲自驾着马车，让车转三圈，才把马车交给车夫，自己乘坐另一辆马车走在前头。到了家门口，新郎先下车等候，新娘车到达后，新郎带领新娘进入家中，新娘入宅，婚前礼即告一段落。

2. 正婚礼

正婚礼是指新娘被接到男家以后所举行的正式结为夫妇的仪式。主要有拜堂（周制婚礼没有这一项）、沃盥、对席、同牢、合卺和馂余设衽几项。

（1）拜堂。周制婚礼没有夫妇拜堂之礼。《书仪》记载："古无婿妇交拜之仪，今世俗始相见交拜，拜致恭，亦事理之宜，不可废也。"可知宋代交拜之礼已经流行。元代拜堂，于夫妇交拜外，尚有同拜天地之礼，即先拜天地，再拜婿之父母，最后夫妇交拜。这就是如今流传下来的三拜之礼。

（2）沃盥。沃盥之礼是指新人入席前要洁手洁面。周制的沃盥礼节是用匜（yí）和洗配套使用。

（3）对席。新婚夫妇交拜礼毕，要相对而坐，谓之对席。对席的位置，男西女东，意以阴阳交会有渐。

（4）同牢、合卺。对席后还有两个重要仪式，即同牢、合卺。同牢是指新婚夫妇共食同一牲畜之肉。合卺是指夫妇交杯而饮，这里的交杯是指交换杯子。合卺本意指破瓠（瓜）为二，分别盛酒，合之则成一器。最初合卺用匏瓜，匏是苦的，用来盛酒必是苦酒。所以，夫妻共饮合卺酒，不但象征夫妻合二为一，永结同好，而且也含有让新娘新郎同甘共苦的深意。

喝合卺酒是婚礼中最具有社会意义的环节，是每对新婚夫妇行婚礼时必不可少的仪式，合卺礼流传到后世，发展成酒筵。"吃喜酒"已成为民间行婚礼的简称。酒筵由简到繁，但最主要的意义就是婚姻得到了亲朋好友的承认。

（5）馂余设衽。这是通常所说的合床礼，寓意正式成为夫妻。新娘脱服交给女侍，新郎脱服交给男侍，新郎揭新娘之盖头，此时侍人持烛而出。此后男女双方正式结为夫妇。

3. 婚后礼

婚后礼，使新妇成为男家的一份子，与男家的亲族融合在一起，所以又称成妇礼。成妇礼主要有三：妇见舅姑、妇馈舅姑、舅姑飨（xiǎng）妇。

（1）妇见舅姑。古时，在某些地方，妻称丈夫的父亲为"舅"，称丈夫的母亲为"姑"。成婚后的第二天早晨，新妇就早早起床、沐浴，拿着盛着枣、栗和腶修等物的竹器到公婆的寝门外等待。所盛"枣"，取早起之意；"栗"，取战栗之意；"腶修"，取振作之意。

（2）妇馈舅姑。据《礼记》载，"妇馈舅姑"之礼是随着"妇见舅姑"之后的，新妇亲自侍奉公婆进食，待二老食毕，新妇要象征性地吃公婆的余食以示恭孝。

另有一说，“妇馈舅姑”指的是新妇过门后第三天，就要下厨房烧饭做菜，以馈舅姑。以示自此后将主持中馈，以尽孝道。唐代有“三日入厨下，洗手作羹汤；未谙姑食性，先遣小姑尝”的描述。该俗应是后世的演变发展。

（3）舅姑飨妇。《礼记》载：“舅姑共飨妇以一献之礼。舅洗于南洗，姑洗于北洗，奠酬。舅姑先降自西阶，妇降自阼阶。归妇俎于妇氏人。”公婆共同以“一献之礼”来款待新妇。公公在庭中所设的南洗洗爵，婆婆则在北堂所设的北洗洗爵，酬酒后一献礼成，新妇把酒爵放置于荐的东边。饮酒完毕，公婆先从西阶下堂，然后新妇从阼（zuò，古指堂下东边的台阶，是主人迎接宾客的地方）阶下堂。有司把妇俎之牲交与女家送亲的人，以便向新妇的父母复命。“妇馈舅姑”之后，公婆以“一献之礼”酬新妇，以示长辈的关怀。

二、婚礼服饰

（一）庄重肃穆的周制昏礼服：爵弁玄端纯衣纁袡

周制婚礼崇尚典雅端庄，婚服（昏服）的色彩循“玄纁制度”，取天地间最高贵的色彩为之，有着浓郁的神圣感和象征意义。不举乐，不庆贺，简朴干净，重的是夫妇之义与结发之恩，夫妻“共牢而食，合卺而酳（yìn）”，携手而入洞房。

周制婚礼是中国上下 5 000 年内出现的第一种完整制度的婚礼，在漫漫历史长河中一直都是中式婚礼蓝本的存在。

周制婚礼崇尚端正、庄重，重视夫妇之义与结发之恩，并不看重聘礼与排场，因此，并没有如今喧闹、喜庆的宴席，婚服黑中扬赤，即为“玄”，“玄”色较之青、赤、黄、白、黑五正色尤为尊贵而独居其上。天之色彩即为玄，实为至高无上之色。因此玄衣之用“玄”，内涵天道思想；“以玄拟天”“玄乃天道”。而用玄说玄，是周人政教思想的一种反映。

1. 新郎服饰

爵弁（biàn），玄端礼服，缁（zī）袘（yì）纁（xūn）裳，白绢单衣，纁色的韠（bì），赤色舄（xì）（或履）。

（1）爵弁玄端服（大夫级玄端）：用于正婚礼。

爵弁（宽八寸长一尺二寸帽，前面小后面大，是黑色滚浅红色边，用收持笄固定于顶髻），玄端服袖展三尺三，收口一尺八，纁（一说浅红，一说橙红）色下裳用黑色一寸半裙边，白绢单衣，纁色韠（bì，革质蔽膝），革带（用以佩韠），大带（素熟绢，宽四寸，耳及绅缘边，外玄而内黄色），赤色舄（单平底的履下面再加一层木底的鞋），水苍玉纯组绶，佩刀，充耳等。

（2）士玄端服（士级别）：用于婚前礼和婚后礼。

玄端，袖展二尺二，收口一尺二，黄裳，白绢单衣，爵色韠，大带。

2. 新娘服饰

正婚礼的时候，新娘穿纯衣纁袡礼服（纁红色衣缘的玄黑色丝质深衣）。头戴“次”（一种编好的假发），以“纚”（xǐ）束发，插着一尺二长的笄。母亲诫女时给她腰间系上叫作“缡”（lí，古代妇女的佩巾）的帨（shuì）巾（拭手的巾帕）。新娘登车时由从者为她披上一件叫做“幜”（jǐng）的御尘罩衣。

（二）雍容华丽的唐制婚服：梁冠礼服——钗钿礼衣

唐制婚礼沿袭周礼，不仅庄重、神圣，注重仪礼，蕴含文化，动静相宜，礼乐相合，气势宏大，而且多了些热烈、喜庆、华丽富贵的锦绣霓裳。唐制婚服融合了先前的庄重神圣和后世的热烈喜庆，色彩上男服绯红，女服青绿，“红男绿女”一词就是从唐代的婚服礼制用语中流传下来的。

唐制婚礼依然沿袭六礼礼制，是古代婚姻礼制的主干，在中国延续了2 000多年。

盛唐时使用襦袹制的婚服（见图15－1），“花钗青质连裳，青衣革带韈（wā）履（同裳色。夫有官者则从其夫之品服）”。即青色的深衣，饰以金银琉璃等钗饰，隐喻女子“德贵专一”。晚唐时期，在花钗大袖襦裙或连裳的基础上发展出钗钿礼服，层层叠叠的规整装束弥补了襦裙活泼有余、严肃不足的特点，在同深衣礼服一样端庄的同时还增添了绮丽的风姿。钗钿礼衣故此成为流行于唐代的一种极有风韵的隆重礼服。

图15－1 唐制婚服

（三）华美多姿的明制婚服：“九品官服——凤冠霞帔”

明制婚礼具有喧闹、奢侈、喜宴规模大等特点。明代由于士大夫阶层的兴起，文化得到长足的发展。男子娶妻俗称“小登科”，是可以穿九品官服的。新郎穿青绿色的九品幞头官服，新娘则头戴凤冠，遮盖红盖头，上身内穿红娟衫，外套花红袍，脖子戴项圈天官锁，胸前挂照妖镜，肩披霞帔，再挎个子孙袋，手臂缠上定手银，下身穿红裙、红裤、红缎绣花鞋，自此后便有了最典型的、中式的、传统的新娘礼服。明制婚服和翟冠见图15－2、图15－3。明朝妇女大婚时的头饰有身份之分：九龙四凤冠——皇后才能佩戴；九翟冠——皇帝妃子、皇太子妃、亲王妃以及公主才能佩戴；珍珠翡翠冠——官家女子才能佩戴。

图15－2 明制婚服

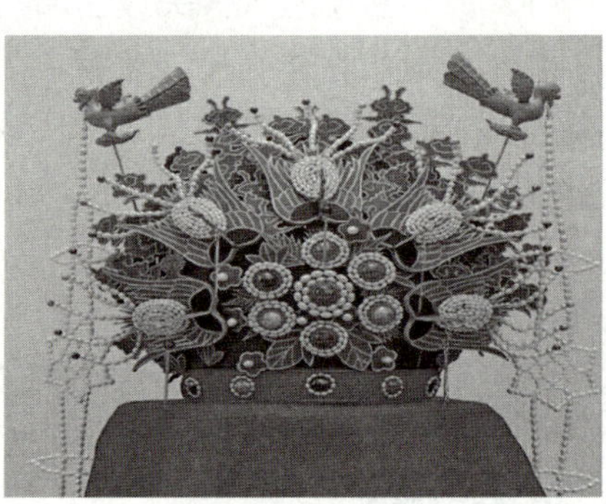

图15－3 翟冠

在朝代更迭、生产发展、风俗流变之中，婚俗文化带着明显的时代印记，不仅体现了一定时代的社会生活风貌，而且从微观上展示了一个民族的价值观、审美观、宗教观和心理发展态势。

经过几千年的传承与演变，随着社会阶层的变迁、法律制度的完善，很多中国传统的婚礼风俗与礼仪都随着时代的发展而逐渐消逝，但婚姻观念的转变和婚礼仪式的简化却是时代发展的必然，这也是社会文明与历史发展的必然趋势。

拓展阅读

媒人的由来

远古时候有两个村庄，一个叫东山庄，另一个叫西山庄。两个村庄相隔很远，而且两村之间道路崎岖，所以这两个村上的人平时很少来往。东山庄上有一个聪明英俊的小伙子，叫赵景；西山庄上有一位美貌贤惠的姑娘，叫阿彩。两人经一位好心的老汉搭桥，成了亲。婚后小两口情投意合，相亲相爱。一天晚上，两人躺在床上聊天。阿彩说："想想真有点儿稀奇，我们两人本来素不相识，可经那位好心的老人家一撮合，竟做起夫妻来了，你说要不要报答他?""嗯，我也这样想过，是该报答他!""可人家走啦，到哪里去找他呢?"小夫妻左思右想，终于想出一个好办法：为他塑一尊像，放在家里作纪念。第二天，阿彩就用米粉塑了一尊像，把它放在台子上。没想到，由于天热潮湿，没过多久，那米粉人便浑身发了霉，夫妻俩深为惋惜地呼出"霉人"两个字。这件事一传十，十传百，大家都知道了。从此，人们便把为青年男女牵红线的人称为"霉人"。后来，人们觉得"霉"字不好，就把"霉人"改称为"媒人"。

"月老"的由来

传说唐代有个孤儿叫韦固，有一天夜里，月光皎洁，韦固到外面散步，见一老人身背一只布袋在月光下翻书，韦固问其故，老人说："这是有关天下婚姻的书，这袋里装的都是红绳，用来系住夫妻之足的，一经系住，便是终身。"韦固问及自己婚事如何，老人翻书说，你的未婚妻就是店北边那个卖菜老太婆的三岁女儿。韦固一听，大怒不已。他派仆人暗中去杀该女，结果因仆人不忍心，只刺伤了小女孩的眉心。韦固畏罪，连夜逃走了。10多年后，韦固从军，建立战功。刺史王泰要把自己的女儿许配给韦固。姑娘漂亮俊俏，只是眉心上贴着一朵花，问及缘由，得知该女就是韦固当年派人刺杀过的那个三岁女孩。韦固深感天意难违，遂成夫妻，一世恩爱，幸福终生。因此，后人又把媒人说成"月老"或"月下老人"。

双喜字的来历

中国人在结婚办喜事的时候要在门窗上贴大红喜字，传说这与北宋宰相王安石年轻时双喜临门的故事有关。那一年王安石23岁，值大比之年，他赴京赶考到汴梁（今河南开封）后，抵城东马家镇舅舅家住宿。饭后漫步街头，偶见马员外家门楼上悬挂一盏走马灯，细一看，灯上闪出"走马灯，马灯走，灯熄马停步"的对子，不禁拍手称道："好对呀，好对!"这时，旁边站着的一位老人家向他作揖："此上联已贴数月，至今尚无应对，相公既说好对，请略等片刻，待我禀报员外知道，一定求教。"王安石因第二日将赴考而无暇思忖下联，不等老人家出来便回舅舅家了。第二天，王安石在考场上对答自如，一挥而就。主考大人见其年纪轻轻、才华横溢，十分喜欢，传其面试，手指厅前飞虎旗吟道："飞虎旗，虎旗飞，旗卷虎藏身。"王安石想起昨日的上联，便信口吟道："走马灯，马灯走，灯熄马停步。"主考大人频频点头。王安石辞别主考大人回到舅舅家，谁知刚坐定，只见昨日那位老人家匆匆赶来："哎呀！相公，好不容易得知你住此地，快随我走吧，我家员外等着呢！"王安石随老人家来到马家，马员外见了他一边施礼让座，一边命人取文房四宝请他写下联。王安石即将刚才主考大人的上联挥笔献上："飞虎旗，虎旗飞，旗卷虎藏身。"马员外见王安石写得龙飞凤舞，很是满意，吩咐丫鬟拿与女儿一看。马员外女儿见对得得体、字体遒劲，含羞点头。马员外大喜，遂与王安石说明："此上联乃小女为选婿所出，悬挂数月竟无人能对。现为王相公对出，真是联句成对，姻缘成双啊！"马员外即亲赴王安石舅舅家为女儿求亲，双方定在三日后为王安石和马小姐完婚。第三天，正是吉日良辰，忽听大门外人欢马叫，两个报子前来报喜："王大人金榜题名，头名状元，明日一早，皇上亲自召见，请赴琼林宴！"王安石喜上加喜，顿时鼓乐喧天、鞭炮齐鸣，与马小姐拜过天地，进入洞房。新娘粉面含笑，对王安石说道："王郎才高八斗考得状元，又与奴家结为连理，真是大登科遇小登科，双喜临门呀！"王安石听后哈哈大笑，便将此事叙述了一遍，说："全仗娘子出得好联，下官何功之有？"说罢提笔在红纸上写了一个斗大的红双喜，贴于门上，又吟诗一首："巧对联成红双喜，天媒地证结丝罗；金榜题名洞房夜，小登科遇大登科。"

第十六讲

丝绸之路话甘肃
——地方文化

薪火相传

丝绸之路的总长有 7 000 余千米，甘肃是一个东西长 1 600 多千米的狭长省份，位于丝绸之路的黄金段，约占丝绸之路总长的 1/4。可以说，甘肃的历史就是一部丝绸之路的历史。

第一节 甘肃历史：一部丝绸之路的历史

一、中国丝绸之路的形成和发展

（一）春秋时期：货物流通中介出现

月氏（yuè zhī，旧读 rù zhī 或 ròu zhī）人向东直到陇西，与秦国物物交换，成为秦国与西方各族货物流通的中介。

（二）西汉时期："华戎所交一都会"出现

骠骑将军霍去病（其雕像见图 16－1）率军深入河西，"六日破五国，胡尘千里惊"，以闪电战大破匈奴，河西走廊正式纳入西汉版图。公元前 121 年，西汉王朝在河西设立了酒泉郡和武威郡，公元前 111 年，又设立了敦煌郡和张掖郡。西汉还将万里长城延长至敦煌，在敦煌的西面设立了阳关和玉门关两个关所，保证了丝绸之路的畅通无阻，汉朝每年还派出许多使者到西域各国。据史书记载，当时的出使盛况是"使者相望于道"，敦煌成了中西交通的门户，被称为"华戎所交一都会"。

图 16－1　霍去病雕像

（三）魏晋南北朝："石窟艺术走廊"出现

魏晋南北朝 300 余年间，氐、羌、匈奴、鲜卑等族的统治者在甘肃境内建立了许多割据政权，其中河西五凉（前凉、后凉、北凉、南凉、西凉）、西秦等几个小政权都建立在著名的丝绸之路上，甘肃在客观上起到了促进各民族融合的作用，在中华文化传承上起到了上承建安、下启隋唐的作用。这一时期，由于佛教盛行，石窟艺术应运而生。甘肃的河西走廊被称为“石窟艺术走廊”。

（四）隋：隋炀帝到达张掖，举办了万国博览会

隋统一后，分裂的局面结束了，隋炀帝于大业五年（609 年）亲自出巡青海和河西走廊，吐谷浑和党项族分别被制服，在大臣裴矩的协助下，隋炀帝制定了贯通西域、发展丝路贸易的国策。到达张掖后，隋炀帝会见了西域二十多国的国主，恢复了和西域各国的贸易关系。隋炀帝还召集西域 44 国的商人，在焉支山麓举办了万国博览会（见图 16－2）。

图 16－2　万国博览会

据《资治通鉴》记载：“帝至燕支山，伯雅、吐屯设等及西域二十七国谒（yè）于道左，皆令佩金玉，被锦罽（jì），焚香奏乐，歌舞喧噪。帝复令武威、张掖士女盛饰纵观，衣服车马不鲜者，郡县督课之。骑乘嗔咽（chēn yān），周亘数十里，以示中国之盛。”据考证，现今的“世界博览会”这一专有名词始于隋代。从此，长期被隔绝的丝绸之路再度出现了商旅不绝的盛况。东西贸易获得了进一步的恢复和发展。

（五）唐：中西经济文化交流的盛世出现

唐王朝为了保证中西经济、文化交流的安全，在丝绸之路的沿途设立镇守，屯驻戍军，设置烽燧（fēng suì，古时遇敌人来犯，边防人员点烟火报警，夜里点的火叫烽，白天放的烟叫燧），从而进入了中西经济文化交流的盛世。当时，西域以及阿拉伯、波斯甚至欧洲地中海沿岸国家的使者和商人络绎不绝来到中国，中国的丝绸等货物源源不断地输送到了西域。为了接待各国使者和商人，河西沿途设有店肆、伙铺以及驿站，解决使者和商人的食宿和交通问题。很多外国商人在中国长期定居，当时河西走廊的不少地方就居住着这样的外来户。这些人在当地娶妻生子，购置田产。当时的武威非常繁华，有“七里十万家”之称，不仅是政治中心（河西节度使的驻地），而且经济、文化十分繁荣昌盛，成为当时的国际贸易大都市，被誉为“河西都会”。张掖也十分繁华，城内有 60 条街，不少突厥和印度商人常年居住在这里。唐代的敦煌，既是一个国际贸易市场，又是一个文化发达的都会，史书曾有“元宵节灯会长安第一，敦煌第二，扬州第三”的记载。整个河陇地区，也是一个农桑繁盛、士民殷富的地区。

二、甘肃是一个能“触摸到历史、感受到文化”的绚丽之地

甘肃不仅历史悠久，而且文化灿烂。甘肃身居内陆，地处三大高原（蒙古高原、黄土高原、青藏高原）结合部，历史上这里长期是农牧经济的过渡带。由于这种独特的自然和人文环境，自古就是中原文化与西域文化的交汇之处。甘肃是多种外来文化在中国传播的先驱之地，如古波斯文化、古罗马文化、古印度文化、伊斯兰文化等都是经丝绸之路传播进来的。

民族文化的多样性使甘肃文化有着与别处迥异的独特魅力。多种文化的交汇和相融，使甘肃的文化呈现出兼容并包的特性。佛教、道教、伊斯兰教、儒学、基督教等，一旦进入甘肃，就会在这片土地上生根发芽，跟当地文化相融，变成一种异化的文化现象。甘肃文化的多样性让每一个来甘肃旅游的人深感惊喜。伏羲文化、彩陶文化、丝路文化、黄河文化、长城文化、石窟文化、西王母文化、秦文化等，让人感觉甘肃是一个能“触摸到历史、感受到文化”的绚丽之地。

对丝绸之路上的甘肃来说，伴随着“一带一路”的时代强音，“交响丝路，如意甘肃”将会在陇原大地迸发出更加璀璨绚丽的光彩。

第二节 甘肃段丝绸之路

一、丝绸之路的概念

“丝绸之路”是指起始于古都长安，连接亚洲、非洲和欧洲的古代陆上商业贸易路线。

历史上的丝绸之路又被称为“毛皮之路”“茶马之路”“玉石之路”“宝石之路”“陶瓷之路”“奴隶之路”“宗教之路”“香料之路”等。可见，在贸易交流的过程中，活跃于这条路上的不仅有丝绸，还有种类繁多的商品，并形成了各种各样规模的贸易和交流。

二、丝绸之路的分类

按行走路线上的地理特点来划分，我们一般将丝绸之路分为陆上丝绸之路和海上丝绸之路两大类。

（一）陆上丝绸之路

陆上丝绸之路分为草原森林丝绸之路和沙漠绿洲丝绸之路，以及南方丝绸之路。

（二）海上丝绸之路

海上丝绸之路开创于秦汉时代，繁荣于隋唐时代，鼎盛于明朝初年，明中期由于锁国令而衰败。海上丝绸之路的主要出发点为广州、烟台、扬州、泉州等，规模最大的港为广州和泉州。有名的陶瓷器，经由这条线路贩卖到各国，所以有学者称海上丝绸之路为“陶瓷器之路”。

三、甘肃段丝绸之路的路线

甘肃省境内的丝绸之路分为东面的陇西段和西面的河西段。

（一）东面的陇西段

陇西段的路线分为北、中、南三条线。

1. 北线

从长安出发，沿着泾河向西北行进，过陇山，经固原，在靖远北渡黄河，然后再经景泰直达武威。

这条线路虽然不长，但沿线水源不足、补给困难，是最古老的线路，也称“回中道”（主要是指连接关中平原和黄土高原的一条通道）。另外，从长安出发，沿泾河向西，再沿祖厉河而下，在靖远渡黄河到达景泰前往武威，这条路线最短捷。

❖ 知识链接

回中道

据说回中道在秦始皇时期已经出现。公元前220年，秦始皇巡陇西、北地，出鸡头山（今甘肃省平凉崆峒山），过回中道。汉武帝数次经回中道西巡，公元前112年，他也曾沿这条路线出巡到达祖厉河边。《汉书·武帝纪第六》：“五年冬十月，行幸雍，祠五畤。遂逾陇（陇山），登空同（平凉崆峒山），西临祖厉河而还。”

2. 中线

从长安出发后，沿渭河而上到达宝鸡、天水，越陇山，到兰州，过黄河，沿庄浪河，过乌鞘岭，最后到达武威。

西汉时期北方有匈奴，南方有羌、氐等少数民族，中线就成为最安全、最重要的一条干线。中线虽不及北线短捷，但比南线要短100千米，而且这一条路线除了乌鞘岭自然环境艰苦、人烟稀疏以外，别的地带都是人口稠密的农耕区。这条路线比北线稍长，但沿途人口稠密，补给非常方便，所以，到了唐代，中线逐渐成为进入河西走廊的一条主要线路。

唐代的玄奘法师去印度求取真经，走的就是这一条线路，这在《大唐西域记》里是有确切记载的。唐朝初年，高昌王鞠文泰去长安朝贡，走的也是这一条线路。

3. 南线

从长安出发后，沿渭河而上到达宝鸡，再向西北行经秦安、通渭、陇西、渭源，越鸟鼠山到临洮，然后沿大夏河北上，在永靖炳灵寺附近渡黄河到达青海境内，经民和、乐都、西宁，往北渡大通河，过扁都口，到达张掖。

这条线路沿途均为农牧区，补给条件好，但路途遥远，绕道较长。南线开辟的时间并不比北线晚太多，我国最早的探险家张骞出使西域，走的就是这一条线路。

❖ 知识链接

据《佛国记》记载，较早走南线从长安经河西到达印度的是东晋的高僧法显。“初发迹长安，度陇，至乾归国夏坐。夏坐讫，前行至耨檀（nòu tán）国。度养楼山，至张掖镇。”隋炀帝征讨吐谷浑走的就是这条线路。大业五年（609年）三月，隋炀帝率文武百官、嫔妃、侍从等十数万大军浩浩荡荡从长安出发，经扶风、陇狄道，出临津关（甘肃省临夏积石关）渡过黄河到西平郡（今青海湟源东南）。

综上所述，可见甘肃东面的三条丝绸之路各具特点。北线最为短捷，又能绕过高山雪峰，但是需要经过沙漠边缘和缺水地带。南线开辟较早，始于西汉时期，历经魏晋南北朝直到隋唐，但南线距离比较长，而且要经过自然条件比较艰苦的扁都口，所以后来逐渐被中线所取代。中线比北线略长，但是比南线要便捷许多，周边补给条件又非常好，所以在隋唐时期成为一条重要的线路。兰州自隋唐以来成为西北重要的交通枢纽，与中线有很大的关系。

（二）西面的河西段

陇西段北、中、南三线过黄河后，最后汇聚于一条通道，即丝绸之路河西段。

在河西走廊，丝绸之路的第一站是武威。武威扼守河西走廊东口，地理位置十分重要，为历代兵家必争之地。

由武威西行，过永昌、山丹到达张掖。张掖是陇西段北、中、南三条线的交汇处，是当时丝绸之路上的一个重要的物资集散地。

由张掖西行到酒泉。酒泉素有“丝路咽喉”之称。在古代，东至武威可达中原，西至敦煌可达西域。

由酒泉往西到达嘉峪关。明筑嘉峪关关城，“晨开酉闭”，进出关口的商人、使者都要在关城登记注册。

由嘉峪关往西经玉门镇到敦煌。汉代由敦煌出西域有两条路，即西域南道和西域北道。

西域南道由敦煌西南行，出阳关（今敦煌市西南），沿南山（今昆仑山脉）北麓，经鄯善（今新疆若羌县）、且末（今新疆且末县西南 15 里）、于阗（今新疆和田县南）、皮山（今新疆皮山县）、莎车（今新疆莎车县）、疏勒（今新疆喀什市），然后翻越葱岭（今帕米尔高原），向南到达大月氏、大夏、身毒（今印度）等国。西域北道由敦煌西北行，出玉门关（今敦煌市西北），穿过白龙堆，沿北山（今天山山脉）南麓，经尉犁、乌垒（今新疆轮台县东北）、龟兹（今新疆库车县）、姑墨（今新疆阿克苏市）、温宿（今新疆乌什县），到疏勒与南道会合，然后越过葱岭，向西北经大宛，到达康居、奄蔡（yǎn cài）等。唐玄奘当年西行的路线，走的就是西域北道。

经典诵读

送元二使安西

唐・王维

渭城朝雨浥轻尘，客舍青青柳色新。
劝君更尽一杯酒，西出阳关无故人。

凉州词

唐・王之涣

黄河远上白云间，一片孤城万仞山。
羌笛何须怨杨柳，春风不度玉门关。

出塞二首（其一）

唐・王昌龄

秦时明月汉时关，万里长征人未还。
但使龙城飞将在，不教胡马度阴山。

第三节 甘肃的古代民族

一、甘肃古代民族概况

中国有 56 个民族，其中甘肃省就有 40 多个民族，甘肃有汉族、藏族、蒙古族、土族、东乡族、保安族、裕固族、回族、满族等，其中东乡族、保安族、裕固族为甘肃省特有的三个少数民族。各民族风俗习惯迥然各异，文化各不相同。在饮食、服饰、婚丧、节日庆典等方面均有自己的特色，各民族以其浓郁鲜明的民族风情、深远的内涵、绚丽的形式充分展示其特有的风貌和特色，让人深深地感受到甘肃是一个风情万种的民族乐园。

古丝绸之路上的甘肃，历史上曾经居住过西戎、乌孙、大月氏、匈奴、骊靬（lí qián）等古老民族。

二、古代活跃在甘肃的三个重要民族

（一）乌孙

公元前 2 世纪初，乌孙人与月氏人均在今甘肃境内游牧。

乌孙人在张掖以西，月氏人在张掖以东。在匈奴的帮助下，乌孙民众向西击走了伊犁河流域的大月氏人，成为西汉时期游牧在天山以北地区的最大行国。

西汉王朝与游牧民族匈奴连年作战，屡战屡败。朝廷以和亲为手段，寻求政治军事同盟以联合抗击匈奴，具有较强军事实力的乌孙国就成了首选对象。和亲扩大了汉朝的影响，为开拓丝路、缔造多民族的祖国做出了功载史籍、名垂千秋的积极贡献。

（二）月氏

月氏是居于河西走廊、祁连山的古代游牧民族，亦称“月支”“禺知”。月氏人很早就开通了“玉石之路”，用和田玉换取中原的丝绸。春秋时期，月氏人的活动范围大大拓宽，向东直到陇西，与秦国物物交换，成为秦国与西方各族货物流通的中介。战国后期，月氏的势力大大发展起来，已有“控弦十万”之众。它一举击败乌孙，尽占了河西地区。张掖的昭武城恰在河西的中心，这里土地肥沃、水草丰茂，成了月氏人繁衍生息的乐园。西汉前期为月氏的鼎盛时期，汉与月氏结好，在安定郡鹑（chún）阴县（今靖远）开辟“月氏道”，月氏商队可由此过黄河直达长安。汉文帝四年（公元前 176 年），匈奴攻占昭武城，杀月氏王。月氏向西迁徙至新疆伊犁河南部定居，史称“大月氏”。跟不上西迁队伍的老弱留下来进了南山，史称“小月氏”。

月氏于公元前 2 世纪为匈奴所败，西迁伊犁河一带，后又败于匈奴支持下的乌孙，遂西击大夏，占领妫（guī）水（阿姆河）两岸，建立大月氏王国。月氏西迁伊犁河时，逐走了原住民塞种人，迫使塞种人分散，一部分南迁，另一部分西扩建立大夏国。后来月氏复占大夏，最后在公元 1 世纪南下恒河流域建立贵霜王朝。贵霜帝国和罗马帝国、安息帝国、大汉帝国，并称当时欧亚四大帝国。

（三）匈奴

西汉帝国时期，北方蒙古高原上居住着匈奴族，蒙古高原的东面和东北地区居住着东胡族，这两支族人属于古代蒙古利亚的狩猎游牧民族。在北方游牧民族之中，当时数东胡和月氏最为强盛，匈奴人一度在夹缝之中求生存。

按照古代惯例，匈奴王头曼单于的长子冒顿在很小的时候就作为人质被送往西边的邻国月氏。后来头曼单于突袭了月氏，冒顿在混乱中偷了一匹月氏名马逃了回来。头曼单于让冒顿训练一支军队以展示其卓越的军事才能。冒顿打造了一支响箭，命名为鸣镝（dí）。按照训练要求，鸣镝射向哪里，士兵们会毫不犹豫万箭齐发跟到哪里。带着这支只听鸣镝命令的军队，最终，冒顿发动了宫廷政变，夺取了匈奴大单于的位置。

冒顿单于即位不久，举全国之力发兵突袭东胡，东胡因疏于防范而被打得措手不及，最终东胡王被杀，其民众及牲畜尽为匈奴所得，东胡遂灭。灭了东胡后，冒顿单于又乘胜西攻河西走廊的月氏，迫其西徙。随后，他带领匈奴征服了楼兰、乌孙、呼揭等 20 余国，控制了西域大部分地区。向北则征服了浑窳（hún yǔ）、屈射、丁零、鬲（gé）昆、薪犁等国，向南兼并了楼烦（今山西省）及白羊河南王之辖地，重新占领了河套以南地区。至此，匈奴占有了南起阴山、北抵贝加尔湖、东达辽河、西逾葱岭的广大地区，号称拥有控弦之士三十余万，成为当时北方草原上最强大的国家。

三、开通丝绸之路

西汉建立之后，公元前 201 年，汉高祖刘邦率 30 万军队与匈奴军作战。冒顿单于在白登山设下埋伏，佯装败退，诱使汉军深入，刘邦带领兵马一进入匈奴的包围圈，冒顿单于就马上指挥 40 万匈奴大军将刘邦的兵马围困在白登山，使汉军内无粮草、外无援兵。刘邦组织突围，经过几次激烈战斗，突围均以失败告终。刘邦采用陈平之计，派遣使臣用智取的方法解了白登山之围。白登山之围化解后，西汉与匈奴缔结条约，并承诺将皇室的公主嫁给单于。

到了汉武帝时期，经过长时间的休养生息，经济得到了发展，国力日渐强盛，和匈奴的战争势在必行，汉武帝一方面派遣大将军卫青、霍去病进攻匈奴，另一方面积极展开外交活动，派遣张骞于公元前 139 年出使西域。在经过和匈奴的三大战役（河南战役、河西战役、漠北战役）之后，汉武帝收复了河西走廊，在西域设置了西域都护府，丝绸之路这条东西方交流之路开始进入了繁荣时期。

第四节 文化甘肃之“敦煌学”

敦煌学是中国举世瞩目的“三大显学”（甲骨学、敦煌学和红学）之一。

一、敦煌学的概念

敦煌学是指以敦煌遗书、敦煌石窟艺术、敦煌学理论为主，兼及敦煌史地为研究对象的一门学科，是研究、发掘、整理和保护中国敦煌地区文物、文献的综合性学科。

二、敦煌学研究的主要内容

（一）敦煌遗书

敦煌遗书又称敦煌文献、敦煌文书、敦煌写本，是1900年发现于敦煌莫高窟（见图16－3）17号藏经洞中的一批书籍的总称，总数约有5万卷。

图16－3 敦煌莫高窟

1907年，英国探险家斯坦因最早来到敦煌，利用玄奘的故事博取王圆箓的信任后骗走24箱遗书及其他文物。1908年，法国汉学家伯希和来到莫高窟，他操着一口流利的汉语，很快得到王圆箓的信任，骗取了6 000余件写本和200多件古代佛画与丝织品。伯希和是汉学家，他凭着汉学功底和考古知识，在藏经洞里足足待了3周，把藏经洞中所有的遗书通检了一遍。凭借纯熟的汉语和丰富的中国历史知识，他盗走了最有价值的敦煌遗书。

敦煌遗书最大的价值是保存了许多古代学说。比如，一般我们读到的是三国时期何晏注解的《论语》。藏经洞里还发现了南北朝儒家学者皇侃注解的本子，收录了两汉和魏晋南北朝之间学者讲《论语》的要点，可惜被伯希和盗走了。当年罗振玉等老一辈学者正是从伯希和那里看到敦煌遗书后，才得知敦煌发现了藏经洞。

此外，日本人橘瑞超、吉川小一郎，俄国人奥登堡，美国人华尔纳等人，先后从莫高窟盗买走了大量的经卷。莫高窟藏经洞里流散至海外的文物总共达3.5万件，约占所有文物的2/3。

知识链接

莫高窟的发现

1900年6月22日，莫高窟主持王圆箓雇人在清除第16窟甬道的积沙时，偶然发现了藏经洞（第17窟），洞内佛教经卷等文物总数量5万余件，经书占90%。但当时无人知晓这批文物的价值，清政府也未对其进行应有的保护，致使大批敦煌遗书和文物先后被外国探险队掠去。劫余部分8 000册被运至北京入藏京师图书馆。

（二）敦煌石窟艺术

1. 敦煌壁画

敦煌壁画总面积为 5 万多平方米，包括敦煌莫高窟、西千佛洞、安西榆林窟等 522 个石窟历代壁画，规模宏大，内容丰富，题材广泛。敦煌壁画主要有以下七种类别：

（1）佛像画。这是壁画的主要部分，其中包括各种佛像、菩萨、天龙八部。这些佛像大都画在说法图中，仅莫高窟壁画中的说法图就有 933 幅，神态各异的佛像有 12 208 尊。

（2）经变画。利用绘画、文学等艺术形式，通俗易懂地表现深奥的佛教经典称为经变。用绘画的手法表现经典内容者称“变相”，即经变画；用文字、讲唱手法表现者称“变文”。

（3）佛教故事画。在洞窟内绘制了大量的佛教故事画，让人们在观看的过程中受到潜移默化的教育。故事画内容丰富，情节动人。

（4）供养人画。供养人就是信仰佛教并出资建造石窟的人。他们为了表示虔诚信佛，留名后世，在开窟造像时，在窟内画上自己和家族、亲眷、奴婢等人的肖像，这些肖像称为供养人画像（见图 16－4）。

（5）装饰图案画。丰富多彩的装饰图案画主要用于石窟建筑装饰，也有桌围、冠服和器物装饰等。装饰花纹随时代而异，千变万化，具有高超的绘画技巧和丰富的想象力。装饰图案画主要有藻井图案、椽间图案、边饰图案等（见图 16－5）。

图 16－4　供养人画

图 16－5　装饰图案画

（6）山水画。敦煌壁画中的山水画遍布石窟，内容丰富，形式多样，大多与经变画、佛教故事画融为一体，起陪衬作用。有的是按照佛典中的山水，参照现实景物，加上丰富的想象力，描绘出青山绿水、鸟语花香的美丽自然风光；有的是以山水为主体的独立画幅，如第 61 窟的“五台山图”。

（7）飞天。敦煌飞天指的就是画在敦煌石窟中的飞神，也是我国关于敦煌壁画艺术的一个专有名词。飞天的历史最早可以追溯到十六国北凉到北魏期间，在这期间，敦煌飞天渐渐开始兴起，相对来说已经有了雏形。在西魏到隋代的 80 余年当中，敦煌飞天迎来了创新时期，采用了中西合璧的方式，并且飞天的式样也显得多样化。在公元 618—907 年的整个唐代，敦煌飞天的发展已经到了一个相对成熟的阶段，并且融合了西域的地方特色，知名度开始变得越来越高，艺术形象也接近于完美。

壁画类别除以上七种外，还有建筑画、器物画、花鸟画、动物画等。敦煌壁画的艺术价值极高，其在结构布局、人物造型、线条勾勒、赋彩设色等方面系统地反映了各个时期的艺术风格及其传承演变。除装饰图案之外，一般有情节的壁画，特别是经变画和佛教故事画，都反映了现实社会生活，如：统治阶级的出行、宴会、审讯、游猎、剃度、礼佛等；劳动人民的农耕、狩猎、捕鱼、制陶、冶铁、屠宰、炊事、营建、行乞等；还有嫁娶、上学、练武、歌舞百戏、商旅往来等各种社会活动。

2. 敦煌彩塑

（1）圆塑。这是指不附着在任何背景上，可以四面欣赏的、完全立体的塑像。主要用于表现佛、菩萨、天王等（见图 16－6）。

（2）浮塑。这是在平面上塑出凸起的形象。如塑像的衣服、飘带及人字披的背、檐等。

（3）影塑。多为“模制”而成，然后贴到墙上，再涂上色彩。主要有千佛、飞天等（见图 16－7）。

图 16－6　圆塑

图 16－7　影塑

由于塑像地位不同，塑像在窟内的布局方式也有所不同。塑像主要有以下四种形式：第一，独立式。这是指独立设计制作的单身塑像，与其他塑像没有连带关系。第二，向心式。如以佛居中而坐为中心，两侧对称排列有弟子、菩萨、天王和力士。相互之间有尊卑关系，是彩塑中最常见的组合方式。第三，多中心式。如在洞窟中安置好几组塑像。第四，平列式。这主要指造型一致、按纵横等距排列的影塑千佛等。

3. 敦煌石窟建筑

（1）禅窟。主室为长方形或方形，顶部为平棋、倒斗、藻井，正壁开龛塑佛像，四壁及顶部满布壁画（见图 16－8）。主室两侧排列有小禅室，是僧侣坐禅修行的地方。莫高窟第 268、285、487 窟就属于这种窟形。

（2）中心柱窟（即塔庙窟）。洞窟平面呈长方形，前厅有悬山式屋顶，后部有中心柱直通屋顶。四面开龛，龛内有佛像及侍从像，供僧侣和善男信女绕塔膜拜（见图 16－9）。莫高窟早期（十六国至北周）洞窟多属于此类。

（3）覆斗窟。覆斗窟又称倒斗形窟，洞窟的天井好像反过来的盛放粮食的器具——斗的样子，“覆”取其反过来之意。洞窟多为方形，正面墙壁的佛龛里有塑像，天井上画有壁画，非常壮丽（见图 16－10）。各时代莫高窟的洞窟都有此类窟，隋唐两代较为集中。

（4）涅槃窟。涅槃又称卧佛窟，在横长的洞窟里面，摆放着释迦牟尼的涅槃像，洞窟外侧如同殿堂，里面做成了巨大的棺材形式（见图 16－11）。有名的涅槃窟有莫高窟第 148 窟和第 158 窟。

图 16－8　禅窟

图 16－9　塔庙窟

图 16－10　覆斗窟

图 16－11　涅槃窟

（5）大像窟。大像窟是为了雕凿大佛而开的洞窟，下面为方形，比较开阔，越往上越狭小，莫高窟唐代的第 96 窟（九层楼）和第 130 窟是大像窟，里面有高达 33 米和 26 米的大佛（见图 16－12）。

（6）背屏窟（中心佛坛窟）。背屏窟是五代、宋代的洞窟形式，洞窟中心有佛坛，后面在直通天井的地方有一个很大的屏风，洞窟较大，面积不少于 200 平方米，莫高窟第 61 窟是其代表（见图 16－13）。

图 16－12　大像窟

图 16－13　背屏窟

（三）敦煌学理论

敦煌学理论主要包括敦煌学的概念、范围、特点、规律的研究，敦煌学在人类文化和学术史上的价值，以及研究敦煌学的现实意义，敦煌学发展史等。

1. 敦煌学的创建期

20 世纪 30 年代后期是敦煌学的创建期。这一时期倾注了罗振玉、王国维、蒋伯斧、李翊灼、陈垣等老一辈敦煌学家和刘复、向达、王重民、姜亮夫等又一辈敦煌学家的心血。罗振玉是敦煌学的奠基人。他于 1909 年发表了《敦煌石室书目及发见之原始》和《莫高窟石室秘录》，开始了敦煌学的研究历史。在此基础上，陈寅恪提出了“敦煌学”的概念。“敦煌者，吾国学术之伤心史也。”

2. 敦煌学的发展期

抗日战争期间，大批学者、艺术家前往敦煌考察，对敦煌艺术的研究热极一时。到 20 世纪 70 年代末，敦煌学研究继续向前发展。这时期有张大千临摹的敦煌壁画，对敦煌艺术的宣传和普及起了很大作用。这一时期还成立了敦煌艺术研究所。此外，还在国内、国际上多次举行敦煌艺术、文物展览。

3. 敦煌学的繁荣期

20 世纪 70 年代以后，敦煌学研究队伍扩大。1984 年，敦煌文物研究所扩建为敦煌研究院，高等院校相继设立研究机构等。此外，还有季羡林为会长的中国敦煌吐鲁番学会以及甘肃、浙江等省级敦煌学会。自 1982 年起，基本上每年举行一次全国或国际性的敦煌学学术研讨会。

在我国当代学术史上，敦煌学无疑是一个非常重要的研究领域。一是敦煌学内容非常丰富，包罗万象，有政治、经济、历史、地理、宗教、语言、文学、美术、天文、历法、数学、医学等，是一个百科全书式的学术研究领域。仅敦煌遗书就有几万卷，另外还有敦煌壁画、彩塑和石窟建筑艺术，这些都是人类文化的瑰宝。二是敦煌学是一个经久不衰的世界显学，国际化程度非常高。

国学大师季羡林先生在《敦煌学、吐鲁番学在中国文化史上的地位和作用》一书中写有一段名言：“世界上历史悠久、地域广阔、自成体系、影响深远的文化体系只有四个：中国、印度、希腊、伊斯兰，再没有第五个；而这四个文化体系汇流的地方只有一个，就是中国的敦煌和新疆地区，再没有第二个。”

从 20 世纪末至今，中国学者的研究不仅在敦煌学诸多重要领域都达到了世界领先的水平，在国际敦煌学的各个重要领域都推出了世界公认的带有总结性或具有开创性的成果，而且掌握了国际敦煌学发展的主导权与话语权。

经典诵读

敦煌乐

明 · 杨慎

角声吹彻梅花，胡云遥接秦霞。
白雁西风紫塞，皂雕落日黄沙。
汉使牧羊旌节，阏氏上马琵琶。
梦里身回云阙，觉来泪满天涯。

参考文献

[1] 段联合，陈敏直，丁珊. 中国传统文化 [M]. 西安：西北大学出版社，2005.

[2] 孙宏典，杜超，张桂枝. 中国传统文化导论 [M]. 郑州：河南人民出版社，2007.

[3] 赵昭. 中国传统文化十讲 [M]. 重庆：重庆大学出版社，2019.

[4] 金开诚. 传统文化六讲 [M]. 北京：北京出版集团，2019.

[5] 季羡林. 国学莫等闲 [M]. 北京：清华大学出版社，2016.

[6] 余秋雨. 中华文化四十八堂课 [M]. 武汉：长江文艺出版社，2017.

[7] 季羡林. 季羡林谈中西方文化 [M]. 杭州：浙江人民出版社，2016.

[8] 宋捷. 国学精粹 [M]. 北京：中国人民大学出版社，2018.

[9] 刘再复. 演讲集：回归古典，回归我的六经 [M]. 北京：人民日报出版社，2011.

[10] 陈延斌. 中华优秀传统文化简明读本 [M]. 北京：教育科学出版社，2018.

[11] 李泽厚. 李泽厚对话集：中国哲学登场 [M]. 北京：中华书局，2014.

[12] 易中天. 易中天中华史 [M]. 杭州：浙江文艺出版社，2016.

[13] 弗罗利安・库尔马斯. 东亚书面语言的功能和地位 [M]. 董静，译. 济南：齐鲁书社，2009.

[14] 王棣. 论汉字的审美特征与图形创造 [D]. 济南：齐鲁工业大学，2013.

[15] 闫顺玲. 汉字的美学法则 [J]. 现代语文（学术综合版），2016（11）.

[16] 姜亮夫. 古文字学 [M]. 杭州：浙江人民出版社，1984.

[17] 彭林. 中华传统礼仪概要 [M]. 北京：商务印书馆，2017.

[18] 周赟. 中国古代礼仪文化 [M]. 北京：中华书局，2019.

[19] 王作楫，王臻，贺艳春. 中华传统民俗礼仪 [M]. 北京：气象出版社，2015.

[20] 贺璋瑢，王海云. 中华传统礼仪 [M]. 北京：中国人民大学出版社，2015.

[21] 彭林. 儒家礼乐文明讲座 [M]. 桂林：广西师范大学出版社，2017.

[22] 罗栖. 礼仪文化 [M]. 石家庄：河北科学技术出版社，2020.

[23] 胡平生，张萌. 礼记 [M]. 北京：中华书局，2017.

[24] 彭林. 中国古代礼仪文明 [M]. 北京：中华书局，2013.

[25] 彭林. 中华传统礼仪 [M]. 北京：中国人民大学出版社，2021.

[26] 海英. 礼仪中国 [M]. 北京：北京师范大学出版社，2021.

[27] 梁思成. 中国建筑史 [M]. 天津：百花文艺出版社，2005.

[28] 傅熹年. 中国古代建筑概说 [M]. 北京：北京出版社集团，2016.

[29] 居阅时. 中国建筑与园林文化 [M]. 上海：上海人民出版社，2014.

[30] 赵广超. 不只中国木建筑 [M]. 北京：生活・读书・新知三联书店，2006.

[31] 李允鉌. 华夏意匠：中国古典建筑设计原理分析 [M]. 天津：天津大学出版社，2005.

[32] 蒋蓝. 故宫神兽 [M]. 北京：故宫出版社，2019.

[33] 刘德及门人. 礼记·乐记 [M]. 北京：人民文学出版社，1986.

[34] 杨荫浏. 中国古代音乐史稿 [M]. 北京：人民音乐出版社，1981.

[35] 朱狄. 艺术的起源 [M]. 武汉：武汉大学出版社，2007.

[36] 吴钊，刘东升. 中国音乐史略 [M]. 北京：人民音乐出版社，1993.

[37] 刘再生. 中国古代音乐史简述 [M]. 北京：人民音乐出版社，1996.

[38] 金文达. 中国古代音乐史 [M]. 北京：人民音乐出版社，1994.

[39] 田青. 中国古代音乐史话 [M]. 上海：上海文艺出版社，1984.

[40] 章启群. 百年中国美学史略 [M]. 北京：北京大学出版社，2005.

[41] 乔晓光. 中国民间美术 [M]. 长沙：湖南美术出版社，2011.

[42] 程金城. 中国西部艺术 [M]. 兰州：敦煌文艺出版社，2003.

[43] 沈从文. 中国古代服饰研究 [M]. 北京：商务印书馆，1981.

[44] 顾凡颖. 历史的衣橱：中国古代服饰撷英 [M]. 北京：北京日报出版社，2018.

[45] 马大勇. 云髻凤钗——中国古代女子发型发饰 [M]. 济南：齐鲁书社，2009.

[46] 孟晖. 美人图 [M]. 北京：中信出版集团股份有限公司，2021.

[47] 黄秀芳. 中国衣冠 [M]. 北京：中华书局，2018.

[48] 崔圭顺. 中国历代帝王冕服研究 [M]. 上海：东华大学出版社，2007.

[49] 李芽. 耳畔流光：中国历代耳饰 [M]. 北京：中国纺织出版社，2015.

[50] 吴澎. 中国饮食文化 [M]. 北京：化学工业出版社，2009.

[51] 王学泰. 华夏饮食文化 [M]. 北京：商务印书馆，2013.

[52] 宛晓春. 中国茶谱 [M]. 北京：中国林业出版社，2007.

[53] 沈亚东，刘珙. 走入中国酒文化 [M]. 兰州：兰州大学出版社，2003.

[54] 韩胜宝. 华夏酒文化寻根 [M]. 上海：上海科学技术文献出版社，2003.

[55] 钱锡生. 忧乐人生——论中国古代的诗酒文化 [J]. 东吴学术，2012 (5).

[56] 陈杰. 从孔府宴看儒家"礼食"思想 [J]. 兰台世界，2013 (5).

[57] 何晓明. 中国姓名史 [M]. 武汉：武汉大学出版社，2012.

[58] 尹黎云. 中国人的姓名文化与命名艺术 [M]. 北京：华艺出版社，2005.

[59] 吉常宏. 中国人的姓名字号 [M]. 济南：山东教育出版社，2001.

[60] 李吉. 中国人的姓氏文化 [M]. 北京：化学工业出版社，2020.

[61] 关永礼. 中国姓氏文化 [M]. 南昌：百花洲文艺出版社，2009.

[62] 罗伯特·坦普尔. 中国的创造精神——中国的100个世界第一 [M]. 陈养正，等译. 北京：人民教育出版社，2003.

[63] 金秋鹏. 一百项中华发明 [M]. 北京：中国青年出版社，1995.

[64] Eaglemoss 出版公司. 发现之旅 [M]. 北京：中国和平出版社，2013.

[65] 江晓原. 中国古代技术文化 [M]. 北京：中华书局，2017.

[66] 陆敬严，华觉民. 中国科学技术史·机械卷 [M]. 北京：中国科学技术出版社，2020.

[67] 徐卫民. 秦陵铜车马的科学工艺 [J]. 中国历史教学参考，1997 (12).

［68］华觉明．中国古代金属技术——铜和铁造就文明［J］．郑州：大象出版社，1999.
［69］刘青峰．让科学的光芒照亮自己［M］．郑州：新星出版社，2006.
［70］王心喜．弹簧探幽［J］．发明与革新，1995（3）.
［71］王振铎．科技考古论丛［M］．北京：文物出版社，1989.
［72］中国科学院自然科学研究所．中国古代最重要的科技发明创造［M］．北京：中国科学技术出版社，2016.
［73］周世德．中国古代科技成就［M］．北京：中国青年出版社，1978.
［74］王铃，普拉斯，等．中国的天文钟［J］．自然，1956（6）.
［75］吴钩．风雅宋——看得见的大宋文明［M］．桂林：广西师范大学出版社，2018.
［76］华觉明，冯立昇．中国三十大发明［M］．郑州：大象出版社，2017.
［77］仓孝和．自然科学史简编［M］．北京：北京出版集团，1988.
［78］张岱年，方克立．中国文化概论［M］．北京：北京师范大学出版社，2004.
［79］路甬祥，张柏春，张治中，冯立昇．中国传统工艺全集·传统机械调查研究［M］．郑州：大象出版社，2006.
［80］王锦光，闻人军．中国早期蒸汽机和火轮船的研制［J］．中国科技史料，1981（5）.
［81］薛凤旋．清明上河图·北宋繁华记忆［M］．北京：中华书局，2017.
［82］任双伟．货币里的中国史［M］．北京：世界图书出版公司，2019.
［83］王永生．三千年来谁铸币［M］．北京：中信出版集团股份有限公司，2019.
［84］张光华．甘肃钱币选粹［M］．兰州：甘肃人民出版社，2006.
［85］马德伦．中国名片人民币［M］．北京：中国金融出版社，2010.
［86］彭信威．中国货币史［M］．上海：上海人民出版社，2007.
［87］冯馨郴．涵盖中国书法艺术的古钱币文化［J］．东方收藏，2016（5）.
［88］彼得·弗兰科潘．丝绸之路：一部全新的世界史［M］．邵旭东，孙芳，译．杭州：浙江大学出版社，2016.
［89］李丽君，傅璇琮．阅读中华国粹：青少年应该知道的传统婚俗［M］．济南：泰山出版社，2012.
［90］王兴华，王兆明．中国旅游历史文化［M］．北京：旅游教育出版社，2015.
［91］向仍旦．中国古代婚俗文化［M］．北京：新华出版社，1993.
［92］朱星．古代文化基本知识［M］．天津：天津人民出版社，1982.
［93］史凤仪．中国古代婚姻与家庭［M］．武汉：湖北人民出版社，1987.
［94］张邦建．中国古代婚俗文化特点述论［J］．学术界，1999（2）.
［95］万建中．民间婚俗［M］．天津：天津人民出版社，2010.
［96］马之骕．中国的婚俗［M］．长沙：岳麓书社，1989.
［97］龙生庭．婚俗趣话［M］．北京：光明日报出版社，1989.
［98］吴存浩．中国婚俗［M］．济南：山东人民出版社，1986.